EUROPA-FACHBUCHREIHE
für wirtschaftliche Bildung

Allgemeine Versicherungslehre

von Wilhelm Grote und Peter Köster

2. Auflage

VERLAG EUROPA-LEHRMITTEL · Nourney, Vollmer GmbH & Co.
Düsselberger Straße 23 · Postfach 2160 · 5657 Haan-Gruiten

Europa-Nr.: 90513

Verfasser

Grote, Wilhelm	Wirtschaftsjurist	
	Direktor des Berufsbildungswerkes	Hannover
Köster, Peter	Diplom-Volkswirt	
	Oberstudienrat/Handelslehranstalt I	Freiburg

ISBN 3-8085-9052-1

2. Auflage 1989
Druck 5 4 3 2
Alle Drucke derselben Auflage sind parallel einsetzbar.

Umschlaggestaltung unter Verwendung von Fotos der Allianz-Versicherungs AG, München.

„Alle Rechte vorbehalten. Das Werk ist urheberrechtlich geschützt. Jede Verwertung außerhalb der gesetzlich geregelten Fälle muß vom Verlag schriftlich genehmigt werden."

© 1989 by Verlag Europa-Lehrmittel, Nourney, Vollmer GmbH & Co., 5657 Haan-Gruiten
Satz: Bild & Text Horst Terstegge, Wuppertal
Druck: IMO-Großdruckerei, Wuppertal

Vorwort

Das vorliegende Unterrichtswerk ist ein Lehr- und Lernbuch für die Ausbildung zum Versicherungskaufmann. Es berücksichtigt die Lernziele und Lerninhalte der ALLGEMEINEN VERSICHERUNGSLEHRE der FACHSTUFE 1.

Grundlagen für dieses Buch sind der Rahmenlehrplan über die Berufsausbildung zum Versicherungskaufmann gemäß Beschluß der Kultusministerkonferenz sowie der entsprechenden Lehrpläne einzelner Bundesländer.

Es ist aufgrund jahrelanger Unterrichtserfahrung und Lehrtätigkeit entstanden und will vom Inhalt her sowohl dem Auszubildenden eine Lernhilfe als auch dem Lehrer ein methodisches Hilfsmittel sein.

Der Charakter des Lehrbuchs als Sachbuch kommt in folgenden Merkmalen zum Ausdruck:

- Eine straffe einprägsame Darstellung innerhalb der Stoffgebiete soll beim Lernenden klare Vorstellungen und Begriffe schaffen, ihn aber auch gleichzeitig in die Lage versetzen, juristische Denkprozesse nachvollziehen zu können.
- Zahlreiche Beispiele im Text und farbige Darstellungen sollen schwierige Sachverhalte (insbesondere die des Versicherungsvertragsrechts) auf anschauliche Weise klarmachen.
- Zusammenfassende und vergleichende Übersichten zum Schluß eines jeden Lernabschnitts erleichtern den Überblick.
- Ausgefüllte Formulare unterbauen in praxisnaher Weise den Unterricht.
- Hinweise auf Gesetze (§§) und zahlreiche Rechtsprechungsnachweise am Rande der jeweiligen Buchseite sind als Hilfen beim Nachschlagen des Wortlautes der Rechtsquellen gedacht.
- Auf die Darstellung kontroverser Rechtsmeinungen und die Hervorhebung eigener Ansichten ist verzichtet worden. Rechtsprechungsnachweise haben daher im wesentlichen beispielhaften Charakter.
- Ein ausführliches Inhalts- und Stichwortverzeichnis ermöglicht das Nachschlagen von Abschnitten und Begriffen.

Fragen und zahlreiche Rechtsfälle am Schluß der jeweiligen Sachgebiete ermöglichen eine gründliche Lernzielkontrolle. Sie sollen zu kritischem Denken anregen und Material für Wiederholungen und Hausaufgaben bieten.

Die Verfasser sind im Blick auf zukünftige Bearbeitungen des Buches für konstruktive Kritik und Anregungen dankbar. Ganz besonderer Dank gebührt Herrn Regierungsschuldirektor Hermann-Josef Wolf, der uns bei der Konzeption des Buches mit vielen wertvollen Hinweisen unterstützt hat.

Freiburg/Hannover, im Frühjahr 1989

Die Verfasser

Inhaltsübersicht

		Seite
1	Grundlagen des Versicherungswesens	7
1.1	Gefahren und wirtschaftliche Folgen von Schäden	7
1.2	Versicherungen und andere Vorsorgemöglichkeiten	8
1.2.1	Möglichkeiten der finanziellen Vorsorge	8
1.2.2	Merkmale der Versicherung	9
1.3	Entwicklung des Versicherungswesens	11
1.4	Gliederung in der Individual- und Sozialversicherung	12
1.4.1	Individualversicherung	12
1.4.2	Sozialversicherung	15
1.4.3	Abgrenzung Individual-/Sozialversicherung	19
1.5	Einzel- und gesamtwirtschaftliche Bedeutung der Individualversicherung	19
1.5.1	Einzelwirtschaftliche Bedeutung	19
1.5.2	Gesamtwirtschaftliche Bedeutung	20
1.6	Lernkontrollen zu Kapitel 1	20
2	Organisation der Versicherungswirtschaft	25
2.1	Unternehmungsformen der Versicherer	25
2.1.1	Versicherungsaktiengesellschaft	25
2.1.2	Versicherungsverein auf Gegenseitigkeit	29
2.1.3	Öffentlich-rechtliche Versicherungseinrichtungen	30
2.1.4	Ausländische Versicherer	30
2.2	Versicherungsvermittler	31
2.2.1	Unselbständige Versicherungsvermittler	31
2.2.2	Versicherungsvertreter	31
2.2.3	Recht und Pflichten aus einem Agenturverhältnis (Innenverhältnis)	32
2.2.4	Versicherungsmakler	35
2.2.5	Rechtsstellung und Vollmachten des Vertreters nach den Bestimmungen des Versicherungsvertragsgesetzes	38
2.2.6	Kenntnis gefahrenerheblicher Umstände	38
2.2.7	Haftung des Versicherers für Vertretertätigkeit	39
2.2.8	Haftung des Versicherungsvertreters	40
2.3	Verbände der Versicherungswirtschaft	40
2.3.1	Gesamtverband	41
2.3.2	Fachverbände	41
2.3.3	Sonstige Verbände bzw. Vereine	41
2.4	Lernkontrollen zu Kapitel 2	42
3	Rechtsgrundlagen des Versicherungsvertrages	46
3.1	Rechtsgrundlagen des Versicherungsvertrages im Überblick	46
3.1.1	Bürgerliches Gesetzbuch (BGB)	46
3.1.2	Handelsgesetzbuch (HGB)	46
3.1.3	Versicherungsvertragsgesetz (VVG)	46
3.1.4	Versicherungsbedingungen	48
3.2	Versicherungsantrag	52
3.2.1	Grundsätzliches zur Antragstellung	52
3.2.2	Spezielle Regelungen	53
3.2.3	Bündelung und Kombination	54
3.3	Annahme des Antrages	55
3.3.1	Grundsätzliche Regelung	55
3.3.2	Annahmefristen bzw. Bindefristen	56
3.3.3	Widerruf	58

		Seite
3.3.4	Versicherungsschein (Police)	60
3.3.5	Billigungsklausel	61
3.4	Rechtsnatur des Versicherungsvertrages	62
3.5	Versicherungsbeginn	63
3.5.1	Die verschiedenen Versicherungsbeginne	63
3.5.2	Sonderregelungen für den Beginn des Versicherungsschutzes	64
3.6	Gefahrtragungs- und Leistungspflicht des Versicherers	68
3.6.1	Risikobeschreibung	68
3.6.2	Art und Umfang der Leistung	70
3.6.3	Versicherungssumme	70
3.6.4	Versicherungswert in der Schadensversicherung (SachV.)	73
3.6.5	Leistungsermittlung in der Schadensversicherung	73
3.6.6	Schadensermittlungskosten	74
3.6.7	Fälligkeit der Leistung	74
3.7	Mehrfachversicherung	75
3.7.1	Nebenversicherung und Mitversicherung	75
3.7.2	Doppelversicherung	76
3.8	Rechte und Pflichten bei der Veräußerung versicherter Sachen	78
3.9	Versicherung für fremde Rechnung	80
3.10	Übergang von Ansprüchen auf den Versicherer	81
3.11	Obliegenheiten des Versicherungsnehmers (Überblick und Abgrenzung)	83
3.11.1	Theorien über die Rechtsform von Obliegenheiten und Haftung für Dritte	84
3.11.2	Einteilung der Obliegenheiten	85
3.11.3	Verletzungsfolgen (allgemeine Grundsätze)	86
3.11.4	Regelung des § 6 VVG (Verwirkungsklausel)	87
3.12	Vorvertragliche Anzeigepflicht	91
3.12.1	Inhalt	91
3.12.2	Ausfüllen des Antrages durch den Vermittlungsagenten	91
3.12.3	Verletzungsfolgen	91
3.12.4	Sonderfälle	95
3.13	Gefahrenerhöhung	97
3.13.1	Inhalt	97
3.13.2	Voraussetzungen	97
3.13.3	Gewollte (subjektive) Gefahrenerhöhung	98
3.13.4	Ungewollte (objektive) Gefahrenerhöhung	99
3.14	Obliegenheiten bei oder nach Eintritt des Versicherungsfalles	102
3.14.1	Schadensminderungspflicht	102
3.14.2	Anzeige des Versicherungsfalles	102
3.14.3	Auskunfts- und Belegpflicht	103
3.15	Prämienzahlung	104
3.15.1	Leistungsort	105
3.15.2	Tilgung der Prämienschuld und Rechtzeitigkeit der Prämienzahlung	106
3.15.3	Erstprämie § 38 VVG	107
3.15.4	Folgeprämie § 39 VVG	109
3.15.5	Prämienangleichungsklauseln	115
3.16	Gerichtliches Mahnverfahren mit Übergang in das Klageverfahren bzw. Zwangsvollstreckung	115
3.16.1	Gerichtliches Mahnverfahren	115
3.16.2	Klageverfahren	121
3.16.3	Zwangsvollstreckung	122
3.16.4	Rechtsbehelfe	125

3.17	Verjährung von Ansprüchen aus Versicherungsverhältnissen	125
3.18	Möglichkeiten der Vertragsbeendigungen	127
3.18.1	Zeitablauf	127
3.18.2	Kündigung	128
3.18.3	Rücktritt und Anfechtung	131
3.18.4	Sonstige Beendigungsgründe	131
3.19	Lernkontrollen zu Kapitel 3	134
4	Rückversicherung	144
4.1	Formen der Rückversicherung	145
4.2	Arten der Rückversicherung	145
4.3	Sonderformen	147
4.4	Lernkontrollen zu Kapitel 4	148
5	Versicherungsaufsicht	149
5.1	Gründe und Zweck der staatlichen Versicherungsaufsicht	149
5.2	Träger und Zuständigkeiten	149
5.3	Aufgaben der Aufsichtsbehörde	150
5.3.1	Zulassung zum Versicherungsbetrieb	150
5.3.2	Laufende Beaufsichtigung	154
5.4	Lernkontrollen zu Kapitel 5	156
6	Exkurs: Wichtige Wettbewerbsregelungen	157
7	Exkurs: Drittbeteiligte als Realgläubiger in der Sachversicherung	159
Sachwörterverzeichnis		161
Abkürzungsverzeichnis		167

1 Grundlagen des Versicherungswesens

1.1 Gefahren und wirtschaftliche Folgen von Schäden

Die ständige Gefährdung gehört zum Wesen der menschlichen Existenz. **Diebstahl, Feuer** und **andere Schäden,** in denen sich die Gefahren konkretisieren können, **verursachen** mehr oder minder **große Verluste an Hab und Gut.**

Ein Schaden, in einem Augenblick der Unachtsamkeit einem anderen zugefügt, kann dem Schädiger einen Berg von Schulden aufladen. Es geht aber nicht nur um den möglichen **Verlust von Sachwerten** und um **Schadensersatzverpflichtungen,** sondern auch der Mensch als solcher ist bedroht: **Krankheit** und **Unfälle gefährden** seine **Gesundheit** und **Arbeitskraft.**

Sie führen zu Einkommensverlusten, die sowohl den Betroffenen selbst als auch die von ihm abhängigen Angehörigen in **materielle Not** stürzen können.

Natürlich gibt es auch Schäden, die nicht in Geld meßbar sind, wie der körperliche und seelische Schmerz (immaterielle Schäden)

Daher hat der Mensch schon immer Schutz und Sicherheit vor diesen Gefahren gesucht. Das menschliche Sicherheitsstreben war nicht zuletzt eine der wesentlichen Antriebskräfte für die moderne Zivilisation. Doch wenn auch die Fähigkeiten des Menschen bestimmte Gefahren rechtzeitig zu erkennen und entsprechend abzuwehren ständig gewachsen sind, so sind durch die sprunghafte Technisierung selbst wiederum neue Gefahren entstanden, was uns z.B. der Straßenverkehr täglich vor Augen hält.

Es ist daher nach wie vor eine der wichtigsten Aufgaben des modernen Wirtschaftslebens, Risiken (Gefahren) rechtzeitig zu erkennen und entsprechende Sicherheitsmaßnahmen zu ergreifen.

Beispiel:

Mofa- und Motorradfahrer tragen Sturzhelme, Autofahrer legen Sicherheitsgurte an.

Der Betroffene beeinflußt aber nicht nur den möglichen Schadensumfang sondern auch das Risiko selbst in hohem Maße. Für den möglichen Schadenseintritt sind daher nicht nur objektive Risikomerkmale bestimmend wie z.B. die Motorstärke und die Verkehrsdichte der Region, wenn es um das Unfallrisiko eines Kraftfahrzeugs geht, sondern auch subjektive Risikomerkmale wie das Fahrverhalten und die Fahrtüchtigkeit des Fahrers (u.a. Dauer des Führerscheinbesitzes).

Risiken lassen sich aber nicht nur vorbeugend verhüten, sondern auch vorbeugend eingrenzen durch:

— **Risikoabwälzung:**
So kann z.B. der Versender einer Ware u.U. das Transportrisiko auf den Frachtführer abwälzen. Durch vertragliche Abmachung wird hier versucht, selber so wenig wie möglich des insgesamt gegebenen Risikos zu tragen.

— **Risikoteilung:**
Ein risikoreiches Bauvorhaben im Ausland (Termine und Gewährleistung) kann z.B. auf eine größere Gruppe von Bauunternehmern so aufgeteilt werden, daß der einzelne Partner nicht über die Grenzen seiner Leistungsfähigkeit hinaus in Anspruch genommen werden kann.

— **Risikostreuung:**
Eine Bank kann z.B. mögliche Kreditverluste in der Weise eingrenzen, daß statt weniger großer Kredite viele kleine Kredite und zwar an Unternehmen verschiedener Wirtschaftszweige gewährt werden.

1.2 Versicherungen und andere Vorsorgemöglichkeiten

1.2.1 Möglichkeiten der finanziellen Vorsorge

Trotz aller vorbeugenden Maßnahmen können Schadensereignisse nicht grundsätzlich vermieden werden. Allerdings lassen sich ihre wirtschaftlichen Folgen mildern und ausgleichen. Den **privaten Haushalten** und **Wirtschaftsunternehmen** stehen dazu drei Wege zur Verfügung:

a) **Inanspruchnahme des Staates**

Neben **Subventionen** an Wirtschaftsunternehmen spielt hier insbesondere die staatliche Fürsorge als Mittel der Sozialpolitik für die privaten Haushalte eine bedeutende Rolle. In einer freiheitlichen Wirtschafts- und Gesellschaftsordnung darf dies allerdings nicht dazu führen, daß die Eigenverantwortung des Einzelnen überwiegend aufgehoben wird. Daher kann staatliche **Sozialhilfe** nur eine nach dem Bedarfsprinzip gestaltete Grundsicherung bieten, die nur bei Vorliegen gewisser Voraussetzungen gewährt wird; u.a. greift sie erst ein, wenn alle anderen Möglichkeiten zur Existenzsicherung wie die Hilfe der Angehörigen, Versicherungsansprüche usw., erschöpft sind (**Subsidiaritätsprinzip**).

Im übrigen würde eine Hilfe, die darüber hinausginge, sehr schnell die staatliche Leistungsfähigkeit übersteigen, denn schließlich müssen die hierfür erforderlichen Mittel aus den allgemeinen Steuereinnahmen aufgebracht werden. Seit dem vorigen Jahrhundert bedient sich daher der Staat vor allem des Mittels der Versicherung zur Lösung sozialpolitischer Aufgaben.

b) **Individuelle Selbsthilfe durch Zwecksparen bzw. Rücklagenbildung**

Abgesehen von der allgemeinen Zukunftssicherung kann dieses Verfahren aber nur der Vorsorge **für einen mit Sicherheit eintretenden Geldbedarf** dienen; etwa zur Erneuerung eines der Abnutzung unterworfenen Kraftfahrzeuges oder zur Existenzsicherung im Alter. Als Vorsorge für den ungewissen Bedarf – etwa zur Wiederbeschaffung eines Kraftfahrzeuges bei Unfall oder zur Hinterbliebenenversorgung bei vorzeitigem Tod – ist dieses Verfahren denkbar ungeeignet, da sich im Einzelfall solche Risiken kaum kalkulieren lassen.

Entweder werden hier in unrationeller Weise Mittel gebunden, die man dann tatsächlich gar nicht benötigt, oder was im Hinblick auf die begrenzten Ansparmöglichkeiten des Einzelnen viel naheliegender ist, bei Gefahrenverwirklichung ist das erforderliche Kapital erst zu einem Bruchteil angespart.

c) **Kollektive Selbsthilfe im Rahmen einer Versichertengemeinschaft**

Sie dient der finanziellen Vorsorge **für den ungewissen Bedarf,** indem die versicherten Risiken aufgrund laufender Prämienzahlungen bzw. Umlagen durch die Gemeinschaft finanziell ausgeglichen werden. Das Gesamtrisiko wird also von allen Mitgliedern getragen,

- jeder, der empfängt, leistet auch.
- Nur die Mittel werden zurückgelegt, die voraussichtlich insgesamt erforderlich sind (Kalkulierbarkeit des Gesamtrisikos).

Die Versicherung kann dabei sehr verschieden ausgestaltet sein:
- Individuell nach dem **Äquivalenzprinzip** der Übereinstimmung von Leistung und Gegenleistung, und zwar freiwillig (z.B. private Lebensversicherung) oder gesetzlich verpflichtend (z.B. Kraftverkehrsversicherung).
- Kollektiv durch staatlichen Zwang nach dem **Solidaritätsprinzip** des sozialen Ausgleichs (Sozialversicherung).

1.2.2 Merkmale der Versicherung

a) Gefahrengemeinschaft

Sie besteht aus einer **Vielzahl gleichartig gefährdeter Personen** (Wirtschaftseinheiten), die sich zu gegenseitiger Unterstützung im Versicherungsfall verpflichten.

Die planmäßige Deckung verlangt dabei die Einschaltung eines Versicherungsunternehmens mit der Aufgabe, die Gefahrengemeinschaft zu organisieren und geschäftsplanmäßig Beiträge für die Auszahlung in Leistungsfällen zu erheben.

Beispiel:

10.000 Hausbesitzer **(eine Vielzahl von Personen)** sind vom Schadensfeuer bedroht **(von ein und derselben Gefahr).** Jeder zahlt DM 250,– pro Jahr an die Versicherung **(Beitrag/Prämie).** Die Versicherung erhält hier insgesamt DM 2.500.000,– **(Summe aller Beitragszahlungen),** und ist damit in der Lage, den finanziellen Verlust, der durch Feuerschäden in unterschiedlicher Höhe **(Gefahreneintritt)** bei nur wenigen Personen enstanden ist, auszugleichen.

b) Ungewißheit

Eintritt und Umfang des zu versichernden Ereignisses dürfen nicht feststehen. Sie müssen unverhofft und zufällig eintreten. Zwar ist mit ihrem Eintritt nach der allgemeinen Lebenserfahrung zu rechnen, es ist jedoch **im Einzelfall ungewiß,** ob die zu versichernde Gefahr
- überhaupt jemals eintritt, z.B. Unfall oder das Schadenfeuer
- oder zu welchem Zeitpunkt sie eintritt, z.B. das einmal sicher eintretende Ereignis des Todes in der Lebensversicherung.

Aber auch nur die Ungewißheit über die Höhe eines zu erwartenden Abnutzungsschadens in der Sachversicherung kann nach Rechtssprechung des Bundesverwaltungsgerichts ein versicherungsmäßiges Risiko in sich bergen. So die Ungewißheit über einen größeren Reparaturschaden, der einige wenige DM, aber auch einige hundert DM betragen kann. Für die Betroffenen kann hier durchaus ein echtes wirtschaftliches Risiko vorliegen und damit das Bedürfnis, es durch Zahlung einer festen Prämie auf eine Versicherung abzuwälzen.

c) Schätzbarer Geldbedarf

Der Versicherungsbetrieb läßt sich wirtschaftlich nur durchführen, wenn die
- Zahl der Versicherungsfälle **(Schadenhäufigkeit)**
- und der durchschnittliche Geldbedarf pro Versicherungsfall **(Schadensdurchschnitt)** trotz Ungewißheit im Einzelfall insgesamt für die Kalkulation einer bedarfsgerechten Jahresprämie geschätzt werden kann.

Zu diesem Zweck führen die Versicherungen statistische Erhebungen durch.

Beispiele:

In der Feuerversicherung: Wieviele Gebäude einer bestimmten Bauart brennen in jedem Jahr?
In der Lebensversicherung: Wieviele Personen bestimmter Altersgruppen sterben in jedem Jahr (Sterbetafeln)?

● Das Gesetz der großen Zahl

Damit der Zufall berechenbar wird, sind die Gesetzmäßigkeiten „zufälliger Ereignisse", die bei Massenerscheinungen auftreten, zu untersuchen.

Ein Würfelexperiment brachte hier wichtige Erkenntnisse. Wird nur einmal gewürfelt, kann nicht vorausgesagt werden, welche Zahl der Würfel zeigen wird. Wird dagegen eine Million mal gewürfelt, kann davon ausgegangen werden, daß man jede Zahl des Würfels gleich oft treffen wird.

Aus Überlegungen dieser Art wurde schon in den Anfängen mathematisch-statistischer Forschungen das Gesetz der großen Zahl entwickelt. Dieses besagt, daß bei Massenbeobachtungen der Zufall eine um so geringere Rolle spielt, je größer die beobachtete Masse ist.

Beispiel:

> Wenn von 100 Säuglingen 10 sterben, kann nicht geschlossen werden, daß die Sterbewahrscheinlichkeit 10% beträgt. Erst wenn 100.000 Säuglinge und mehr beobachtet werden, kann die Sterbewahrscheinlichkeit relativ sicher geschätzt werden.

Das Gesetz sagt natürlich nichts darüber aus, wer von einem Unglücksfall bzw. Schaden betroffen wird, wohl aber wie viele, der in der Risikogemeinschaft Zusammengeschlossenen voraussichtlich von einem bestimmten Unglücksfall bzw. Schaden ereilt werden. Die Vorhersage ist dabei um so verläßlicher, je größer die Anzahl der beobachteten Fälle ist.

● Berechnung des Versicherungsbeitrages

Damit kann der Versicherer auch errechnen, wie oft und in welcher Höhe bestimmte Schäden in einem bestimmten Zeitraum auftreten.

Beispiel aus der Statistik der KFZ-Haftpflichtversicherung			
Fahrzeugart	Schadenhäufigkeit auf 1000 Fahrzeuge	Schadendurchschnitt DM	Schadenbedarf (Risikoanteil des Beitrages) DM
Mofas, Mopeds, Mokicks	42	1.885	79
Leichtkrafträder	151	3.674	555
Motorräder/-roller	67	5.535	368
PKW	120	3.818	459
LKW-Fernverkehr	907	4.573	4.164

Um den Versicherungsbeitrag für das einzelne Risiko (Wagnis) zu errechnen, multipliziert man die Schadenshäufigkeit mit der durchschnittlichen Schadenshöhe (Schadensdurchschnitt). Hinzu kommen noch verschiedene Kosten (Vertragsabschluß, Inkasso, Bestandsführung u.a.).

Beispiel zur Beitragsberechnung in der KFZ-Haftpflichtversicherung

Schadenshäufigkeit x Schadensdurchschnitt = Schadenbedarf
  120 / 1000   x   3.818   = DM 458,– } DM 480,— Versicherungs-
+ Verwaltungskostenanteil   = DM 22,–   beitrag

Im Interesse der Beitragsgerechtigkeit (Äquivalenzprinzip) differenziert der Versicherer natürlich noch nach einzelnen Risikogruppen, d.h. im vorliegenden Beispiel nach Motorstärke (PS bzw. kW), Schadenfreiheitsklasse (Dauer des schadenfreien Verlaufs eines Vertrages), Wohnort des Versicherungsnehmers (Gefahrenklasse der Region) usw.. Außerdem ist es aufgrund des immer schnelleren Wandels der Verhältnisse in der Praxis überaus schwierig, Prämien für eine ungewisse Zukunft zu kalkulieren, denn Erfahrungen in der Vergangenheit können nicht einfach auf die Zukunft übertragen werden. Weil das „Änderungsrisiko" inzwischen von größerer Bedeutung ist als das „Zukunftsrisiko" sind mathematische Gesetze nicht immer gültig. Die Versicherer versuchen diese Problematik durch Einrechnung von Zukunftserwartungen und/oder durch den Einbau von Anpassungsklauseln zu lösen.

d) Zwischenwirtschaftlicher Risikoausgleich

Zufälligkeit ist nur schätzbar, wenn **sehr viele** Wirtschaftseinheiten in der Versicherungsgemeinschaft zusammengeschlossen von der **gleichen Gefahr**, z.B. Brand, bedroht sind, **aber regelmäßig nur wenige Mitglieder zum gleichen Zeitpunkt von ihr betroffen werden.** Das versicherte Risiko muß sich also gleichmäßig verteilen lassen. Wenn daher eine bestimmte Gefahr, wie das Kriegsrisiko, Erdbeben oder Hochwasserschäden nicht nur vielen droht, sondern zum gleichen Zeitpunkt auch viele aus der Versicherungsgemeinschaft treffen kann, so sind diese Risiken eigentlich nicht mehr versicherbar (objektive Risikoanschlüsse).

Das Gleiche gilt auch für die vorsätzliche d.h. bewußte und gewollte Herbeiführung des schädigenden Ereignisses, z.B. Brandstiftung; Vorsatz ist schon deshalb nicht versicherbar, weil hier das Merkmal Zufälligkeit fehlt (subjektive Risikoausschlüsse).

1.3 Entwicklung des Versicherungswesens

Anfänge des Versicherungswesens finden sich sowohl im Altertum als auch im Mittelalter. Der erste Seeversicherungsvertrag stammt aus dem 14. Jahrhundert.

Am Ende des 17. und im Anfang des 18. Jahrhunderts wurden in Deutschland, England und einigen anderen europäischen Ländern Versicherungsunternehmen auf breiter Grundlage errichtet, die etwas ganz Neues darstellten, da man damals sonst nur kleine Versicherungsgenossenschaften sowie, in der Seeassekuranz, Einzelversicherer kannte. Solche größeren Einrichtungen kamen zuerst in der Feuerversicherung auf. Nach dem Vorbild der Hamburger Feuerkasse, auf das Leibniz in einer die Errichtung von Versicherungsanstalten betreffenden Denkschrift aus dem Jahre 1697 als ein „schönes Exempel" hingewiesen hat, sind bereits am Ende des 17. Jahrhunderts in einigen Städten, vor allem aber im Laufe des 18. Jahrhunderts in vielen der großen, mittleren und kleineren Partikularstaaten, aus denen sich das alte Reich zusammensetzte, größere und kleinere Brandkassen und Feuersozietäten errichtet worden, teils, wie in Preußen, regionale Anstalten, zuerst 1718 für Berlin, teils solche für das ganze Land. Die Gründung ging zumeist von den Landesherren, manchmal von den Landständen aus, wie in Hannover und Mecklenburg.

Die öffentlich-rechtlichen Brandkassen dienten nicht allein dem Schutze der einzelnen Gebäudeeigentümer, sondern auch der Förderung des Realkredits sowie der Beseitigung des Brandbettels, wobei Brandleider auf Grund eines ihnen ausgestellten Brandbriefes das Mitleid anderer in Anspruch nahmen. Ein weiterer öffentlicher Zweck war die Erhaltung der Steuerkraft der Untertanen, da, wie es z.B. in den Reglement einer früheren westfälischen Sozietät aus dem Jahre 1768 hieß, „dem gemeinen Wesen daran gelegen ist, daß ... die durch Brand Beschädigten ehebaldigst wieder in den Stand gesetzt werden, zu den allgemeinen Lasten das ihrige beizutragen". Dieser gerade dem damaligen Merkantilismus wichtige Gesichtspunkt betraf allerdings nicht die von der Steuerpflicht befreiten privilegierten Kreise, die zumeist den neuen Instituten nicht beizutreten brauchten, sich aber freiwillig bei ihnen versichern konnten. In manchen Gebieten, so in Mecklenburg und in Ostpreußen, errichteten die adligen Gutsbesitzer eigene Brandversicherungsanstalten.

Als erste private Versicherungsgesellschaft in Deutschland nahm am 1. Januar 1765 in Hamburg die von dortigen Kaufleuten gegründete „Assecuranz-Compagnie für See-Risiko und Feuer-Gefahr" den Geschäftsbetrieb auf.

Neben den Versicherungsgesellschaften und neben den Privatassekuradeuren, die sich ebenfalls außer in der Seeversicherung zum Teil noch in der Feuerversicherung betätigten, trat auf dem Hamburger Versicherungsmarkt seit 1790 eine Zweigniederlassung der 1782 gegründeten Londoner Feuerversicherungsgesellschaft „Phönix" in Erscheinung, die ein umfangreiches Geschäft in einer Reihe deutscher Einzelstaaten betrieb, so auch in Schleswig-Holstein und in Mecklenburg. Die Versicherungsbedingungen und Prämientarife dieser englischen Gesellschaft haben den deutschen privaten Feuerversicherungsgesellschaften, die nach 1800 in einer Reihe deutscher Städte gegründet worden sind, weitgehend als Vorbild gedient.

Die Industrialisierung, die sich seit dem Beginn des 19. Jahrhunderts allmählich auch in Deutschland verbreitet, erweckte und steigerte das Verlangen nach Versicherungsschutz. Im 19. und 20. Jahrhundert setzte die Entwicklung des Versicherungswesens zu einer modernen Gestaltung und Bedeutung ein. Die wesentlichen Merkmale hierfür sind:

- Die Gründung zahlreicher neuer Versicherungsunternehmungen auf rationaler Grundlage,
- die Entstehung der neuzeitlichen Rückversicherung sowie die Aufnahme vieler weiterer moderner Versicherungszweige und
- die Schaffung der Sozialversicherung.

Auf dem Gebiete der **Lebensversicherung** bildeten sich in der Neuzeit teils Einrichtungen fort, die es schon im Mittelalter gegeben hatte, teils tauchten neue Projekte auf.

Auch die **Haftpflichtversicherung,** die in der zweiten Hälfte des 19. Jahrhunderts entstanden ist, ist hier zu nennen, die im 20. Jahrhundert mit der starken Entwicklung des Kraftverkehrs eine weitere Aufgabe von großer wirtschaftlicher Bedeutung erhalten hat.

1.4 Gliederung in der Individualversicherung und Sozialversicherung

1.4.1 Individualversicherung

Rechtliche und versicherungstechnische Gründe machen es notwendig, die Individualversicherung nach **Zweigen** zu unterteilen.

a) Gliederung nach der angewandten Versicherungstechnik

Das Versicherungsvertragsgesetz unterscheidet zwischen Schadensversicherung und Personenversicherung, d.h. nach formalen, lediglich für den Aufbau des Versicherungsvertragsgesetz bedeutsamen Gesichtspunkten. Da aber inzwischen auch Teile der Personenversicherung als Schadensversicherung betrieben werden (z.B. Behandlungskosten in der Privaten Krankenversicherung), ist diese vom Gesetzgeber im Jahre 1908 vorgenommene Einteilung heute nicht mehr haltbar. Der sachliche Gegensatz zur Schadensversicherung ist daher die Summenversicherung.

— Weil in der **Summenversicherung** (z.B. Lebensversicherung) die objektiven Maßstäbe zur Bestimmung des im Versicherungsfalle entstehenden Geldbedarfs fehlen, wird hier im Versicherungsfall einfach die im voraus vereinbarte fixierte Versicherungssumme ausgezahlt **(abstrakte Bedarfsdeckung).**

Beispiel:

Ein Versicherungsnehmer wählt DM 100.000,- als Versicherungssumme seiner Lebensversicherung. Ein Versicherungswert ist nicht zu ermitteln.

— In der **Schadensversicherung** wird die Leistung des Versicherers bedingt und auch begrenzt durch den tatsächlich **nachweisbaren** Vermögensschaden. Die Schadensversicherung ist eine **konkrete Bedarfsdeckung.**

Damit gilt in der Schadensversicherung grundsätzlich das Bereicherungsverbot d.h. der Geschädigte darf durch das versicherte Ereignis nicht besser gestellt werden als vor dessen Eintritt (Abschnitt 3.6.3).

Beispiel:

Der Versicherungsnehmer A hat sein Haus, das einen realen Wert von DM 100.000,- hat, mit DM 200.000,- gegen Feuer versichert. Bei einem Totalschaden erhält der Versicherungsnehmer lediglich den konkreten Schaden von DM 100.000,-.

b) Gliederung nach der Art des Risikos

Da das wirtschaftliche Risiko des Einzelnen an seinem Vermögen oder an einer Person haftet, kann die Privatversicherung auch nach der Art des Risikos eingeteilt werden in:

— **Sachversicherung.** Hier wird für Schäden an **konkreten Vermögenswerten** (Gebäuden, Hausrat usw.) oder deren Verlust Ersatz geleistet. Das breite Sortiment dieser Versicherung hängt dabei mit den verschiedenen Schadensursachen zusammen (z.B. Feuer, Wasserschäden, Einbruch, Sturm usw.).

Das Erfordernis der „Gleichartigkeit des Risikos" (Kalkulierbarkeit der Prämie) hat daher gerade hier zur Entwicklung einer großen Fülle verschiedenartiger Versicherungszweige geführt. Zu beachten ist, daß der Risikobegriff bei diesen Einteilungen doppeldeutig sein kann, einmal stellt er die Gefahr dar, daß ein **ungünstiges Ereignis** wie Brand, Wasserschäden usw. eintritt, zum anderen wird auf den **Gegenstand** (Gebäude usw.) abgestellt, auf den sich die Versicherung bezieht.

— **Vermögensschadenversicherung.** Gemeint ist die Versicherung solcher Vermögenswerte, die keine Sachen sind. Die Vermögensschadenversicherung **schützt gegen Vermögensminderungen, die durch Schadensersatzansprüche Dritter** (z.B. die verschiedenen Haftpflichtversicherungen), Forderungsverluste oder durch sonstige Ereignisse, wie z.B. Betriebsunterbrechungen infolge Brand **entstehen können.**

— **Personenversicherung.** Versichert ist eine **bestimmte Person,** wobei im Grunde auch hier nur Vermögensschäden gedeckt sind, da jede Versicherung immer nur die materiellen Folgen des Versicherungfalls ausgleichen kann. Zur Personenversicherung zählen insbesondere die Lebens-, die Kranken- und die Unfallversicherung.

c) **Einteilung nach der Art der Bedarfsdeckung**

Ausgehend vom Jahresabschluß eines Wirtschaftsunternehmens kann man auch eine Einteilung in Aktiven- und Passiven-Versicherungen vornehmen. Der Versicherungsnehmer kann damit gleichzeitig überprüfen, ob alle Positionen für die man Versicherungsschutz in Anspruch nehmen kann, auch tatsächlich versichert sind.

— Zur **Aktivenversicherung** gehören als Hauptzweige der Schadensversicherung z.B. die Feuerversicherung (Sachversicherung im engeren Sinne) und die Versicherung gegen Forderungsverluste (als Teil der Kreditversicherung).

Man geht dabei von der jeweiligen Wertbeziehung der versicherten Person zu einer Sache oder einem Recht aus (versichertes Interesse).

Diese Wertbeziehung kann beeinträchtigt werden. Das Gut wird beschädigt oder zerstört (z.B. Feuerschaden). Die Person verliert die tatsächliche Herrschaftsgewalt über das Gut (z.B. Diebstahlschaden). Die Person kann die Forderung nicht eintreiben (z.B. Ausfall eines Schuldners im Ausland).

- Bei einer **Passivenversicherung** ist nicht die Wertbeziehung einer Person zu einem Wirtschaftsgut versichert, sondern derjenige Schaden, der aus dem Entstehen von passiven Schulden ohne Gegenleistung erwächst.

Man unterscheidet die:
- Versicherung gegen gesetzliche Verpflichtungen (z.B. Haftpflichtversicherung),
- Versicherung gegen schädigende Verlustmöglichkeiten (z.B. Abwehr unbegründeter Ansprüche in der Haftpflichtversicherung),
- Versicherung gegen notwendige Aufwendungen, (z.B. bei der Versicherung eines Gebäudes gegen Brandschaden zum Neuwert handelt es sich um eine Kombination von Aktivenversicherung und Passivenversicherung, da sowohl der Zeitwert als auch der Neuwertanteil ersetzt werden, um das Gebäude wieder herzustellen).

Zum Jahresabschluß eines Unternehmens gehören Bilanz und Erfolgsrechnung. Von dieser Überlegung ausgehend spricht man neben Aktiven- und Passivenversicherung (vergleiche Aktivseite und Passivseite der Bilanz) noch von der Ertragsversicherung (auch: Ertragsausfallversicherung).

Beispiele dafür sind die Betriebsunterbrechungsversicherung, die Hagelversicherung und die Versicherung der Gewinnerwartung in der Transportversicherung (sog. imaginärer Gewinn).

Zusammenfassende Übersicht zur Einteilung der Versicherungszweige:

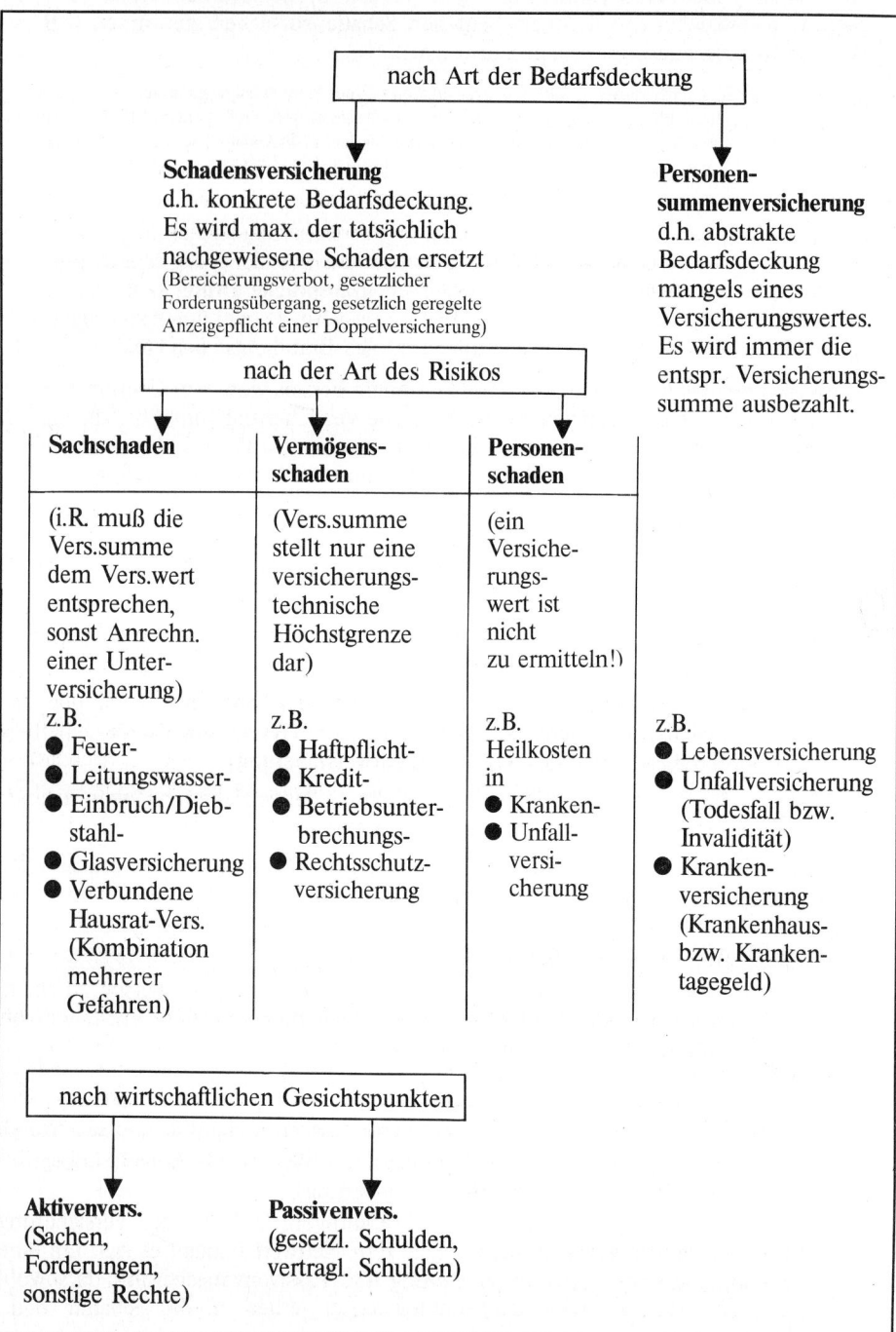

Versicherungsgesellschaften, die mehrere Versicherungszweige innerhalb eines Unternehmens betreiben (mehrere Sach- und Haftpflichtversicherungen z.B. HUK-Vers.) werden als Mehrbranchenversicherer (Kompositversicherer) bezeichnet. Davon zu unterscheiden sind die Einbranchenversicherer (Spezialversicherer), die sich aus geschäftspolitischen (z.B. Transportversicherungen) oder aufsichtsrechtlichen Gründen (Lebens- und Krankenversicherungen) nur auf einen Versicherungszweig bzw. eine Branche spezialisiert haben. (Abschnitt 5.3.1)

1.4.2 Sozialversicherung

Als wichtigster Teil des Systems der sozialen Sicherung ist die Sozialversicherung im Gegensatz zur Individualversicherung hauptsächlich sozialpolitisch motiviert.

Seit 1957 werden die Renten in der **Rentenversicherung** und später auch in der Unfallversicherung der allgemeinen Einkommensentwicklung angepaßt (dynamisiert), um ein starkes Nachhinken der Rentenkaufkraft zu vermeiden. Damit werden auch die Rentner am Produktionszuwachs der Wirtschaft beteiligt, obwohl sie keine Beiträge mehr leisten. Anders als in der privaten Lebensversicherung werden daher die Rentenzahlungen nicht mehr aus früher „angesparten Beiträgen" finanziert, sondern im Umlageverfahren aus den laufenden Beiträgen der jetzt Erwerbstätigen (Generationenvertrag). Wegen der zunehmenden Überalterung der Bevölkerung bis zum Jahre 2000 werden sich aber daraus erhebliche Finanzierungsprobleme ergeben, die letztlich darauf hinauslaufen werden, daß die gesetzliche Rentenversicherung künftig nur noch eine Grundsicherung bieten kann, die durch betriebliche Altersversorgung und private Lebensversicherung (3-Säulentheorie) eine wichtige Ergänzung erfahren muß.

Wie auch in den anderen Bereichen der personenbezogenen Risikovorsorge hat die Individualversicherung eher ein ergänzendes als ein konkurrierendes Verhältnis zur Sozialversicherung (z.B. Unfallfreizeit-, Krankenzusatz- bzw. Krankenhaustagegeldversicherung).

Im Vergleich zur **Arbeitslosenversicherung** kann allerdings auch die Individualversicherung keinen entsprechenden Versicherungsschutz gewähren. Subjektive (Verhalten des Versicherungsnehmers) und objektive Risiken (Konjunktur als gesamtwirtschaftliche Erscheinung) lassen eine marktgerechte Prämienkalkulation zumindest auf der Basis des Äquivalenzprinzips nicht zu.

a) Wesentliche Merkmale

- **Die Sozialversicherung deckt grundsätzlich nur die personenbezogenen Risiken** (z.B. Krankheit, Gebrechen, Tod usw.).

- **Die Versicherungsleistungen sind weitgehend durch Gesetz einheitlich geregelt.** Trotzdem ist die Sozialversicherung im Vergleich zur staatlichen Vorsorge eine Selbsthilfeorganisation (Versicherungsprinzip). Die Beiträge werden im wesentlichen von den Versicherten und ihren Arbeitgebern getragen, was in der Organisation der Sozialversicherungsträger zum Ausdruck kommt (Selbstverwaltungsrecht der Mitglieder, d.h. eine Vertreterversammlung, die i.d.R. je zur Hälfte aus Arbeitnehmer- und Arbeitgebervertretern besteht, wählt den Vorstand). Allerdings leistet der Staat nicht unerhebliche Zuschüsse.

- **Die Sozialversicherung ist überwiegend Zwangsversicherung,** da:
  - die meisten Erwerbstätigen für eine ausreichende private Vorsorge für die Zeit der Erwerbslosigkeit nicht sorgen bzw. nicht sorgen können;
  - das Versicherungprinzip vom Prinzip des sozialen Ausgleichs (Solidaritätsprinzip) überlagert wird. So findet zu Lasten eines Teils der Versicherten eine Einkommensumverteilung zu Gunsten der sozial schwächer gestellten Gruppen statt, denn die Beiträge werden in der Regel nach der Lohnhöhe erhoben, während für die Leistungen vielfach die jeweilige Bedürfnislage entscheidend ist. (In der gesetzlichen Krankenversicherung ist z.B. die kostenlose Mitversicherung von Familienangehörigen gegeben).

b) Zweige der Sozialversicherung

Der Gedanke der „**Einheitsversicherung**" hat sich bei der Sozialversicherung nicht durchgesetzt. Sie ist ähnlich wie die Individualversicherung nach Zweigen gegliedert in denen jeweils gleichartige Risiken zusammengefaßt sind. Die Sozialversicherung umfaßt die Zweige:
- Rentenversicherung
- Krankenversicherung
- Arbeitslosenversicherung
- Unfallversicherung

Übersicht über die Sozialversicherungszweige

Zweige	Krankenversicherung (KK)	Rentenversicherung (RV)	Arbeitslosenversicherung	Unfallversicherung
Versicherte	● alle Auszubildenden und Studenten ● alle Arbeiter ● alle Angestellten bis zur Pflicht- bzw. Beitragsbemessungsgrenze, d.h. bis zu einem Monatsgehalt von 75% der jährl. neu festgelegten Beitragsbemessungsgrenze (BBG) in der Rentenversicherung ● Arbeitslose und Rentner ● bestimmte Selbständige freiw. Versicherung ist in bestimmten Fällen möglich wie auch freiw. Weiterversicherung nach Wegfall der Versicherungspflicht	● alle Auszubildenden ● alle gegen Entgelt beschäftigten Arbeitnehmer ● Heimarbeiter ● bestimmte Selbständige Höherversicherung, d.h. Leistung von Zusatzbeiträgen zur Erhöhung der zukünftigen Rente sind möglich	● alle Auszubildenden ● alle gegen Entgelt beschäftigten Arbeitnehmer	● alle Auszubildenden und Studenten ● **alle, die im öffentlichen Interesse tätig sind, z.B. Schöffe** ● Schüler und Kinder in Kindergärten
Träger	**Gesetzl. KK:** Orts(AOK)-, Betriebs- u. Innungskrankenkassen **Ersatzkassen:** DAK, KKH, Barmer usw.	**Bundesversicherungsanstalt f. Angestellte (BfA)** in Berlin und **18 Landesversicherungsanstalten** (LVA) Sonderanstalten (z.B. Bundesknappschaft)	**Bundesanstalt für Arbeit** i. Nürnberg	**Berufsgenossenschaften** für die einzelnen Wirtschaftszweige, Gemeindeunfallversicherungsverbände
Beiträge	● **ca. 10-14% des Bruttoverdienstes** (Unterschied je nach Krankenkasse) **max. von 75% der BBG** ● Arbeitgeber und Arbeitnehmer tragen die Beiträge **je zur Hälfte.** Übersteigt das Entgelt nicht 10% der BBG, so hat der Arbeitgeber alle Beiträge allein zu tragen. Grundsätzlich zahlt der Arbeitgeber d.h. hat er die Abrechnungspflicht mit dem Versicherungsträger (zuständige KK.)	● **18,7% des Bruttoverdienstes max. von der BBG**	● **4,3% des Bruttoverdienstes max. v. der BBG**	● Beitragshöhe je nach **Gefahrenklasse** im Umlageverfahren (Grundlage: Jahreslohnsumme) ● Arbeitgeber zahlt und trägt Beiträge **allein**

Übersicht über die Sozialversicherungszweige (Fortsetzung)

Leistung	• **Gesundheitsvorsorge:** Untersuchungen zur Früherkennung von Krankheiten und Kuren zu deren Verhütung • **Krankenhilfe:** Krankenpflege- u. Krankenhauspflegekosten (als **Familienhilfe** auch für Familienangehörige), Krankengeld (nach Beendigung der Lohnfortzahlung von der 7. Woche an 80% des „Regellohns") • **Mutterschaftshilfe** • **Haushaltshilfe**	• **Rehabilitationsmaßnahmen** zur Erhaltung, Besserung und Wiederherstellung der Erwerbsfähigkeit (incl. Übergangsgelder während dieser Maßnahmen) • **Altersrenten** ab 65. Lj., – flexible Altersgrenze grds. ab 63. Lj., Schwerbehinderte ab 60. Lj. – „vorgezogenes Altersruhegeld" ab 60. Lj. für Frauen und Arbeitslose (soweit bes. Voraussetzungen erfüllt sind!) • **Erwerbsunfähigkeitsrente** • **Berufsunfähigkeitsrente** bei mehr als 50% vermind. Erwerbsfähigkeit • **Hinterbliebenenrente**	• **Arbeitsvermittlung** (Berufsberatung und Umschulung, aber auch Zuschüsse zur Aus- und Fortbildung) • **Arbeitslosengeld** nach Erfüllung der Anwartschaft für unfreiwillig Arbeitslose (arbeitsfähig) grundsätzlich für höchstens 312 Werktage (verlängerter Bezug für „ältere Arbeitslose" gestaffelt ab 42. Lj.) • **Arbeitslosenhilfe** (aber zeitlich unbegrenzt) wenn Anspruch auf Arbeitslosengeld entfällt und Bedürftigkeit besteht • **Kurzarbeiter- und Schlechtwettergeld** • **Konkursausfallgeld**	Hilfe bei **Arbeits- und Wegeunfällen, Berufskrankheiten:** • **Unfallverhütung** und **Erste Hilfe** • **Heilbehandlung** und **Krankengeld** sofern die KK keine Leistung erbringt • **Berufshilfe** um den bisherigen oder einen neuen Beruf wieder ausüben zu können • **Verletztenrente** bei mindestens 20% Erwerbsminderung oder Hinterbliebenenrente • **Kapitalabfindung** statt Verletztenrente • **Sterbegeld und Überführungskosten**
Sozialgerichtsbarkeit	• Ist ein Versicherter mit dem Bescheid eines Sozialversicherungsträgers nicht einverstanden, so kann er Widerspruch erheben. Gegen einen auf darauf ergehenden Widerspruchsbescheid kann er beim **Sozialgericht** klagen. Gegen Urteile des Sozialgerichts ist die Berufung beim Landessozialgericht und gegen dessen Urteil Revision beim **Bundessozialgericht** in Kassel möglich.		

Das Gesetz zur Reform des Gesundheitswesens im Überblick

Höhere Selbstbeteiligung der Patienten, aber erstmals auch Pflegeleistungen

Die wichtigsten Änderungen im Überblick:

● ARZTBESUCHE: Bis 1992 soll der Krankenschein durch eine Versicherungskarte abgelöst werden. Arztbesuche im Inland bleiben wie bisher kostenlos. Bei Erkrankungen während eines Urlaubs im Ausland werden die dort anfallenden Kosten nicht mehr erstattet. Für EG-Staaten und Länder, mit denen ein Krankenversicherungsabkommen besteht, muß ein Krankenschein mitgenommen, für andere Länder sollte eine Reisekrankenversicherung abgeschlossen werden.

● VORSORGE: Das Angebot von Vorsorgeuntersuchungen beim Arzt und Zahnarzt wird ausgeweitet. So kann sich neben der Krebsvorsorge jeder über 35 künftig alle zwei Jahre mit einem „Check-up" auf Herz und Nieren prüfen lassen.

● FAHRTKOSTEN: Fahrten zur ambulanten Behandlung muß der Patient voll bezahlen, wenn es sich nicht um Rettungsfahrten handelt. Bei diesen und bei Fahrten zur stationären Behandlung zahlt der Versicherte die ersten 20 DM und die Krankenkasse den Rest.

● ZAHNARZT: Die Zuzahlung bei Zahnersatz wird von durchschnittlich 23 auf 40 Prozent steigen. Die Kassen sollen im Durchschnitt nur noch 60 Prozent der Kosten für Zahntechnikerarbeit und Zahnarzt ersetzen. Der Patient muß zudem die gesamten Kosten vorstrecken. Bisher wurde die Arbeit des Arztes voll von der Kasse getragen. Von 1991 an kann sich die Rechnung für den Patienten um weitere zehn Prozent erhöhen, wenn er nicht alle sechs Monate zum Zahnarzt geht. Neu sind Vorsorgeuntersuchungen für 12- bis 20-jährige. Bei kieferorthopädischen Maßnahmen wie Zahnspangen zahlt die Krankenkasse zunächst 80 Prozent der Kosten und erst bei Abschluß die restlichen 20 Prozent.

● MEDIKAMENTE: Für Medikamente mit gleichen Wirkstoffen, die von verschiedenen Herstellern zu unterschiedlichen Preisen angeboten werden, sollen möglichst bis Ende Juli 1989 Festbeträge festgelegt werden. Sie sollen sich an den preisgünstigen Produkten orientieren. Wer auf einer teureren Arznei besteht, muß dann den Preisunterschied zum Festbetrag selbst bezahlen. Das System der Festbeträge soll bis Ende 1991 auf möglichst viele Medikamentengruppen ausgedehnt werden. Für Arzneimittel, für die noch kein Festbetrag festgesetzt ist, steigt die Rezeptgebühr pro Verordnung von zwei auf drei DM. Ab 1992 müssen die Patienten statt dessen 15 Prozent des Preises aus eigener Tasche zahlen, höchstens aber 15 DM.

● HEIL- und HILFSMITTEL: Bei Heilmitteln wie Massagen müssen zehn Prozent zugezahlt werden. Eine neue Brille gibt es nicht mehr alle drei Jahre, sondern in der Regel nur noch bei Veränderungen der Sehstärke um mindestens 0,5 Dioptrie. Für das Gestell zahlt die Kasse nur noch 20 DM. Kontaktlinsen werden nur noch dann bezahlt, wenn sie medizinisch zwingend erforderlich sind. Festbeträge gibt es künftig auch für Hörgeräte.

● KUREN: Weiterhin Zahlung von zehn DM pro Tag. Bei offenen Badekuren beträgt der Zuschuß zu Unterkunft und Verpflegung nur noch 15 statt 25 DM täglich.

● STERBEGELD: Alle Kassen zahlen einheitlich nur noch 2100 DM beim Tod eines Mitglieds und 1050 beim Tod eines mitversicherten Familienangehörigen. Wer von 1989 an neu in die gesetzliche Krankenkasse eintritt, hat keinen Anspruch auf Sterbegeld mehr.

● HÄRTEFALLREGELUNG: Wer 1989 weniger als 1260 DM Brutto im Monat verdient, wird von allen Zuzahlungen bis auf die zehn DM für die ersten 14 Tage im Krankenhaus befreit. Bei Ehepaaren erhöht sich diese Einkommensgrenze auf 1732 DM und je Kind nochmals um 315 DM. Kinder unter 18 Jahren müssen generell nur bei Zahnersatz und Fahrtkosten zuzahlen. Außerdem gilt eine „Überforderungsklausel". Bei Einkommen bis zur Bemessungsgrenze (derzeit 4500 DM) jährlich zuzahlen. Hier gibt es auch Abschläge für mitversicherte Familienangehörige. Bei Einkommen über der Bemessungsgrenze gelten vier Prozent. Für Zahnersatz gilt die Klausel aber nicht.

● PFLEGE: Wer einen Schwerpflegebedürftigen betreut, kann sich künftig einmal jährlich für vier Wochen von einer durch die Kasse bezahlten Ersatzkraft vertreten lassen. Dies darf aber nicht mehr als 1800 DM kosten. Von 1991 an zahlen die Kassen monatlich 25 Pflegestunden durch eine Fachkraft. Die Kosten dafür sind auf 750 DM begrenzt. Ersatzweise kann ein Pflegegeld von 400 DM monatlich bezogen werden.

● KRANKENHAUS: Die Zuzahlung bei Krankenhausaufenthalt wird von 1991 an auf zehn DM verdoppelt (für höchstens 14 Tage pro Jahr). Für Krankenhäuser soll eine Preisvergleichsliste eingeführt werden.

● RENTNER sollen von Juli 1989 an die Hälfte des durchschnittlichen Beitrages zur gesetzlichen Kasse zahlen. Das bedeutet eine Erhöhung ihrer Beiträge von derzeit 5,9 Prozent auf voraussichtlich 6,65 Prozent.

● VERSICHERUNGSPFLICHTSGRENZE (derzeit 4500 DM monatlich) gilt nicht nur für Angestellte, sondern auch für besserverdienende Arbeiter.

Rentenreform

Blüms großes Einmaleins

BONN (dpa). Bundesarbeitsminister Norbert Blüm (CDU) erläuterte vor der Sondersitzung der CDU/CSU-Fraktion am Montag seine Vorstellungen zur Reform der Rentenversicherung. Nach seinen Plänen soll die Reform möglichst mit der SPD gestaltet und im kommenden Jahr vom Bundestag verabschiedet werden. Blüms Vorstellungen sehen folgendes vor:

● Um die Rücklagen der Rentenversicherung abzusichern, müßten ohne Änderungen die Beiträge von 18,7 auf bis zu 22 Prozent im Jahr 2000 steigen. Blüm will daher die künftigen Lasten gleichmäßiger auf Beitragszahler, Rentner und Bund verteilen.

● Die Renten sollen **lohn- und beitragsbezogen bleiben** und den Lebensstandard sichern, dabei aber nur noch so steigen wie die Nettoeinkommen.

● Der Bundeszuschuß soll ab 1992 ebenso erhöht werden wie die Beiträge zur Rentenversicherung. Geplant ist eine Vorweganhebung in den Jahren 1990 und 1991. Bundesfinanzminister Gerhard Stoltenberg (CDU) hat bislang 1,3 Milliarden DM zugestanden; die Sozialpolitiker erwarten jedoch bis zu drei Milliarden DM. Je nach Anhebung des Bundeszuschusses ließen sich die Beiträge relativ lange bei 18,7 Prozent halten. Bis zum Jahr 2000 würden sie aber auf etwa 20 Prozent klettern.

● Neugeregelt werden sollen Ausfallzeiten für Schul- und Hochschulausbildung. Sie sollen künftig etwas geringer bewertet werden. Dafür sollen aber Zeiten der Kindererziehung bei der Bewertung von Ausfallzeiten berücksichtigt werden. Arbeitslosigkeit und Krankheit sollen nicht mehr als Ausfallzeiten sondern als Beitragszeiten gelten.

● Fallen soll der Grundsatz der „Halbbelegung". Künftig sollen für die Rentenberechnung alle Beitragszeiten herangezogen werden, gleichgültig ob und wann die Beitragszahlung unterbrochen wurde.

● Die vorgezogenen Altergrenzen von 60 und 63 Jahren sollen schrittweise angehoben werden bis das gesetzliche Rentenalter von 65 Jahren wieder die Regel ist. Wer früher in Rente gehen will, soll Abschläge hinnehmen müssen. Wer länger arbeitet, könnte Zuschläge bekommen.

1.4.3 Abgrenzung Individual-/Sozialversicherung

Eine ausführliche Abgrenzung der Sozialversicherung von der Individualversicherung faßt die nachstehende **Übersicht** zusammen:

	Sozialversicherung	Individualversicherung
Begründung des Versicherungsverhältnisses:	durch Gesetz **(Zwangsversicherung)**	**durch Vertrag:** (freiwillig mit Ausnahme der Pflichtversicherung z.B. KFZ-Haftpflichtversicherung) **Zwangsvers.:** Gebäudevers.
Rechtsform:	Körperschaften des **öffentlichen** Rechts **mit** Selbstverwaltung, d.h. Mitwirkung der Versicherten (z.T. aber auch mit Anstaltscharakter z.B. BA in Nürnberg)	Körperschaften des **priv.** Rechts: AG und VVaG und Körperschaften des **öffentl.** Rechts **(Zwangs-Monopol- u. Wettbewerbsanstalten)** Staatl. Versicherungsaufsicht.
Beginn und **Ende** des Versicherungsverhältnisses	in der Regel kraft Gesetz automatisch **mit Aufnahme einer versicherungspfl. Beschäftigung** Beendigung einer versicherungspfl. Beschäftigung	durch **Annahme eines entspr. Versicherungsantrages** zum vereinbarten Termin mit Ablauf oder Kündigung, Rücktritt bzw. Anfechtung einer Vertragspartei
Risikoübernahme:	begrenzt auf **personenbezogene Risiken** wie Krankheit, Arbeitsunfall, Invalidität, Alter, Tod u. Arbeitslosigkeit	Risikoübernahme für **alle Arten von versicherbaren Risiken** und zwar **natürlicher** und **juristischer** Personen
Beitragsbemessung:	nach **Bruttoentgelt** des Versicherten **(dynamische Beitragsbemessungsgrenze) ohne Rücksicht auf das individuelle Risiko. Solidaritätsprinzip**	nach dem zu deckenden Risiko des einzelnen VN **Äquivalenzprinzip**
Leistungsumfang:	gesetzlich **einheitlich** festgelegter Rahmen (z.B. Anwartschaft auf Witwenrente ist grundsätzl. auch bei Unverheirateten mitversichert)	**frei vereinbar** (Tarife, Versicherungssummen u. Sonderbedingungen)
Rechtsgrundlagen	Sozialgesetzbuch (SGB) u. Einzelgesetze wie das Arbeitsförderungsgesetz (AFG), **Reichsversicherungsordnung** (RVO), Angestelltenversicher. Gesetz (AVG)	**BGB**, **HGB**, **VVG** und **VAG** usw.
Gerichtsbarkeit	**Sozial**gerichtsbarkeit	**Zivil**gerichtsbarkeit (Amts- bzw. Landgericht als Klageinstanzen, Bundesgerichtshof als höchste Rechtsmittelinstanz)

1.5 Einzel- und gesamtwirtschaftliche Bedeutung der Individualversicherung

1.5.1 Einzelwirtschaftliche Bedeutung

Inwieweit im Einzelfall private Haushalte bzw. Wirtschaftsunternehmungen freiwillig bereit sind, Versicherungsschutz zu suchen, hängt nicht zuletzt von den erwarteten Vorteilen ab, die das Versicherungswesen bietet. Aus der Sicht des Versicherungsnehmers sind hier folgende Vorteile anzuführen:

a) Bedeutung für private Haushalte

Für die **privaten Haushalte** bietet das Versicherungswesen die Möglichkeit zur eigenverantwortlichen Daseinsvorsorge, da eine ausschließliche Selbstdeckung von Risiken (Ansammlung von Reserven) zumindest im Hinblick auf die großen Schäden bzw. Ausfälle das Leistungsvermögen des Einzelnen grundsätzlich überschreiten würde (z.B. Sicherstellung der Hinterbliebenenversorgung wie Lebensunterhalt, Hausbesitz trotz Schulden, Ausbildungsfinanzierung der Kinder bei Tod des Versorgers). Die Inanspruchnahme von Versicherungsschutz bietet daher Beruhigung vor drohenden Gefahren, Schutz vor finanzieller Not und daher auch mehr Raum für die Persönlichkeitsentfaltung.

b) Bedeutung für Wirtschaftsunternehmungen

Für die **Wirtschaftsunternehmung** als Versicherungsnehmer bringt der Versicherungsschutz ähnliche Vorteile.

- Vor allem hier bedeutet jede Versicherung eine Umwandlung von in Rücklagen nur unzureichend abzufangenden Risiken in **feste kalkulatorische Kosten,** die sich bei der Absatzkalkulation wettbewerbsneutral kalkulieren lassen und vor allem niedriger sind als die Kosten der Selbstdeckung durch Rücklagen. Außerdem wirken sich die Aufwendungen für Versicherungsbeiträge **steuermindernd** aus.

    Natürlich hängt die Bedeutung des Versicherungsschutzes im einzelnen auch von der Größe der versicherten Unternehmung ab sowie von der Häufigkeit und von dem möglichen Ausmaß des Schadens. Tendenziell sind die seltenen und großen Schäden versicherungsbedürftiger als die häufigen kleinen Schäden.

- Mit einem umfassenden Versicherungsschutz (Betriebs- bzw. Produkthaftpflicht, Kredit- und den verschiedenen Sachversicherungen) kann das Unternehmensrisiko im wesentlichen auf das Absatzrisiko beschränkt werden. Diese Sicherheitsgewinnung wirkt sich positiv auf die allgemeine **Unternehmerinitiative** aus (z.B. die Erschließung neuer Absatzmärkte auch im Ausland).

- Schließlich begünstigt die Versicherung die **Unternehmensfinanzierung,** weil durch die erhöhte Existenzsicherung die Kreditwürdigkeit gegenüber Gläubigern, aber auch möglichen Teilhabern gesteigert wird.

    Im besonderen gilt dies bei der Versicherung bestimmter Sicherungsobjekte (Grundpfandkredit, Sicherungsübereignung, z.B. eines KFZ).

    Eine entsprechende Versicherung (Teilhaberversicherung) kann aber auch ein Unternehmen vor dem finanziellen Zusammenbruch bewahren, wenn ihm durch den Tod eines Teilhabers in entscheidender Weise die Kapitalbasis entzogen würde (Erbabfindung usw.).

1.5.2 Gesamtwirtschaftliche Bedeutung

Wenn das Versicherungswesen auch nicht selbst sichtbare Waren produziert oder Handel treibt, so ist es dennoch eine Dienstleistungseinrichtung, die im ökonomischen System eine höchst bedeutende Stellung einnimmt.

a) Versicherung als volkswirtschaftlicher Risikoträger

Die abgebrannte Fabrik, das untergegangene Schiff sind für die Volkswirtschaft als Ganzes immer ein Ausfall, auch wenn die Betroffenen einzelwirtschaftlich von der Versichertengemeinschaft entschädigt werden. Was sich aber durch den versicherungsmäßigen Ausgleich der einzelwirtschaftlichen Erstschäden vermeiden läßt, sind nachhaltige Folgeschäden durch Illiquidität. So kann z.B. nach Eintritt eines Schadensfeuers die Leistung einer Betriebsunterbrechungsversicherung dafür sorgen, daß nicht nur Verluste an Arbeitsplätzen im betroffenen Betrieb selbst vermieden werden, sondern auch Umsatz-, und Forderungsausfälle bei vorgelagerten Wirtschaftseinheiten. Gesamtwirtschaftlich mindert daher das Versicherungswesen die Störanfälligkeit, die sich gerade aus der Arbeitsteiligkeit eines Wirtschaftssystems ergibt, eine Entwicklung, die noch immer weiter fortschreitet.

Der Versicherungsschutz fördert damit auch den technischen Fortschritt (Auto-, Luftfahrt-, Maschinen-, Produkthaftpflichtversicherung). Zum Teil wird er erst durch Versicherbarkeit durchführbar (z.B. Kernkraftwerke).

b) Versicherungen als volkswirtschaftlicher Schadensverhüter

Auch zur Schadensvorbeugung leisten Versicherungen einen wichtigen Beitrag. Gemeint sind hier Maßnahmen gegen:

- den Schadenseintritt an sich, z.B. Auflagen zum Einbau von Sicherheitsschlössern bei der Einbruchdiebstahlversicherung bzw. Blitzableiter und Brandursachenerforschung bei der Feuerversicherung,

- den zu frühen, zu starken oder zu häufigen Schadenseintritt, z.B. Gesundheitserziehung durch die Krankenversicherung, Verkehrserziehungsmaßnahmen durch die Kraftfahrzeugversicherung,

- die weitere Ausbreitung eines Schadens, z.B. die Feuerschutz- oder Löschsteuer zur Finanzierung von Feuerwehren.

c) Versicherung als Entlastung des Staates

Durch die Versicherung wird die öffentliche Fürsorge entlastet (Hinterbliebenenversorgung, Invaliditätsrente nach Unfällen). Ohne Versicherungsschutz würden die in dieser Weise betroffenen Personen schließlich dem Staat zur Last fallen müssen. Daher fördert (steuerliche Abzugsfähigkeit) bzw. erzwingt (Schutz des Verkehrsopfers durch die Kraftfahrzeughaftpflicht) der Staat die planmäßige Vorsorge, um die Gesellschaft vor unkontrollierbaren Folgeschäden bei totaler Versicherungsfreiheit zu bewahren.

d) Versicherung als volkswirtschaftliches Kapitalsammelbecken

Da die Beitragszahlung und der Leistungsfall in der Versicherung teilweise stark auseinanderklaffen – insbesondere in der Lebensversicherung mit ihrem langfristigen Sparprozeß – ist zur Überbrückung dieser Zeiträume eine Vermögensanlage erforderlich. Dies ist für die Versorgung des Kapitalmarktes von entscheidender Bedeutung und zwar nicht nur wegen des Ausmaßes der Kapitalbildung, sondern auch im Hinblick auf die Art der Kapitalanlage (Schuldscheindarlehen, Wertpapiere, Realkredite und Grundbesitz). So werden dem Wohnungsbau, der Industrie, aber vor allem auch der öffentlichen Hand erhebliche Mittel durch direkte Kreditvergabe oder indirekt durch Refinanzierung der Kreditinstitute zur inflationsneutralen Finanzierung produktiver Investition zur Verfügung gestellt. Dies begünstigt das Wirtschaftswachstum und führt zu einer Erhöhung des Volkseinkommens.

Zahlen der Deutschen Versicherungswirtschaft [1]

	Beitragseinnahmen (Mrd DM)		
	1970	1980	1987
Lebensversicherung	10,07	30,69	41,79
Krankenversicherung	4,04	9,84	14,79
Schadens- u. Unfallversicherung ohne Krankenschadensversicherung	12,48	35,45	56,04
davon Kraftfahrtversicherung	5,79	15,46	22,65
sonstige Versicherungen	1,11	2,95	5,88
insgesamt	27,70	78,93	118,50

[1] Quelle: Gesamtverband der Deutschen Versicherungswirtschaft e.V. (GDV), Köln: Zahlen, Daten, Fakten 1988

nach Anlagearten	Kapitalanlagen und Vermögenserträge (Mrd DM)		Vermögens-erträge
	Kapitalanlagen		
	1980	1987	1987
Grundstücke	27,36	40,50	3,71
Hypotheken	43,25	71,26	5,11
Schuldschein- und Darlehensforderungen	120,56	247,91	15,94
Wertpapiere	71,48	167,11	12,91
Policendarlehen	3,39	7,32	0,49
Beteiligungen	5,63	20,77	1,05
Fest-, Termingelder und Spareinlagen	3,05	5,80	0,40
Sonstiges	4,03	2,75	0,16
insgesamt	278,75	563,42	39,37
davon Lebensversicherung	173,10	348,92	24,65

Ausgaben für Versicherungsschutz mit einem mittleren Einkommen	4-Personen-Arbeitnehmerhaushalt 1987 DM 3.594,58 pro Monat (netto)
privater Versicherungsschutz insgesamt	DM 183,89
in % des Haushaltsnettoeinkommens	DM 5,10
- private Krankenversicherung	DM 6,77
- KFZ-Versicherung	DM 45,98
- priv. Unfall- und sonstige Schadenversicherung u.ä.	DM 40,15
- Lebensversicherung	DM 90,99
Sozialversicherung Pflichtbeiträge incl. freiwillige Beiträge	DM 673,29
Ausgaben für Versicherungsschutz insgesamt	DM 857,18
in % des Haushaltsnettoeinkommens	DM 23,85

1.6 Lernkontrolle zu Kapitel 1

Abschnitt 1.1–1.3 Buch S. 7–12

1. A muß zusehen, wie sein Lieblingskater vom Hund des Nachbarn im Vorgarten seines Hauses getötet wird. A ist sehr betroffen und verlangt 1000,– DM Schadensersatz. Unterscheiden Sie anhand dieses Beispiels zwischen materiellen und immateriellen Schäden!

2. a) Was versteht man im Sprachgebrauch der Versicherungen unter Risiko und Schaden?
   b) Worin unterscheiden sich in diesem Zusammenhang „objektives" und „subjektives" Risiko? Verdeutlichen Sie Ihre Aussage durch je ein Beispiel für objektives und subjektives Risiko aus der Feuer-, Kraftfahrt- und Lebensversicherung!
   c) Warum gewähren die KFZ-Versicherer in der HaftpflichtV. Schadensfreiheitsrabatte?

3. Es wird öfter behauptet, daß sich der Abschluß von Versicherungsverträgen durch das Ansparen von Kapital ersetzen ließe. Nehmen Sie dazu Stellung, indem Sie diese Aussage anhand einer beliebigen Versicherungssparte untersuchen!

4. Was besagt das „Äquivalenzprinzip" der Versicherung? Erläutern Sie die Realisierung dieses Prinzips anhand der Prämienkalkulation einer ED-Versicherung für ein Juweliergeschäft im Vergleich zu der für ein Lebensmittelgeschäft!

5. Karl Hax definiert „Versicherung" wie folgt: „Versicherung ist die a) planmäßige Deckung eines b) im einzelnen ungewissen, c) insgesamt aber schätzbaren Geldbedarfs auf der Grundlage eines d) zwischenwirtschaftlichen Risikoausgleichs".
Erklären Sie die Begriffe a–d!

6. Eine rechnerische Grundlage des Versicherungswesens stellt das sogen. „Gesetz der großen Zahl" dar. Erläutern Sie auch mittels eines Zahlenbeispiels, was man hierunter versteht und welche Bedeutung dieses Gesetz für die Versicherungswirtschaft hat!

7. a) Wie bzw. anhand welcher Kriterien wird grundsätzlich die Versicherungsprämie berechnet?
  * b) Welche Problematik steckt in dieser Kalkulationsweise, wenn Sie an den immer schnelleren Wandel unserer Lebensverhältnisse denken?
   c) Von 100.000 35jährigen Männern sterben ca. 200, bevor sie das 36. Lebensjahr erreicht haben. Ermitteln Sie die Prämie für eine einjährige Risikoversicherung (Versicherungssumme 80.000,– DM, Eintrittsalter 35 Jahre)!

8. a) Warum sind das Kriegsrisiko und sehr viele Elementarrisiken in den meisten Versicherungen vom Versicherungsschutz ausgeschlossen?
   b) Inwieweit kann bei schuldhafter Herbeiführung des Versicherungsfalles Versicherungsschutz gewährt werden? Differenzieren Sie hier auch nach Versicherungssparten!
   c) Unter welcher Vorraussetzung wird in der LebensV. auch bei Selbstmord die gesamte Versicherungssumme ausbezahlt? (§ 169 VVG/§ 8 ALB). Begründen Sie diese Regelung!

Abschnitt 1.4 Buch S. 12-19

9. Herr Michael Fuß zahlt regelmäßig Beiträge für folgende Versicherungen: Hausrat-, Rechtsschutz-, Unfall-, Fahrzeug-Kasko- bzw. Haftpflichtversicherung.
   a) Welcher der o. a. Versicherungszweige ist sowohl der Schadens- als auch der Summenversicherung zuzuordnen?
   b) Erläutern Sie kurz den Unterschied zwischen Summen- und Schadensversicherung!
   c) Was versteht man in diesem Zusammenhang unter „Bereicherungsverbot"? Gilt dieses Verbot in allen Versicherungssparten? (§ 51/55 VVG)
   d) Jahre später schließt Herr Fuß eine zweite Hausratversicherung bei einem anderen Versicherer ab. Warum ist die Mehrfachversicherung in der Schadensversicherung kraft Gesetz beiden Versicherern anzuzeigen (§ 58/59 VVG)
  * e) Bei einem Verkehrsunfall, bei dem ihm unbestritten entsprechende Schadensersatzansprüche zustehen, wird Fuß schwer verletzt und sein Auto schwer beschädigt. Kann Fuß jetzt Leistungen sowohl von seiner privaten UnfallV./KaskoV. als auch von der HaftpflichtV. des Schädigers fordern? (§ 67 VVG) Begründung!

f) Die Schadensversicherung unterteilt man wiederum nach der Art des Risikos in Sach-, Vermögens-, Personenschadensversicherung. Ordnen Sie die Versicherungen des Herrn Fuß entsprechend zu!

g) Welche Gefahren werden in der Hausrat V. – in einer Police – unter Versicherungsschutz gestellt?

h) A hat seinen Hausrat mit insgesamt 50.000,– DM versichert. Der Versicherungswert beträgt aber 60.000,– DM. Welchen Ersatz erhält A
    a) bei einem Totalschaden   b) bei einem Schaden in Höhe von 3.000,– DM?

i) Erläutern Sie die Begriffe „Versicherungswert" und „Deckungssumme".

j) Der Begriff Risiko ist doppeldeutig. Erläutern Sie die beiden Bedeutungen!

k) Herr Fuß hat gerade ein Einfamilienhaus erworben. Dabei hat er sich als alleinverdienender Familienvater auch eine größere Schuldenlast aufbürden müssen. Welche Versicherungen würden Sie ihm jetzt noch zusätzlich empfehlen? Begründung!

* 10. Erklären Sie den Versicherungsschutz im Rahmen einer Betriebsunterbrechungs V.!

11. Kompositversicherer sind heute für den deutschen Markt typisch. Was sind Kompositversicherer?

12. Bei jeder Gehaltszahlung werden Fuß Beiträge zur Sozialversicherung einbehalten und vom Arbeitgeber entsprechend abgeführt.
    a) Erklären Sie den Unterschied zwischen Individualversicherung und Sozialversicherung anhand folgender Kriterien:
      (1) Rechtsform   (2) Beitragsbemessung   (3) Leistung
    b) Nennen Sie die verschiedenen Zweige der Sozialversicherung und deren wichtigste Träger!
    c) Bei welchem der genannten Zweige der Sozialversicherung hat der Arbeitgeber die Beiträge allein zu tragen? Begründung!
    d) Nehmen Sie zu folgenden Argumenten Stellung!
      (1) Die gut ausgebaute Sozialversicherung macht im Bereich der Personenversicherung die Individualversicherung überflüssig. Erläutern Sie an zwei Versicherungszweigen, daß dies nicht zutrifft!
*   (2) In einem Zweig der Sozialversicherung kann die Individualversicherung keinen vergleichbaren Schutz bieten. Welcher ist das? Zeigen Sie die Gründe auf!
    e) Erläutern Sie folgende Begriffe im Zusammenhang mit der Sozialversicherung!
      (1) Beitragsbemessungsgrenze   (2) Pflichtversicherungsgrenze
*   (3) Rentendynamik   (4) Flexible Altersgrenze
      (5) Solidaritätsprinzip

13. a) Im Zusammenhang mit der Altersversorgung spricht man von der „3-Säulen-Theorie". Was ist damit gemeint?
    b) Welcher Personenkreis kommt für eine private Krankenversicherung im Hinblick auf die bestehende Mitgliedschaft in der gesetzlichen Krankenversicherung in Betracht?

Abschnitt 1.5 Buch S. 19–22

14. Warum hat der Staat
    a) die Sozialversicherung für bestimmte Gruppen gesetzlich vorgeschrieben,
    b) den KFZ-Halter zum Abschluß einer KFZ-Haftpflichtversicherung gezwungen?

15. Worin liegt die Bedeutung der Individualversicherung?
    a) für den einzelnen Bürger (6 Gründe!),
    b) für die Betriebe,
    c) für die Volkswirtschaft?

2 Organisation der Versicherungswirtschaft
2.1 Unternehmungsformen der Versicherer

Zulässige Unternehmensformen sind:
die **Aktiengesellschaft (AG)**
der **Versicherungsverein auf Gegenseitigkeit (VVaG)**
die **öffentlich-rechtlichen Versicherungsanstalten.**

VAG § 7

Dagegen ist seitens des Aufsichtsamtes aus Kapitalausstattungs- und Publizitätsgründen die Form der GmbH als im allgemeinen unerwünschte bezeichnet worden.
Offene Handelsgesellschaften und Einzelkaufleute erscheinen im Hinblick auf die oft langfristigen Versicherungsverträge als ungeeignet. Das Reichsaufsichtsamt hat zum Ausdruck gebracht, daß es den Betrieb von Versicherungsgeschäften durch Einzelpersonen grundsätzlich nicht mehr genehmigt.

2.1.1 Versicherungsaktiengesellschaft (Versicherungs-AG)

a) Begriff und Wesen

Die Aktiengesellschaft ist eine Kapitalgesellschaft mit eigener Rechtspersönlichkeit (juristische Person) und einem „gezeichneten Kapital" (Grundkapital), das in sehr vielen Aktien zerlegt sein kann.

Dadurch ist es möglich, eine Vielzahl von Geldgebern zu beteiligen und die Gesellschaft mit einem großen Kapital auszustatten. Für die Verbindlichkeiten der Gesellschaft „Dritten gegenüber" haftet nur das Gesellschaftsvermögen, so daß der Aktionär nur seine Einlage riskiert, für die er allerdings der AG gegenüber haftet solange er sie noch nicht voll eingezahlt hat. In der Bundesrepublik arbeiten z.Z. ca. 200 Versicherungsaktiengesellschaften mit einem Marktanteil von ca. 64% des Prämienaufkommens.

b) Rechtsgrundlagen

Der Schutz der Versicherten (dauernde Erfüllbarkeit der Versicherungsverträge) aber auch das öffentliche Interesse am Funktionieren eines volkswirtschaftlich wichtigen Dienstleistungsgewerbes haben dazu geführt, daß Spezialvorschriften (Versicherungsaufsichtsgesetz) das Aktiengesetz zum Teil ersetzen bzw. ergänzen und zusammen mit aufsichtsbehördlichen Anordnungen die gesamte Organisation der aufsichtspflichtigen Versicherungs-AG bestimmen.

VAG
§§ 55 Abs. 2; 57
bzw.
§§ 9; 55 Abs. 3

Die Zulassung zum Geschäftsbetrieb durch die Aufsichtsbehörde ist ebenso wie beim VVaG an zahlreiche Voraussetzungen geknüpft (u.a. solide Kapitalbasis, qualifiziertes Personal). Die Geschäftstätigkeit nach Gründung wird laufend überwacht (Abschnitt 5.3).

VAG § 5

c) Gründung

- Es sind mindestens 5 **Gründer** erforderlich. — AktG § 2
- Das „gezeichnete Kapital" (**Grundkapital**) muß deutlich über dem aktienrechtlichen Mindestbetrag (1 – 5 Mio DM statt DM 100.000,–) liegen. — AktG § 7
- Die **Mindesteinzahlungsquote** beträgt 25% des Nennwertes zuzüglich des vollen Aufgeldes (Agio) soweit der Aktienausgabekurs den Nennwert übersteigt. — § 36a
- Ein notariell beurkundeter Gesellschaftsvertrag (Satzung) ist aufzustellen. — § 16
  Dieser muß neben aktienrechtlich vorgeschriebenen Inhalten auch die betriebenen Versicherungszweige einzeln bezeichnen sowie Angaben über die Grundsätze der Vermögensanlage enthalten. — VAG § 9
- Die Gesellschaft ist eine **Sachfirma** mit Zusatz Aktiengesellschaft (z.B. Karlsruher Lebensversicherungs AG).
  Nach Bestellung der Organe und des Abschlußprüfers kann die AG ins Handelsregister eingetragen werden. Erst dadurch ist sie als AG entstanden. Sie ist juristische Person und Vollkaufmann geworden.

AktG
§ 8

d) Kapital

Das „gezeichnete Kapital" einer Versicherungs-AG erfüllt in erster Linie eine Garantiefunktion **(Garantiefonds)**, d.h. im Gegensatz zur Industrie-AG dient es nur in geringem Maße als Betriebsmittelstock zur Finanzierung der Anfangsinvestitionen **(Organisationsfonds)**. Daher kann das „gezeichnete Kapital" auch teileingezahlt werden (mind. 25%). Im Bedarfsfall – sonst nicht abdeckbare technische Verluste – kann der Vorstand zur Resteinzahlung (Nachschußpflicht) auffordern. Das „gezeichnete Kapital" entspricht der Summe der Nennwerte aller ausgegebenen Aktien, seine Höhe wird durch die Satzung festgelegt. Der Mindestnennbetrag einer Aktie beträgt DM 50,–; höhere Nennwerte müssen auf volle Hundert DM lauten. Daher bestehen neben dem nur in größeren Zeitabschnitten veränderbaren „gezeichneten Kapital" die noch kurzfristig variablen **Rücklagen** als weitere Eigenkapitalposten.

Sie werden gebildet:
– vorwiegend aus nicht ausgeschütteten Jahresgewinnen (Gewinnrücklage)
– dem Aufgeld (Agio) bei einer Überpariemission (Kapitalrücklage).

Beispiel einer Gründungsbilanz (Bargründung)

mit Überpariemission (Ausgabekurs 110%) nach Einzahlung der Mindesteinlagen von 25%			
Gründungsbilanz einer AG (in Mio DM)			
Ausstehende Einlagen	7,5	**Eigen-** / gezeichnetes Kapital	10,0
Vermögen	3,5	**kapital** / Kapitalrücklage	1,0
(Das effektive Eigenkapital beträgt demnach z.Z. 3,5 Mio)			

e) Übertragbarkeit von Aktien

AktG
§ 10

§ 68 Abs. 2

– **Inhaberaktien;** hier kann durch einfache Übergabe (stillschweigende Einigung) Eigentum erworben werden.
– **Namensaktien** sind auf eine bestimmte Person ausgestellt und können nur durch Indossament (ausdrückliche Einigung wie beim Wechsel) übertragen werden. Die Eigentumsübertragung ist der AG anzuzeigen, damit diese das Aktionärsbuch entsprechend berichtigen kann.
– **Vinkulierte Namensaktien** können nur mit Zustimmung der AG (Vorstand) übertragen werden, denn bei teileingezahlten Aktien (Regel) hat der Versicherer darauf zu achten, daß solche Aktien nur von zahlungsfähigen Personen erworben werden, die im Bedarfsfall auch in der Lage sind, die ausstehenden Einlagen nachzuleisten.

f) Aufbau der Organe

§§ 101 ff

– **Hauptversammlung;** sie ist die Versammlung der Aktionäre
  ● Mit einfacher Mehrheit wählt sie alle 4 Jahre den Aufsichtsrat, den sie jährlich wie auch den Vorstand zu entlasten hat. Sie beschließt über die Verwendung des Bilanzgewinns.
  ● Mit qualifizierter Mehrheit entscheidet sie über Grundsatzfragen – vor allem Satzungsänderungen – (z.B. Kapitalerhöhung)

§§ 95 ff

– Der **Aufsichtsrat** als Kontrollorgan bestellt und überwacht den Vorstand, prüft und stellt den Jahresabschluß fest und stimmt bestimmten Geschäften (z.B. Niederlassung im Ausland) zu.

VAG
§ 83 Abs. 3

Bei seiner Zusammensetzung sind arbeitsrechtliche Vorschriften zu beachten. Vertreter der Aufsichtsbehörde können anhörungsberechtigt an Aufsichtsratsitzungen wie auch an der jährlichen Hauptversammlung teilnehmen bzw. diese ggf. sogar selbst einberufen.

AktG
§ 77 ff

– Der **Vorstand** übt als Leitungsmacht die Geschäftsführung (Innenverhältnis) und die Vertretung der Gesellschaft (Außenverhältnis) aus; er hat dem Aufsichtsrat vierteljährlich zu berichten. Der Vorstand erstellt den Rechnungsabschluß und beruft die jährliche Hauptversammlung ein.

g) **Wesentliche Rechte der Aktionäre**
   - **Stimmrecht** auf der Hauptversammlung nach Aktiennennbeträgen,
   - **Gewinnanteilsrecht** (Dividende),
   - **Bezugsrecht** bei Ausgabe neuer (junger) Aktien, damit der Aktionär:
     - bei Wahrnehmung des Bezugsrechts bestehende Stimmrechtsanteile sichern kann,
     - bei Verkauf des Bezugsrechts einen Wertausgleich dafür erhält, daß durch den sich bildenden „Mittelkurs" nach der Kapitalerhöhung eine „Verwässerung" des Börsenkurses eintritt, denn in der Regel ist der Ausgabekurs der jungen Aktien niedriger als der Börsenkurs der alten Aktien vor Kapitalerhöhung.

h) **Rechnungslegung der Versicherungs-AG**

Nach Abschluß des Geschäftsjahres sind der **Jahresabschluß** („Rechnungsabschluß") und ein **Lagebericht** nach strengen Gliederungs- und Bewertungsvorschriften anzufertigen. Von besonderer Bedeutung sind hier die von der Aufsichtsbehörde erlassenen Vorschriften über Fristen sowie Art und Form des Rechnungsabschlusses. HGB § 252 ff
VAG § 55 ff

Der Lagebericht hat die Unternehmensentwicklung darzulegen. Der Anhang als Bestandteil des Jahresabschlusses hat die einzelnen Positionen der Bilanz und der Gewinn- und Verlustrechnung zu erläutern. HGB §§ 284 ff

Der Jahresabschluß, die zugrundeliegende Buchführung und der Geschäftsbericht sind durch einen vom Aufsichtsrat bestimmten und vom Aufsichtsamt bestätigten **Abschlußprüfer** zu prüfen. Erst dann kann der Jahresabschluß vom Aufsichtsrat „**festgestellt**" werden. AktG § 177
VAG § 58

Der Jahresabschluß ist in den Gesellschaftsblättern bekanntzugeben und zusammen mit dem Geschäftsbericht beim Handelsregister einzureichen (**Publikationspflicht**). Darüber hinaus hat die Versicherungs-AG die gesamte Rechnungslegung
- der Aufsichtsbehörde, die ein weitgehendes Kontrollrecht hat, vorzulegen und
- auf Verlangen auch den Versicherten, die ein ähnliches Informationsrecht haben wie die Aktionäre.
HGB § 325 ff
VAG § 59
§ 55 Abs. 3

i) **Gewinnverwendung**
   - Wegen der doppelten Verantwortung der Geschäftsleitung sowohl den Aktionären als auch den Versicherten gegenüber, bedarf die Gewinnverwendungsentscheidung einer verantwortungsbewußten Interessenabwägung, d.h. neben den Aktionären (**Dividende für Eigenkapitalhergabe,** Rücklagenzuführung) sind nach Aufsichtsrecht auch die Versicherten (**Versichertendividende**) am versicherungstechnischen Überschuß zu beteiligen. So führt z.B. die Lebensversicherungs-AG in der Regel 95% ihres Reingewinns und mehr einer „Rückstellung für Beitragsrückerstattung an die Versicherungsnehmer" zu. VAG § 56

   - Vom verbleibenden Jahresüberschuß sind aktienrechtlich nach Ausgleich eines bestehenden Verlustvortrages jährlich 5% der „Gewinnrücklage" (**gesetzliche Rücklage**) zuzuführen, bis diese 10% des Grundkapitals beträgt. AktG § 150

   - Bis zur Hälfte des restlichen Jahresüberschusses kann darüber hinaus der Vorstand zusammen mit dem Aufsichtsrat in die „Anderen Gewinnrücklagen" (**freie Rücklage**) einstellen. § 58

   Neben einer zuverlässigen Bemessung der technischen Rückstellungen dient dies der Erhaltung der Leistungskraft der AG und damit sowohl dem Aktionärsinteresse als auch dem Versichertenschutz.

   Über die Verwendung des restlichen Jahresüberschusses (**Bilanzgewinn**) entscheidet die Hauptversammlung meist im Rahmen des Verwendungsvorschlages der Geschäftsleitung d.h. Ausschüttung einer **Dividende** mit vollem Prozentsatz und **Vortrag des Restgewinns** auf das nächste Geschäftsjahr. § 174

   Die Kapital- und Gewinnrücklagen heißen „offene" Rücklagen, weil sie aus der Bilanz ersichtlich sind. Durch Unterbewertung von Vermögensteilen bzw. Überbewertung insbesondere ungewisser Schulden (zu hohe Rückstellungen) entstehen „stille" Rücklagen, weil tatsächliche Gewinne hier buchmäßig nicht ausgewiesen werden (verstecktes Eigenkapital).

VICTORIA VERSICHERUNGEN/
Kräftige Kapitalerhöhung und Verstetigung der Dividende

Guter Schadenverlauf und höhere Beteiligung der Versicherten

HANDELSBLATT, Donnerstag, 20.6.1985

rl DÜSSELDORF. Die Victoria Versicherungsgruppe erzielte im abgelaufenen Geschäftsjahr insgesamt eine Beitragseinnahme von gut 4 Mrd. DM. Die Victoria Leben verbessert die Gewinnbeteiligung der Versicherten. Die Victoria Feuer erwirtschaftete höhere Überschüsse. Beide Gesellschaften haben eine kräftige Kapitalaufstockung angekündigt.

Die Dachgesellschaft Victoria Leben verbuchte in 1984 1,64 Mrd. DM an Beiträgen, nach 1,55 Mrd. DM in 1983.

Die Aufwendungen für Versicherungsfälle verminderten sich im Berichtsjahr um rund 85 Mill. DM auf 582 Mill. DM. Die Verwaltungskosten konnten absolut um 7,8 Mill. DM gesenkt werden.

Die Kapitalanlage erreichten einen Bestand von 11,35 (1983: 10,49) Mrd. DM, woraus Erträge in Höhe von 986,6 (944,7) Mill. DM erwirtschaftet worden sind. Die Abschreibungen auf Wertpapiere sind mit 1,8 nach 7,6 Mill. DM deutlich niedriger ausgefallen als im Jahr zuvor. Es ergibt sich eine durchschnittliche Verzinsung von 7,9 (7,7) % nach der Verbandsformel. Der Rohüberschuß, der sich auf 525 Mill. DM beläuft, kommt zu 97,3 % den Versicherten zugute. Die Gewinnbeteiligung ist erneut angehoben worden. Aus dem verbleibenden Jahresüberschuß von 14,4 (13,2) Mill. DM wurden 7,2 (6,1) Mill. DM in die Rücklagen gestellt. Die Dividende beträgt unverändert 18 %. Das Grundkapital wird um 20 auf 85 Mill. DM erhöht und die jungen volleinzuzahlenden Aktien sind ab dem 1.1.1985 dividendenberechtigt.

Bei der Victoria Feuer ist ebenfalls eine Kapitalerhöhung vorgesehen. Durch Ausgabe volleinzuzahlender Aktien im Verhältnis 9:2 ergibt sich eine Aufstockung um 10 auf 75 Mill. DM. Die Überschußsituation erlaubt zudem eine Verstetigung des Ausschüttungssatzes von 18 % (bisher 16 % Dividende plus 2 % Bonus). Das Versicherungsgeschäft verlief bei der Feuer 1984 deutlich besser als im Vorjahr. Bei einem gesunden Prämienwachstum, leicht gesenktem Verwaltungsaufwand und verhaltenem Schadenverlauf verbesserte sich das technische Ergebnis trotz höherer Zuführung zu den Schwankungsrückstellungen von 5,8 auf 17,3 Mill. DM. Stärkster Versicherungszweig der Victoria ist mit 393 Mill. DM Prämien die Kraftfahrtversicherung (Überschuß: 11,8 Mill.DM). Den höchsten Überschuß erwirtschaftete allerdings die Unfallsparte mit 25,9 Mill. DM.

Victoria-Versicherung

Mill. DM	1984	1983
Brutto-Prämien	1 189	1 142
Steigerung %	4,1	-
selbst abgeschl.[1]	1 103	1 072
Steigerung %	1,0	-
in Rückd. übern.[2]	86	70
Nettoprämien	693	656
Selbstbehalt	58,3	57,4
In % der verdienten Nettoprämien:		
Nettoschadenaufw.	66,4	66,6
Betriebskosten[3]	28,0	29,8
techn. Ergebnis[4]	2,5	0,9
Jahresüberschuß	5,8	4,2
Eigenkapital	41,3	39,9
NettoschadenRSt.	87,7	88,1
Kapitalanlagen[5]	1 227	1 118
Kapitalerträge	106,0	90,7
Verzinsung %[6]	7,0	7,2
Dividende %	18,0	16,0(+2)

Erläuterungen: [1] Bruttoprämien des selbst abgeschlossenen Geschäfts; [2] Bruttoprämien des in Rückdeckung übernommenen Geschäfts; [3] Aufwendungen für den Versicherungsbetrieb netto; [4] nach Veränderung der Schwankungsrückstellung; [5] einschl. Depotforderungen; [6] Durchschnittsverzinsung nach Verbandsformel.

2.1.2 Versicherungsverein auf Gegenseitigkeit (VVaG)

a) Vereinswesen und Zweck

Ein VVaG ist ein privates Versicherungsunternehmen auf der Basis genossenschaftlicher Selbsthilfe, das seine Rechtsfähigkeit als Verein bereits mit der Erlaubniserteilung durch die Aufsichtsbehörde erlangt. Aufgabe des Vereins ist die Versicherung seiner Mitglieder nach dem **Prinzip der Gegenseitigkeit** und Gleichbehandlung.

VAG § 21

Im Gegensatz zur AG ist das wirtschaftliche Risiko – zumindest nach Gesetz – durch die Vereinsmitglieder zu tragen (Umlage, Nachschußpflicht).

§ 20

Die Mitgliedschaft in einem VVaG wird durch Abschluß eines Versicherungsverhältnisses („formeller" Versicherungsbeginn) begründet und endigt in der Regel, wenn das Versicherungsverhältnis aufhört. Handelt es sich um einen sachlich und örtlich bzw. dem Personenkreis nach eng begrenzten Wirkungsbereich, dann liegt ein „kleiner" VVaG vor. Wann das jeweils der Fall ist, entscheidet die Aufsichtsbehörde.

VAG § 53

b) Besonderheiten des kleinen Vereins:
- Eine Reihe wichtiger Vorschriften des VAG werden durch das BGB-Vereins- bzw. Genossenschaftsrecht ersetzt,
- aufgrund der geringeren Kapitalkraft darf keine Versicherung gegen festes Entgelt (Prämie) betrieben werden,
- der kleine Verein besitzt keine Kaufmannseigenschaft.

VAG § 53

<small>Dagegen wird der „große" VVaG wie ein Kaufmann behandelt und ist als solcher mit eigener Firma ins Handelsregister (deklaratorische Wirkung) einzutragen. Er ist stark an das Aktienrecht angenähert. Nur beim „großen" Verein können satzungsgemäß auch Nichtmitglieder versichert sein, da diese nur gegen feste Prämien versichert werden dürfen. Man spricht dann von einem „gemischten" Verein – im Gegensatz zum „reinen" Verein –, bei dem nur Mitglieder versichert sind.</small>

VAG § 16

§ 21 Abs. 2

c) Satzung des VVaG

Bei der Gründung wird eine Satzung in Schriftform erstellt, die bei großen Vereinen der notariellen Beurkundung bedarf und im wesentlichen folgende Punkte erhält:
- Name, Sitz und Zweck des VVaG;
- Voraussetzung für Erwerb und Verlust der Mitgliedschaft;
- Ereignisse, welche die Leistungspflicht des VVaG auslösen (Versicherungsbedingungen);
- Art und Erhebung der Beiträge;
- Nachschußpflicht der Mitglieder;
- Vorschriften über die technische Verwaltung;
- Höhe des Gründungsstocks, der die Kosten der Vereinserrichtung abdecken soll und als Gewährs- und Betriebsstock dient.

VAG § 17

VAG §§ 18–41

VAG § 22

d) Kapital des VVaG

Die Initiative geht von sogenannten Gründungsmitgliedern (analog zur BGB-Gesellschaft mindestens zwei) aus, die in der Regel hauptsächlich von **„Garanten"** (Gläubigern) und weniger von den Gründungsmitgliedern selbst den erforderlichen Gründungsstock beschaffen. Wegen der Garantiefunktion des **Gründungsstocks** erhalten die Garanten neben dem Rückzahlungsanspruch und der Verzinsung ein Dividendenrecht. Die Rechte der Garanten werden in dem Maße abgebaut wie der Gründungsstock im Wege der Selbstfinanzierung aus Jahresgewinnen (Bildung einer Sicherheitsrücklage) mit der Zeit getilgt wird.

<small>Mit der Bildung der Sicherheitsrücklage aus Jahresgewinnen leisten die Mitglieder praktisch eine Kapitaleinlage, die der Pflichteinlage bei Eintritt in eine Genossenschaft entspricht. Über dieses Erfordernis hinaus kennt der VVaG kein Gewinnstreben.</small>

e) Beiträge

Die Erhebung der Beiträge erfolgt je nach Satzung entweder
- durch ein **Umlageverfahren,** wobei wegen des schwankenden Bedarfs satzungsgemäß ein Höchtbetrag festgelegt sein kann
- oder durch **Vorbeiträge** mit entsprechender **Nachschußpflicht.**

Unter dem Einfluß des Wettbewerbs zwischen den Rechtsformen der Versicherungsunternehmen, aber auch des Aufsichtsamtes, ist die Nachschußpflicht heute satzungsmäßig überwiegend ausgeschlossen; damit aber auch die gesetzlich vorgesehene Verlustbeteiligung der Vereinsmitglieder bzw. deren Haftung für die Vereinsverbindlichkeiten bei Überschuldung des Vereins. Selbst bei den „kleinen" Vereinen kommt die Erhebung von Nachschüssen – wegen stark schwankender Schadensverläufe – eigentlich nur noch bei der Hagelversicherung vor.

f) Organe

Die Organisation eines VVaG ist stark an die der AG angelehnt. Neben Vorstand und Aufsichtsrat – mit den gleichen Funktionen wie bei der AG – gibt es die **„oberste Vertretung",** die der aktienrechtlichen Hauptversammlung entspricht.

Bei den großen VVaG's formiert sich die oberste Vertretung aus praktischen Gründen nicht als Versammlung der Mitglieder, sondern als Versammlung von Vertretern der Mitglieder.

Für die Wahlen zur Mitgliedervertreterversammlung haben sich zwei Verfahren eingebürgert. Nach dem System der sogenannten **Urwahl** wird die Mitgliedervertretung von allen Vereinsmitgliedern gewählt. Nach dem System der sogenannten **Kooptation** geschieht die Zuwahl seitens der Mitglieder der Mitgliedervertretung, was natürlich voraussetzt, daß erstmalig ein solches Organ durch Urwahl gebildet worden ist. Die Form der obersten Vertretung sowie die Wahlordnung bestimmt sich nach der Satzung. Zu den **Aufgaben der Obersten Vertretung** gehören: Wahl des Aufsichtsrats, Änderung der Satzung, Änderung der allgemeinen Versicherungsbedingungen, Genehmigung des Jahresabschlusses, Bestandsübertragung und Auflösung des Vereins.

2.1.3 Öffentlich-rechtliche Versicherungseinrichtungen

a) Pflicht- oder Zwangsanstalten

Ein Versicherungszwang wird durch gesetzliche Vorschriften begründet. Das Versicherungsverhältnis entsteht entweder **kraft Gesetzes** unmittelbar mit dem versicherten Interesse oder das Objekt muß zur Versicherung angemeldet werden. Der Vertrag wird durch einen Verwaltungsakt ersetzt. Die Zwangs- oder Pflichtanstalten sind in ihrem Gebiet allein zur Gewährung von Versicherungsschutz befugt. Anderweitig geschlossene Verträge sind ungültig.

b) Monopolanstalten

Bei Monopolanstalten entsteht das Versicherungsverhältnis durch gegenseitige **Vereinbarung.** Die Vereinbarung kann aber nur mit der betreffenden Anstalt abgeschlossen werden. Seitens der Monopolanstalt besteht **Annahmezwang.** Dem Eigentümer der Sache ist jedoch grundsätzlich freigestellt, ob er überhaupt versichern will.

Pflicht- und Monopolanstalten kennt man nur im Bereich der Gebäudeversicherung. Es ist jedoch möglich, daß auch andere Sparten betrieben werden. Diese werden aber nach den Grundsätzen der Wettbewerbsanstalt geführt.

c) Wettbewerbsanstalten

Wettbewerbsanstalten haben weder Zwangsrechte noch ein Monopol. Sie sind in der Regel zur Annahme bestimmter Risiken – vor allem in der Gebäudeversicherung – verpflichtet.

Sie sind meist in einem räumlich begrenzten Wirkungskreis in gleicher Weise tätig wie private Versicherungsgesellschaften.

2.1.4 Ausländische Versicherer

VAG
§ 10
§§ 105, 106

Ausländische Versicherer benötigen eine Erlaubnis für den Geschäftsbetrieb in Deutschland und eine **Niederlassung,** die wie eine eigene Rechtspersönlichkeit behandelt und im Handelsregister eingetragen wird.

Sicherlich werden diese Voraussetzungen im Rahmen der Liberalisierung des EG-Versicherungsmarktes in Zukunft entfallen. Ein erster Anfang ist mit der Versicherung von Großrisiken gemacht worden. Ab 1990 werden Industrieversicherer ihre Dienste in den Nachbarländern anbieten können, ohne dort eine Niederlassung zu gründen bzw. den dort geltenden aufsichtsrechtlichen Anforderungen unterworfen zu sein. Ähnliches ist für die Lebensversicherungen vorgesehen, doch soll es hier zunächst bei einer modifizierten Genehmigungspflicht von Tarifen und Versicherungsbedingungen bleiben. (Abschnitt 5.3.1)

2.2 Versicherungsvermittler

Das „unsichtbare" Gut Versicherungsschutz ist in besonderem Maße erklärungsbedürftig. Außerdem benötigt der Versicherungsnehmer in vielen Fällen weitere sachkundige Hilfe, z.B. bei der Ermittlung von Versicherungswerten, bei der Schadensverhütung bzw. Anmeldung von Schadensfällen oder bei Fragen der Altersversorgung und den steuerlichen Auswirkungen von Versicherungsabschlüssen.

Beim Zustandekommen von Versicherungsverträgen wirken deshalb die Versicherungsvermittler in besonderem Maße mit.

Andere Absatzmethoden, wie Vertriebskooperationen mit Banken und Großbetrieben des Einzel- und Versandhandels oder auch der **Direktvertrieb**, d.h. Vertrieb ohne Einschaltung des Außendienstes eignen sich nur für bestimmte Personengruppen und einige wenige leichtverständliche Versicherungszweige, die den Kunden nicht erläutert zu werden brauchen. Im Direktvertrieb erfolgt aber auch das ganz qualifizierte Geschäft gg. dem Großunternehmens-Kunden.

2.2.1 Unselbständige Versicherungsvermittler

Anknüpfungspunkt für die Unselbständigkeit eines Versicherungsvermittlers ist weniger die Bezeichnung des Mitarbeiters etwa als Bezirksinspektor usw., sondern die tatsächliche Ausgestaltung seines Vertragsverhältnisses zum Versicherer.

HGB
§ 59

Der **Angestellte** ist als unselbständiger Vermittlungs- bzw. Abschlußagent streng an die Weisungen des Versicherungsunternehmens gebunden, insbesondere hinsichtlich der Gestaltung seiner Tätigkeit und der Bestimmung seiner Arbeitszeit (**„fremdbestimmte Arbeit"**).

§ 84 Abs. 1

Da der angestellte Versicherungsvermittler kein eigenes Gewerbe mit Unternehmerrisiko hat, erhält er als Entgelt für seine Tätigkeit grundsätzlich ein festes Gehalt (**Fixum**), das in der Regel durch Eigenagentur- bzw. Anteilprovision im Interesse eines Anreizes zu Geschäftsabschlüssen ergänzt wird. Er erhält grundsätzlich Ersatz seiner Auslagen während der Reisezeit (**Spesen**). Im übrigen richten sich seine Rechte und Pflichten nach dem HGB („Handlungsgehilfe") und den arbeitsrechtlichen Bestimmungen.

Zur Anwendung kommen insbesondere die einschlägigen Tarifbestimmungen bzw. Betriebsvereinbarungen und die sozialrechtlichen Schutzvorschriften über Kündigung, Arbeitszeit und Sozialversicherungspflicht.

Manche Gesellschaften bevorzugen unselbständige Vermittler, da sie so den Versicherungsbestand besser in der Hand haben. Daneben sprechen folgende besondere Gründe für ihren Einsatz:
- Selbständige Vertreter sollen durch erfahrene Außendienstmitarbeiter gezielt geschult und betreut werden. Zur Sammlung eigener Erfahrungen werden daher neu entwickelte Versicherungsarten in den ersten Jahren ausschließlich über Angestellte verkauft.
- Bestimmte Versicherungsbereiche wie die Computermißbrauchs- bzw. Industriefeuerversicherung usw. setzen fundierte technische Kenntnisse voraus, die durch Spezialisten im Angestelltenverhältnis eher gewährleistet sind.
- Groß angelegte Werbekampagnen verlangen eine straffe Organisation, was den Einsatz eines streng an Weisungen gebundenen Außendienstmitarbeiters nahe legt.

Von den angestellten Versicherungsvermittlern sind die Angestellten im Führungsdienst zu unterscheiden. Im Rahmen der Außenorganisation eines Versicherungsunternehmens haben sie grundsätzlich die Aufgaben für den Versicherungsvertreterberuf geeignete Personen zu finden und zu gewinnen, sie in die tägliche Arbeit einzuweisen, auszubilden und in den ersten Jahren der Tätigkeit laufend zu betreuen.

2.2.2 Versicherungsvertreter

Als selbständiger Gewerbebetreibender hat er nach Gewerbeordnung sein Gewerbe anzumelden. Er gilt als **Kaufmann kraft Gesetz** (sogenannte Mußkaufleute). Soweit seine Abschluß- und Vermittlungstätigkeit vom Umfang her einen „in kaufmännischer Weise" eingerichteten Geschäftsbetrieb erforderlich macht, hat er sein Handelsgewerbe mit eigener Firma in das Handelsregister eintragen zu lassen (Vollkaufmann).

HGB
§ 1 Abs. 2 Nr. 7
§ 84

Gew. O.
§ 14

Die Rechtsprechung hat u.a. folgende Merkmale herausgearbeitet, die für die Selbständigkeit mit eigenem Unternehmerwagnis sprechen:
– Abgabe von Einkommen-, Gewerbesteuererklärungen im Rahmen des selbständigen Gewerbes,
– Mitgliedschaft bei der IHK,
– keine Verpflichtung zur regelmäßigen Berichterstattung oder zur Einholung der Genehmigung für Urlaub.

HGB § 4.6

Als Vollkaufmann hat der Vertreter auch Handelsbücher zu führen, ist aber auch berechtigt, einen Prokuristen zu bestellen. Wird die Vermittlungstätigkeit von einer Personen- oder Kapitalgesellschaft ausgeübt, d.h. statt eines Einzelunternehmens wird eine OHG oder GmbH gegründet, so ergibt sich die **Kaufmannseigenschaft** auch **aus der Rechtsform**.

HGB § 92 Abs. 3

Höchst bedeutsam sind neben den **hauptberuflichen** die **nebenberuflichen** Vertreter, deren persönliche Beziehungskreise (z.B. die des Trainers eines Sportvereins) einen wichtigen Absatzmarkt für den Versicherer eröffnen, für die die Einkünfte aus der Vermittlungstätigkeit aber nicht die eigentliche Erwerbsgrundlage darstellen und die in der Regel auch kein Gewerbe anmelden.

Wer nur Adressen von Personen vermittelt und dafür ein Entgelt erhält, falls dies später zum Vertragsabschluß führt, ist **„Gelegenheitsvermittler"**.

2.2.3 Rechte und Pflichten aus einem Agenturverhältnis

HGB § 85

Das **Innenverhältnis** zwischen Versicherer und Vertreter wird durch den Vertreter (Agentur-)Vertrag bestimmt. Als **Dauerschuldverhältnis** enthält er im wesentlichen folgende Pflichten und Rechte für den Vertreter:

a) Pflichten:

§ 86 Abs. 1

– **Bemühungspflicht;** die Vermittlung oder der Abschluß von Verträgen muß ständig angestrebt werden. Der Vertreter hat hierbei die Interessen des Versicherungsunternehmens wahrzunehmen.

Das bedingt nicht nur ständig individuelle Werbung um neue Kunden, sondern auch eine fortlaufende Bestandspflege (Stornoverhütungen bzw. Vertragsanpassung).

§ 86 Abs. 2

– **Sorgfaltspflicht;** der Vermittler hat die Pflichten mit der Sorgfalt eines ordentlichen Kaufmanns wahrzunehmen,

d.h. er hat z.B. auf ein Geschäft zu verzichten, wenn das Wagnis aus objektiven (örtliche Risikoprüfung) oder subjektiven Gründen (u.a. Zahlungsschwäche des Versicherungskandidaten) für den Versicherer uninteressant erscheint.

– **Benachrichtigungspflicht;** Abschlüsse bzw. Anträge und Anzeigen des Kunden sind unverzüglich an den Versicherer weiterzuleiten.

Bei Versicherungsanträgen ist das insbesondere wegen der Bindefrist notwendig, da mit Aushändigung des Antrages an den Vertreter, der Antrag dem Versicherer zugegangen ist. (Abschnitt 3.3.3)

§ 90

– **Geheimhaltungspflicht;** er darf die ihm anvertrauten Geschäfts- und Betriebsgeheimnisse auch nach Beendigung des Vertragsverhältnisses nicht verwerten oder anderen vermitteln. Dazu gehören vor allem die Kundennamen und -anschriften, die dem Vertreter während und aufgrund seiner Tätigkeit für den Versicherer bekannt geworden sind.

In der Versicherungswirtschaft spielen hier auch die Haustarife und vor allem die Ablauflisten der Versicherungsverträge eine Rolle.

– **Weisungsfolgepflicht;** die Selbständigkeit des Versicherungsvertreters bedeutet zwar, daß der Vertreter im wesentlichen frei entscheiden kann, in welcher Art und Weise er die aufgrund des Vertretervertrages übernommenen Aufgaben im einzelnen durchführen und wie er seinen Agenturbetrieb organisieren will. Dennoch ist der Versicherer berechtigt, dem Vertreter für das Auftreten im Außenverhältnis zum Kunden geschäftliche Weisungen zu erteilen, und der Vertreter ist verpflichtet, diesen Weisungen nachzukommen.

- **Pflicht zur Wettbewerbsenthaltung;** mit Rücksicht auf seine persönliche Selbständigkeit kann der Vertreter grundsätzlich auch mehrere von einander unabhängige Firmen vertreten. Wird er allerdings für Konkurrenzfirmen – z.B. für mehrere Krankenversicherer gleichzeitig – tätig, so dürfte eine Interessenkollision vorliegen und damit ein Verstoß gegen die Wahrnehmungspflicht der Interessen des jeweiligen Versicherers (Wettbewerbsverbot kraft Gesetz).

HGB
§ 86

Die Versicherungswirtschaft unterscheidet daher

- den **„echten Mehrfirmenvertreter"**, für den das Wettbewerbsverbot, das die Rechtsprechung aus der gesetzlichen Interessenwahrnehmungspflicht abgeleitet hat, im Agenturvertrag ausdrücklich **abbedungen** wurde und der damit dem Makler angenähert, mehrere Versicherer sogar der gleichen Branche vertreten kann, aber nicht wie der Makler dem Kunden verantwortlich ist, sondern nach wie vor dem einzelnen Versicherer.

- den **„unechten Mehrfirmenvertreter"**, der in einem bestimmten Versicherungszweig jeweils nur ein bestimmtes Versicherungsunternehmen vertreten darf, z.B. einen Kranken-, einen Lebens- und einen Kompositversicherer.

- und den **„Einfirmenvertreter"**, der kraft Vertrags und einer strengeren Weisungsfolgepflicht dem Angestellten angenähert, seine ganze Arbeitskraft in den Dienst eines Unternehmens bzw. Konzerns **(„Konzernvertreter")** zu stellen hat und damit überhaupt keine andere Tätigkeit ausüben darf.

§ 92a

Soll darüber hinaus ein nachvertragliches **Wettbewerbsverbot** rechtswirksam sein, so muß dieses besonders und zwar schriftlich vereinbart werden. Außerdem darf es sich auf höchstens 2 Jahre erstrecken und der Versicherer hat für diese Zeit ein angemessenes Entgelt zu bezahlen; denkbar ist hier z.B. die Hälfte der bisherigen Provision. Damit hat das Gesetz zum Schutz des Vertreters eine Regelung für die Wettbewerbsabrede geschaffen, die mit der für Angestellte im Außendienst getroffene Regelung vergleichbar ist.

HGB
§ 74
§ 90a
§§ 74-75 d

b) **Rechte:**

- **Vermittlungs-** bzw. **Abschlußprovision;** sie können als Einmalprovision (Lebensversicherung) oder laufende Provision (Kraftfahrzeugversicherung) gewährt werden. Der Versicherungsvertreter hat nur für solche Geschäfte Provisionsanspruch, die unmittelbar auf seine Tätigkeit zurückzuführen sind, er hat also keinen Kunden-(Nachbestellungen) oder gar Bezirksschutz wie der Handelsvertreter.

HGB
§ 87 Abs. 2
§ 92 Abs. 3
§§ 92

Der Einfirmenvertreter im Hauptberuf hat außerdem einen Mindestprovisionsanspruch wegen seiner starken wirtschaftlichen Abhängigkeit von einem Unternehmen bzw. Konzern. Allerdings muß er in der Praxis mit einer Kündigung rechnen, wenn er diese Mindestzahlungen auf Dauer nicht durch Provisionen abverdient. Häufig wird dem Einfirmenvertreter zu Vertragsbeginn ein Bestand zur Betreuung und Verwaltung zu gewiesen. Weil er dann aus dem Bestand regelmäßige Einnahmen hat, erübrigt sich die Provisionsgarantie.

§§ 92a

Der Anspruch auf Provision entsteht beim Versicherungsvertreter erst, wenn der Versicherungsnehmer die Prämie gezahlt hat, aus der sich die Provision nach dem Vertragsverhältnis errechnet. Häufig werden in der Praxis Provisionsvorschüsse gewährt, die dann im Kontokorrentverkehr abgerechnet werden.

§ 87a
Abs. 1

Übernimmt der Vertreter darüber hinaus bestimmte Verwaltungsaufgaben, wie etwa die Schadensregulierung in der Sachversicherung bzw. gelegentlich auch noch das Prämieninkasso, so erhält er als Gegenleistung nach Vertrag eine besondere Verwaltungs- bzw. Inkassoprovision.
Die Höhe der Vermittlungsprovision bemißt sich in der Schadensversicherung meistens als %-Satz der Prämie, in der Lebensversicherung als ‰-Satz der Versicherungssumme und in der Krankenversicherung als eine Anzahl von Monatsbeiträgen.

- **Ausgleichsanspruch:** Als Dauerschuldverhältnis endet der Agenturvertrag in der Regel durch Kündigung, Tod oder Berufsunfähigkeit (Alter) des Vertreters.

Die ordentliche Kündigung des hauptberuflichen Vertreters ist nach Vertragslaufzeiten abgestuft. Mit Beendigung des Agenturvertrages kann der hauptberufliche Vertreter einen angemessenen Ausgleich verlangen, wenn und soweit

HGB
§ 89 b

§ 89 b
Abs. 1

- die Gesellschaft aus der Geschäftsverbindung mit dem vom Vertreter geworbenen Kunden auch noch nach Beendigung des Agenturvertrages erhebliche Vorteile zieht,
- der Versicherungsvertreter infolge der Vertragsbeendigung Provisionsansprüche verliert, die er bei Fortsetzung des Agenturvertrages aus den von ihm vermittelten Versicherungsverträgen noch hätte, und
- die Zahlung eines Ausgleichs unter Berücksichtigung aller Umstände der Billigkeit entspricht.

§ 89 b
Abs. 2

Der Ausgleichsanspruch, der höchstens 1 Jahresprovision (5-Jahresdurchschnitt) beträgt, bezieht sich nicht auf Einmal- und Verwaltungsprovisionen, wohl aber auf Bestandspflegeprovisionen (Folgeprovisionen). Er entfällt, wenn

§ 89 b
Abs. 3

- der Versicherer den Agenturvertrag aus wichtigem Grund – wegen schuldhaften Verhaltens des Vertreters – kündigt
- der Vertreter selbst kündigt, ohne, daß dazu ein begründeter Anlaß vorliegt – wie z.B. Alters- bzw. Gesundheitsgründe oder Gründe, die im Verhalten des Versicherers liegen.

§ 89 b
Abs. 4

Der Ausgleichsanspruch kann
- nicht von vornherein ausgeschlossen werden. Eine entsprechende Vereinbarung wäre unwirksam.
- auch nicht durch den Tod des Agenten entfallen, der Anspruch ist unbeschränkt vererbbar.
- wohl aber verwirkt sein, wenn er nicht innerhalb von 3 Monaten nach Vertragsende bzw. Tod des Vertreters geltend gemacht wird.
- mit den gesellschaftsinternen Altersversorgungsleistungen verrechnet werden.

Um Streitigkeiten zu vermeiden, haben die Verbände der Versicherungswirtschaft und der Vermittler Grundsätze zur Errechnung der Höhe des Ausgleichsanspruchs erarbeitet.
Nach Ansicht der überwiegenden Zahl der Gerichte sind diese Grundsätze – weil Handelsbrauch – inzwischen als rechtsverbindlich anzusehen.
Basis für die Berechnung des Ausgleichsanspruchs ist nach diesen Grundsätzen der o.a. vom Gesetzgeber vorgeschlagene Höchstanspruch. Daraus wird dann der spartenabhängige „Ausgleichswert" ermittelt, der dann multipliziert mit einem entsprechenden Multiplikator (abgestuft nach Anzahl der Tätigkeitsjahre) den Ausgleichsanspruch ergibt. Beträgt z.B. die KFZ-Jahresprovision im 5-Jahresdurchschnitt DM 12.000,- so ist bei 20 Jahren hauptberuflicher Tätigkeit wie folgt zu rechnen: 25% (Ausgleichswert) von 12.000,- DM x 6 (Multiplikator) = 18.000,- DM Ausgleichsanspruch.

c) Aufhebung des Agenturvertrags

§ 92b

Das Agenturverhältnis endet in der Regel durch Kündigung. In den ersten drei Jahren der Vertragsdauer sieht das Gesetz eine sechswöchige Kündigungsfrist für den Schluß eines Kalendervierteljahres vor.

Wird eine andere Kündigungsfrist vereinbart, so muß diese mindestens einen Monat betragen und es kann nur für den Schluß eines Kalendermonats gekündigt werden. Diese einmonatige Kündigungsfrist gilt mangels Vereinbarung grundsätzlich für den Agenturvertrag eines nebenberuflichen Vertreters und ist hier keine Mindestkündigungsfrist.

Bei einer Vertragsdauer von mehr als drei Jahren kann mit einer Mindestfrist von drei Monaten zum Schluß eines Kalendervierteljahres gekündigt werden. Eine vereinbarte längere Kündigungsfrist muß für beide Teile gleich sein.

Häufig sehen die Agenturverträge vor, daß das Agenturverhältnis bei Erreichen einer im Vertrag festgelegten Altersgrenze oder bei Eintritt einer Berufsunfähigkeit von mehr als 50% endet

Das Vertragsverhältnis kann von jedem Teil „aus wichtigem Grunde" fristlos gekündigt werden.

Zusammenfassung: Rechtsstellung des Versicherungsvertreters nach HGB

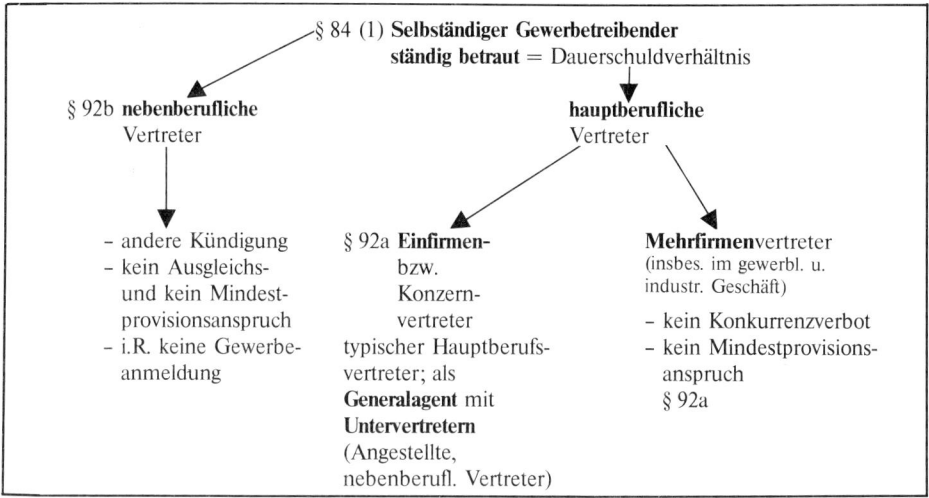

2.2.4 Versicherungsmakler

Versicherungsmakler ist derjenige, **der gewerbsmäßig für andere Personen, ohne** von ihnen aufgrund eines Vertragsverhältnisses **ständig** damit **betraut zu sein,** die Vermittlung von Versicherungen übernimmt.

Gewohnheitsrechtlich kennzeichnet den Versicherungsmakler folgendes:

– **Rechtsstellungen:** Obwohl der Versicherungsmakler zum Versicherungskunden als auch zum jeweils ausgewählten Versicherer in einem Rechtsverhältnis steht, hat er gewohnheitsrechtlich die **Interessen des Versicherungskunden** wahrzunehmen, dennoch richtet sich sein **Provisions-(Courtagen-)anspruch abweichend** zu handelsrechtlichen Vorschriften **allein gegen den Versicherer.**

– **Aufgaben:** Der Versicherungsmakler hat zunächst den Versichersinteressenten über die erforderliche und angemessene Risikodeckung zu beraten. Anschließend führt er die Verhandlungen mit dem Versicherer mit dem Ziel einer möglichst günstigen Prämie.

<small>Damit ist der Makler – anders als der Vertreter – nicht Empfangsvertreter des Versicherers. Der Antrag des Versicherungsnehmers wird erst wirksam, wenn er dem Versicherer zugegangen ist. Ändert der Makler den Antrag eigenmächtig ab, so ist der Antrag mit dem veränderten Inhalt gestellt.
Außerdem trifft den Makler ein weitaus größeres Haftpflichtrisiko dem Kunden gegenüber als den Vertreter. (Abschnitt 2.2.8). So hat der Makler insbesondere im gewerblichen Bereich häufig kurzfristig individuellen, risikoadäquaten Versicherungsschutz zu besorgen, dabei ist das zu versichernde Risiko zu überprüfen und der Kunde ständig, unverzüglich und ungefragt über alle wichtigen Zwischen- und Endergebnisse seiner Bemühungen zu informieren. Zu seiner Beratungspflicht gehört es auch, den Kunden vom Auslaufen einer vorläufigen Deckungszusage zu informieren oder von der Notwendigkeit des Einbaus bestimmter technischer Sicherheitseinrichtungen zu überzeugen, weil diese z.B. Voraussetzung für die Verlängerung der Deckung sind.</small> <small>BGH 25. 3. 87 BGH 22. 5. 85</small>

Die Verwaltung der Versicherungsverträge ist an sich keine echte Maklertätigkeit, jedoch ist sie vielfach üblich. Sie beruht dann auf einem besonderen Auftragsverhältnis, wobei der entsprechende Auftrag nicht nur vom Versicherer, sondern auch vom Versicherungsnehmer oder von beiden sein kann. (Schadensregulierung).

– **Bedeutung:** Der Versicherungsmakler ist insbesondere an großen Häfen- und Handelsplätzen anzutreffen; er vermittelt dort das Seetransport-, Industriefeuer-, aber auch das Rückversicherungsgeschäft. Wegen der hier üblichen Sonderbedingungen ist der Makler mit dem besseren Marktüberblick für den Versicherungsinteressenten von großem Nutzen. Ebenso sorgt er bei größeren Risiken für die verkehrsübliche Mitversicherung einschließlich der Auswahl des jeweils führenden Versicherers.

Makler nützen dem Kunden, den Versicherern und dem Wettbewerb

HARALD POSNY, Hamburg

Neben der eigentlichen beruflichen Aufgabe, dem Versicherungsnehmer durch sein Fachwissen notwendigem optimalen Versicherungsschutz zu möglichst günstiger Prämie zu beschaffen, erbringt der Versicherungsmakler auch erhebliche Leistungen, die meist nicht so sehr im Rampenlicht stehen. Er nimmt den Versicherern einen beträchtlichen Anteil von Verwaltungsaufwand ab, stärkt in gewissem Umfang auch den Wettbewerb.

In einem Gespräch mit der WELT hebt der Vorsitzende des Vereins Deutscher Versicherungsmakler (VDVM), Franz-Günther von Gaertner, die besondere Bedeutung des Maklers für die Volkswirtschaft hervor: „Er hat für den Versicherungskunden die günstigste Prämie zu erreichen und zu ermöglichen, daß er wettbewerbsfähig bleibt."

Das gelte insbesondere für die prohibitive Einstellung einiger Dritt- und Schwellenländer, die dem Exporteur Versicherungsschutz nur aus ihrem eigenen Land erlauben. Hier stellen Makler mit ihren Verbindungen über Zusatzdeckungen die Erfüllung von Exportzusagen und die Wettbewerbsfähigkeit des deutschen Unternehmers sicher.

Auch im Falle der Dienstleistungsfreiheit für Versicherer in der EG werden Makler die Aufgabe haben, die Deckungsmöglichkeiten im Interesse ihrer deutschen Kunden vernünftig zu relativieren. Angesichts der schwierigen Materie Versicherung, im gewerblich-industriellen Bereich noch stärker als im privaten, sind Fachwissen und Übersicht immer stärker gefragt. Der Versicherungskunde ist hier meist überfordert und spezielle Fachkräfte sind teuer. Normalerweise müßte er, wie er einem Steuerberater, einen Wirtschaftsprüfer oder einen Anwalt mit bestimmten Aufgaben betraut, sich eines Versicherungsmaklers bedienen, der ihn sachgerecht berät und betreut.

Von Gaertner hebt in diesem Zusammenhang den immer noch zu wenig bekannten Aspekt hervor: „Dem Versicherungsnehmer entstehen keine besonderen zusätzlichen Kosten. Das erklärt sich aus der Systematik der Prämienkalkulation in der Versicherungswirtschaft." Deshalb ist nach internationalem Gewohnheitsrecht die Courtage des Versicherungsmaklers ein Teil der kalkulierten Prämie, der den Versicherungsschutz in keiner Weise verteuert. Im Gegenteil: in der Kalkulation ist ein bestimmter Bestandteil für die Vermittlerkosten von den Versicherern enthalten.

Insofern stelle die Maklerleistung nach den Worten von Gaertners ein preisgünstiges Moment für den Versicherer dar, denn er erhalte die Versicherungsverträge aufgearbeitet und deckungsreif präsentiert. Die Verwaltungsarbeit des Versicherers werde in der Regel auf ein Mindestmaß beschränkt, der Kostenanteil der kalkulierten Prämien dadurch begrenzt.

Für die betreute Firma sind Aufbereitung und Plazierung der notwendigen Versicherungsverträge ein wichtiges Element der Risikovorsorge, -einschätzung und -bewältigung, für die Versicherungsgesellschaft eine preisgünstige Vermittlung der Verträge, für die sonst durch eigene Organisation nicht unerhebliche Kosten entstehen würden. Versicherer geh[en] verstärkt auf den Makler zu.

Der Versicherungsnehmer be[nö]tige daher nur innerbetrieblich ein[en] Koordinator. Daher werde der Mak[ler] dem Kundenkreis auf dem gewe[rb]lich-industriellen Bereich, vor alle[m] schon von der Vertragszahl her, v[or] allem auf Feuer-, Unfall-, Transpo[rt-] und Haftpflichtrisiken, beschränk[en] müssen. Mengengeschäft kann ni[cht] das Hauptgeschäft des Maklers sei[n].

Können die Makler im Wettbewe[rb] etwas bewirken? von Gaertner: „[Die] Unabhängigkeit der Versicherun[gs]makler stellt ein besonderes Wett[be]werbselement dar. Sie führt dazu, d[aß] Versicherungsverträge bei einer [für] dieses Risiko besonders leistungs[fä]hig erscheinenden Gesellschaft abg[e]schlossen werden."

Die Vergangenheit hat deutlich g[e]macht: An den Sanierungsversuch[en] im Industrie-Feuergeschäft haben d[ie] Makler aktiv mitgearbeitet, weil s[ie] wissen, daß ein gesunder Markt f[ür] den Versicherungsnehmer von V[or]teil ist. Von Gaertner: „Leider hat d[er] Wettbewerb der Versicherer diese B[e]mühungen letztlich überdeckt."

Welt
28. 4. 87

Zusammenfassung: Versicherungsvermittler

Unterscheidungsmerkmale	Angestellter im Außendienst	Hauptberuflicher Versich.-Vertreter	Versicherungsmakler
Rechtsstatus	unselbständig (Handlungsgehilfe: streng weisungsgebunden)	selbständige Gewerbetreibende Kaufmann kraft Gesetz	
		Repräsentant des VR, für den der VR haftet	Keine organisatorische Anbindung zum VR
Vertragsart und Vertragspartner	**Arbeitsvertrag** (Arbeitgeber)	Geschäftsbesorgungsvertrag § 675 BGB	
		Agenturvertrag (Interessenwahrnehmungspflicht u. Weisungsfolgepflicht gg. VR, Empfangsvertreter des VR)	**Maklervertrag** (Rechtsbeziehung zu beiden Parteien, Interessenwahrnehmungspflicht gg VN)
Dauer des Vertragsverhältnisses	ständig	ständiges Betrauungsverhältnis	grundsätzlich nur von Fall zu Fall
Vergütungsanspruch (Leistender)	Fixum (Tarifgehalt) zusätzlich Provision und Spesenersatz (gg. Versicherer als Arbeitgeber)	Abschluß bzw. Vermittlungs- u.U. Verwaltungsprovision Ausgleichsanspruch (gg. Versicherer als Auftraggeber)	Vermittlungsprovision (Courtage), (verkehrsüblich – entgegen handelsrechtlichen Bestimmungen – allein gg. VR)

Übersicht über die Unternehmensformen, die häufig von den Versicherungsvermittlern gewählt werden:

Merkmale:	Einzelfirma	OHG **Personen**gesellschaft HGB §§ 105-160	GmbH **Kapital**gesellschaft GmbHG **(jurist. Person)**
Gründung	ein Gründer	Eintragung in Abteilung A des Handelsregisters mindestens 2 Gründer formfreier Gesellschaftsvertrag	Eintragung in Abteilung B des Handelsregisters **ein** oder mehrere Gründer **notarielle beurkundete** Satzung (= Gesellschaftsvertrag)
Kapital-beschaffung	allein durch den Eigentümer	durch die Gesellschafter in Höhe der vertraglich vereinbarten Einlage **kein Mindest**kapital	Stammeinlage eines jeden Gesellschafters mindestens 500,– DM, **Mindeststammkapital DM 50.000,–** Die Eintragung ins Handelsregister setzt eine Geld- bzw. Sacheinlage von mindestens 25% der übernommenen Stammeinlage (insgesamt mindestens aber DM 25.000,–) voraus!
Organe	keine	keine	• ein oder mehrere **Geschäftsführer**, i.d.R. personengleich mit dem (den) Gesellschafter(n). • Gesellschafterversammlung Mehrheitsprinzip nach Kapitalanteilen
Geschäftsführungs-befugnis	Eigentümer (Inhaber)	**Einzel**geschäftsführungsbefugnis nur im Rahmen des **gewöhnlichen** Geschäftsbetriebs	**Gesamt**geschäftsführungsbefugnis
		Der Gesellschaftsvertrag bzw. die Satzung kann eine andere Regelung vorsehen.	
Vertretung (Außen-verhältnis)	Eigentümer (Inhaber)	**Einzel**vertretungsbefugnis für jeden Gesellschafter, **ohne** daß diese **umfangmäßig** einschränkbar wäre.	**Gesamt**vertretungsbefugnis der von der Gesellschafterversammlung eingesetzten Geschäftsführer
		Zulässig, d.h. im Handelsregister eintragungsfähig ist: • die Gesamtvertretung bzw. • der Ausschluß von der Vertretung	• die Einzelvertretung für **alle** Rechtsgeschäfte
Haftung	unbeschränkt mit dem Geschäfts- und dem Privatvermögen	neben der OHG haften hier die Gesellschafter • direkt-**persönlich** • **gesamtschuldnerisch** • und **unbeschränkt** auch mit dem Privatvermögen	den Gläubigern gegenüber haftet **nach** Eintragung der GmbH nur das Gesellschaftsvermögen (Vermögen der GmbH) **keine persönliche** Haftung der Gesellschafter. Der GmbH gegenüber haftet aber jeder Gesellschafter für die Einzahlung der Stammeinlagen der Mitgesellschafter.

2.2.5 Rechtsstellung und Vollmachten des Vertreters nach den Bestimmungen des Versicherungsvertragsgesetzes

Im Außenverhältnis gegenüber dem Versicherungsinteressenten (Versicherungsnehmer) unterscheidet man nach den gesetzlichen Vollmachten den:

VVG
§ 43
§ 45
§ 46

- **Vermittlungsagenten** (Vermittlungsvertreter)
- **Abschlußagenten** (Abschlußvertreter) und
- **Bezirksagenten,** die Vermittlungs- oder Abschlußagenten sein können. Ihre Vollmachten beschränken sich auf einen bestimmten Bezirk.

a) Vermittlungsagenten

BGB
§ 164

können (und insoweit sind sie Vertreter des Versicherers im Sinne von § 164 BGB):
- Anträge auf Schließung, Verlängerung usw. entgegennehmen;
- die Anzeigen, welche während der Versicherung zu machen sind (Kündigungs- u. Rücktrittserklärungen) vom Versicherungsnehmer entgegennehmen;

VVG
§ 43

- die vom Versicherer ausgefertigten Versicherungsscheine aushändigen und
- Prämien annehmen, sofern sie sich im Besitz einer vom Versicherer unterzeichneten Prämienrechnung befinden.

Beispiel:

> Herr Vogel (V) ist Vermittlungsagent bei der Gesellschaft A. Bei einer Revision wird festgestellt, daß V eingezogene Prämien unterschlagen hat. Die Gesellschaft entzieht V die Inkassovollmacht. Trotzdem zieht V, der die Prämienrechnungen irrtümlich weiter ausgehändigt bekommt, bei mehreren Versicherungsnehmern die Prämie ein, die er wiederum unterschlägt.

VVG
§ 47

Es ist zu prüfen, ob die Versicherungsnehmer mit befreiender Wirkung an den Agenten bezahlen konnten obwohl ihm die Inkassovollmacht entzogen war. Die Einschränkung der Inkassovollmacht im Innenverhältnis ist vertraglich möglich. Der Dritte (also der Versicherungsnehmer) braucht diese Beschränkung nur dann gegen sich gelten zu lassen, wenn er die Beschränkung bei der Vornahme des Geschäftes kannte (also wenn ihm die Beschränkung von der Gesellschaft mitgeteilt worden war) oder infolge grober Fahrlässigkeit nicht kannte (wenn er die Mitteilung der Gesellschaft über die Beschränkung in den Papierkorb geworfen hat.)

Es ist wichtig, daß die Einschränkung der Vertretungsmacht deutlich vorgenommen wird. Dies ist stets dann der Fall, wenn sich die Beschränkungen aus den Allgemeinen Versicherungsbedingungen ergeben.

AKB
§ 9

So bestimmt z.B. für die Kraftfahrversicherung § 9 AKB, daß „alle Anzeigen und Erklärungen des Versicherungsnehmers schriftlich abzugeben sind und an die im Versicherungsschein als zuständig bezeichnete Stelle gerichtet werden sollen" und daß „andere als die im Versicherungsschein bezeichneten Vermittler ... zu deren Entgegennahme nicht bevollmächtigt" sind. In diesem Fall tritt der Zugang erst mit dem Eingang der vom Agenten weitergeleiteten Erklärung oder Anzeige des Versicherungsnehmers beim Versicherer selbst ein.

b) Abschlußagenten

VVG
§ 45

Die gesetzliche Vollmacht des **Abschlußagenten** ist umfassend. Er ist zum Abschluß von Versicherungsverträgen befugt (z.B. kann er Deckungszusagen erteilen). Er ist bevollmächtigt, die Änderung oder Verlängerung solcher Verträge zu vereinbaren sowie Kündigungs- und Rücktrittserklärungen abzugeben.

Der Abschlußagent ist nur mit Vollmacht des Versicherers berechtigt, Prämienklagen zu erheben und die Regulierung von Schäden vorzunehmen.

BGH
3.11.82

Weder eine bestehende Inkassovollmacht noch eine Vollmacht zur Zusage vorläufiger Deckung begründen den Rechtsschein, der Vermittlungsagent sei zum Abschluß von Versicherungsverträgen bevollmächtigt.

2.2.6 Kenntnis gefahrenerheblicher Umstände

Beispiel:

> Der Vermittlungsagent Anton hat bei Bertram eine Feuerversicherung für das Wohngebäude abgeschlossen. Als der Agent einige Monate später durch Zufall das Haus des Bertram sieht, stellt er fest, daß das Wohngebäude ein Lagerhaus für Knallkörper geworden ist. Der Versicherungsnehmer hatte diese Gefahrenerhöhung nicht angezeigt.

Allgemein gilt der Grundsatz: Soweit es auf die Kenntnis oder das Kennenmüssen bestimmter Umstände ankommt, entscheidet die Person des Vertreters und nicht die des Vertretenen. Im Versicherungsrecht ist zu unterscheiden, ob ein Abschlußagent oder ein Vermittlungsagent Kenntnis von gefahrenerheblichen Umständen gehabt hat. Die Kenntnis des **Abschlußvertreters** von bestimmten Umständen (z.B. über eine Gefahrenerhöhung) ist auch gleichzusetzen mit der Kenntnis der Versicherungsgesellschaft, jedoch mit der Einschränkung, daß sich die Kenntnis nur auf die von ihm **betreuten Versicherungsverträge** bezieht. Dagegen bestimmt das Versicherungsvertragsgesetz, daß die Kenntnis eines **Vermittlungsagenten** der Kenntnis des Versicherers nicht gleichsteht. VVG § 44

Andererseits ist dem Versicherer jede **dienstliche** Kenntnis derjenigen Vertreter oder anderer Beauftragter zuzurechnen, die mit dem **Abschluß** oder/und **Bearbeitung** der betroffenen Verträge betraut sind.

So hat der BGH entschieden, daß sich der Versicherer hinsichtlich solcher Umstände, die seinem Vermittlungsagenten bei der Erstellung des Antrages mitgeteilt werden, nicht auf eigene Unkenntnis berufen kann. BGH 11. 11. 87

Zusammenfassung: Umfang der Vollmacht

Der Vermittlungsagent	Der Abschlußagent	Der Bezirksagent
hat nach § 43 VVG folgende gesetzliche Vollmachten: • Anträge auf Schließung, Verlängerung von Verträgen usw. entgegennehmen, • Anzeigen vom Versicherungsnehmer entgegennehmen, • Versicherungsscheine aushändigen, • Prämien annehmen, sofern er im Besitz einer vom Versicherer unterzeichneten Prämienrechnung ist.	hat nach § 45 VVG folgende gesetzliche Vollmachten: • Deckungszusage erteilen, • Änderungen bzw. Verlängerungen zu vereinbaren, • Verträge kündigen. Er kann nicht, bzw. nur mit Vollmacht: • Schäden regulieren, • Versicherungsschutz anerkennen oder ablehnen.	kann nach § 46 VVG Vermittlungs- oder Abschlußagent sein. Seine Vollmachten beschränken sich auf einen bestimmten Bezirk.

2.2.7 Haftung des Versicherers für Vertretertätigkeit

Es soll hier auf Haftungsfragen eingegangen werden, die überwiegend durch die Rechtsprechung entschieden wurden.

a) Rechtsscheinvollmacht (Anscheinvollmacht)

Versicherungsvertreter ist grundsätzlich derjenige, dem vom Versicherer eine Vollmacht ausdrücklich oder konkludent eingeräumt worden ist. Ist dies nicht der Fall, besteht dennoch eine Haftung des Versicherers, wenn er den Rechtsschein einer Vollmacht veranlaßt hat und zwar durch ein zurechenbares Tun (Lieferung irreführender Firmenschilder oder ein zurechenbares Unterlassen (Nichteinschreiten gegenüber eigenmächtigem Titelführen).

Beispiel:

> Ein Vermittlungsagent führte die Bezeichnung „Geschäftsführer" und erklärte u.a. im Zusammenhang mit einer beantragten Vertragsänderung, dem Versicherungsnehmer könne nichts passieren, denn er sei versichert.

Darin sah der Bundesgerichtshof eine den Versicherer bindende Zusage der vorläufigen Deckung im Umfang der beantragten Änderung des Vertrages. Eine Haftung des Versicherers besteht allerdings nur, wenn der Versicherungsnehmer in Unkenntnis der wahren Rechtslage auf den Rechtsschein vertraut hat. BGH 26.2.81

b) Verletzung der vorvertraglichen Aufklärungspflicht

OLG Koblenz 28.03.80

Geben der Abschluß- oder der Vermittlungsagent oder seine Angestellten Aufklärung über Inhalt und Bedeutung der Versicherungsbedingungen, über den Umfang des abzuschließenden oder abgeschlossenen Vertrages oder sonstige vertragswesentliche Punkte, so darf der Versicherungsnehmer darauf vertrauen, sofern nicht der Wortlaut der Bedingungen dem klar entgegensteht und der Widerspruch für den Versicherungsnehmer bei auch nur durchschnittlicher Aufmerksamkeit erkennbar war. Der Versicherer muß die gemachten Erklärungen gegen sich gelten lassen. Ggf. ist der Versicherungsvertrag im Sinne der für den Versicherungsnehmer günstigen Aufklärung umzugestalten.

Durch eine Schriftform-Klausel, wonach mündliche Nebenabreden mit dem Versicherungsagenten unverbindlich sind, kann diese Haftung nicht abbedungen werden.

c) Arglistige Täuschung

BGB § 123

Hat ein Agent den Versicherungsnehmer arglistig getäuscht, so ist er nicht Dritter im Sinne des § 123 Abs. 2 BGB.

Daraus ergibt sich, daß bei einer arglistigen Täuschung durch einen Vermittlungsagenten die Rechtslage so anzusehen ist, als habe der Versicherer selbst die Täuschung verübt.

Hinweis auf günstigere Versicherungsbedingungen

BGH 5.2.81

Muß der Versicherer oder der Versicherungsagent den Kunden, der eine Versicherung abschließen will, auf die Möglichkeit einer günstigeren Versicherung hinweisen?

Diese Frage hat der Bundesgerichtshof, jedenfalls für den Regelfall, in einem Urteil verneint. Eine Rechtspflicht hierzu besteht nicht. Es kann nicht Sache des Versicherers und der für ihn verhandelnden Personen sein, umfangreiche Befragungen durchzuführen, um festzustellen, ob für den Versicherungsnehmer möglicherweise eine andere als die beantragte Versicherungsart vorteilhafter ist. Er wird vielmehr nur dann aufklären müssen, wenn er erkennen oder mit der naheliegenden Möglichkeit rechnen muß, daß der Antragsteller aus mangelnden versicherungsrechtlichen oder -technischen Kenntnissen nicht die für ihn zweckmäßige Vertragsgestaltung gewählt hat.

2.2.8 Haftung des Versicherungsvertreters

Wird ein Versicherungsvertreter für einen Versicherer tätig, so hat er für ein Verschulden bei den Verhandlungen über den Versicherungsabschluß auch persönlich einzustehen (insbes. wegen „falscher Aufklärung").

Beispiel:

> Der Versicherungsnehmer A will sein Wohnhaus zum vollen Wert (Neuwert) gegen Feuer versichern. Der Vertreter B veranlaßt ihn, nur 80% des Wertes zu versichern, weil er meint, das sei im Hinblick auf mögliche künftige Kleinschäden auch genug. Als es wenig später zu einem Totalschaden kommt, erleidet der Versicherungsnehmer wegen der bestehenden Unterversicherung einen Vermögensschaden.

OLG Düsseldorf

Der Versicherungsnehmer hat gegen den Versicherungsvertreter einen Schadensersatzanspruch. Der Vertreter haftet, wenn er an dem angestrebten oder vollzogenen Geschäftsabschluß ein wirtschaftliches Interesse gehabt und aus diesem Abschluß persönlich Nutzen erstrebt, oder wenn er in besonderem Umfange persönlich Vertrauen in Anspruch genommen hat.

Die Mitwirkung des Versicherungsvertreters bei der Ausfüllung des Antrags auf Abschluß eines Versicherungsvertrages befreit den Versicherungsnehmer allerdings nicht von seiner Pflicht, die an ihn gestellten Fragen in eigener Verantwortung wahrheitsgemäß und vollständig zu beantworten, d.h., auch als belanglos empfundene Beschwerden sind mitzuteilen, um es der Gesellschaft zu überlassen, diese Beschwerden gegebenenfalls nach Einholung ärztlicher Auskünfte zu werten.

2.3 Verbände der Versicherungswirtschaft

Zur Wahrung ihrer Interessen haben die Versicherungsunternehmen, wie auch der Versicherungsaußendienst und die Versicherungsnehmer verschiedene Verbände gegründet.

2.3.1 Gesamtverband

Die deutschen Versicherungsgesellschaften sind im „Gesamtverband der deutschen Versicherungswirtschaft" zusammengefaßt.

Dem Gesamtverband obliegt insbesondere in seiner Eigenschaft als Dachverband der angeschlossenen Fachverbände die Bearbeitung der Aufgaben, die alle oder mehrere Versicherungszweige gemeinsam betreffen. Vor allem gehören die Weitergabe von Informationen, die Förderung des Meinungsaustausches, die Berufsausbildung und -fortbildung und die Mitwirkung bei der Erstellung sowie Überwachung der Grundsätze eines lauteren Wettbewerbs sowie die Bearbeitung von volkswirtschaftlichen und finanzpolitischen Fragen zu den Aufgaben des Gesamtverbandes.

Der Gesamtverband betreibt in Abstimmung mit dem Arbeitgeberverband und den Fachverbänden die Öffentlichkeitsarbeit durch Einsatz der Massenkommunikationsmittel. Er soll an der Gesetzgebung mitwirken und in anderen Wirtschaftsorganisationen und internationalen Institutionen mitarbeiten.

Von den internationalen Zusammenschlüssen ist der europäische Versicherungsverband (Comité Européene d'Assurandes = CEA) mit Sitz in Paris zu nennen. Dem CEA obliegt der Erfahrungsaustausch zwischen den nationalen Verbänden der wichtigsten europäischen Länder, die Durchführung gemeinsamer Untersuchungen über Grundsatzfragen sowie die Verteidigung des freien Wettbewerbs auf dem Gebiet der Versicherung und nicht zuletzt Förderungs- und Aufklärungsmaßnahmen gegenüber der Öffentlichkeit.

Sondereinrichtungen des Gesamtverbandes sind:
- Das Betriebswirtschaftliche Institut der Versicherungswirtschaft in Köln, das die Förderung der Produktivität und Wirtschaftlichkeit der Arbeitsabläufe in der Versicherungswirtschaft zum Ziel hat.
- Das Berufsbildungswerk der Versicherungswirtschaft in München, das mit seinen Verbindungsstellen für eine fachgerechte Aus- und Fortbildung der in der Versicherungswirtschaft Tätigen von der Ausbildung zum Versicherungskaufmann bis zu Fach- und Betriebswirtestudium (Deutsche Versicherungsakademie) Sorge trägt.
- Die Auskunftsstelle für den Versicherungsaußendienst (AVAD) in Hamburg, die lt. Satzung dafür Sorge trägt, daß nur vertrauenswürdige Personen im Außendienst der Versicherung tätig sind. Die Auskunftsstelle der Versicherungswirtschaft unterhält hierzu einen datenrechtlich geprüften Auskunftsverkehr mit ihren Mitgliedern und deren Mitgliedsunternehmen. Das Bundesaufsichtsamt für das Versicherungswesen (BAV) hat den Versicherern die Einholung einer AVAD-Auskunft vor der Einstellung eines hauptberuflichen Vertreters oder der Umwandlung eines nebenberuflichen in einen hauptberuflichen Vertreter zur Pflicht gemacht.

2.3.2 Fachverbände

Der speziellen Interessenwahrung dienen die verschiedenen Fachverbände.

Sie vertreten, fördern und schützen die gemeinsamen Interessen und Ziele der Mitgliedsunternehmen auf dem jeweiligen Spezialgebiet und beraten die Mitglieder in allen fachlichen, rechtlichen, wirtschaftlichen, steuerlichen und statistischen Fragen.

Die Versicherungsgesellschaften gehören je nach der oder den von ihnen betriebenen Sparten folgenden Fachverbänden an:
- Verband der Lebensversicherungsunternehmen e.V. mit Sitz in Bonn.
- Verband der Haftpflicht-, Unfall- und Kraftverkehrsversicherer einschl. Rechtsschutzversicherung e.V. (HUK-Verband) mit Sitz in Hamburg.
- Verband der Sachversicherer e.V. mit Sitz in Köln.
- Verband der privaten Krankenversicherer e.V. mit Sitz in Köln.
- Deutscher Transportversicherungsverband e.V. mit Sitz in Hamburg.

Dazu kommt der Arbeitgeberverband der Versicherungsunternehmen in Deutschland als dem für tarifpolitische Fragen zuständigen Verband (Partner der Arbeitnehmerverbände = Gewerkschaften).

2.3.3 Sonstige Verbände bzw. Vereine

a) Solidarhilfe e.V.

Der Verein wurde von Versicherungsgesellschaften gegründet. Bei Konkurs eines Mitgliedsunternehmens erbringt der Verein zur Erledigung von Kraftfahrzeughaftpflichtschäden vertraglich genau umrissene Leistungen.

Die Solidarhilfe ist eine Gemeinschaftseinrichtung der Versicherungswirtschaft zur Verhinderung bzw. Verringerung der Schädigung von Verkehrsopfern durch den Konkurs eines Versicherers.

b) Verkehrsopferhilfe e.V.

Die Kraftverkehrs-Haftpflichtversicherung hat unter der Bezeichnung „Verkehrsopferhilfe" einen Entschädigungsfonds eingerichtet. Dem Verein wurden durch Verordnung vom 14. 12. 65 die Aufgaben des vom Gesetzgeber aus dem Pflichtversicherungsgesetz vorgesehenen Entschädigungsfonds für Schäden aus bestimmten Kraftfahrzeugunfällen zugewiesen.

PflG
§ 12

Die Verkehrsopferhilfe ersetzt Personen- und Sachschäden, die durch nicht ermittelbare Kraftfahrzeuge (Fahrerflucht) verursacht wurden, oder wenn die vom Gesetzgeber geforderte Kraftfahrzeug-Haftpflichtversicherung nicht bestand und vom mittellosen Schädiger kein Ersatz zu erlangen war. Die Leistungspflicht des Entschädigungsfonds entfällt, soweit der Schaden von anderer Seite ausgeglichen wird (z.B. Leistung durch einen Sozialversicherungsträger).

c) Deutscher Versicherungs-Schutzverband e.V.

Der Verband vertritt die Interessen der versicherungsnehmenden Wirtschaft und der einzelnen Vers.-Nehmer gegenüber gesetzgebenden Stellen und Behörden, sowie gegenüber den Versicherungsunternehmen und Versicherungsverbänden, namentlich in bezug auf Gestaltung der Versicherungsbedingungen und den Versicherungsvertrag, die Festsetzung der Prämien und die Feststellung der Schäden. Vor allem aber gehören die Beratung der Mitglieder bei Vertragsabschluß und die Hilfe in Schadensfällen zu den Aufgaben des Schutzverbandes.

2.4 Lernkontrollen zu Kapitel 2

Abschnitt 2.1.1 Buch S. 25–28

1. Die Gründungsbilanz der Fortuna-Lebensversicherungs-AG weist ein gezeichnetes Kapital von 4.000.000,– DM aus.
   a) Nennen Sie 3 Voraussetzungen, die allgemein für die Gründung einer AG erfüllt sein müssen!
   b) Wieviele Aktien wurden ausgegeben, wenn zum Mindestnennwert gestückelt wurde?
   c) Zu wieviel Prozent müssen Versicherungsaktien mindestens eingezahlt werden?
   d) Vom gezeichneten Grundkapital sollen 50% gleich eingezahlt werden. Der Ausgabekurs je Aktie (Mindestnennwert!) beträgt DM 75,—. Wie schlägt sich diese Regelung in der Bilanz der AG nieder?
   e) Warum sind Versicherungsaktien im Gegensatz zu Industrieaktien in der Regel nicht voll einbezahlt?
   f) Welches Organ in der AG kann im Bedarfsfalle die Nachzahlung des Restbetrages bestimmen?
   g) Warum werden nicht voll eingezahlte Versicherungsaktien als vinkulierte Namensaktien ausgegeben?
   h) Wie wird das Eigentum an Inhaberaktien, Namensaktien, vinkulierten Namensaktien übertragen?
   i) Zu welchem Zeitpunkt erlangt die AG ihre Rechtsfähigkeit?
   j) Welche Besonderheit gilt für die Gründung einer Versicherungsaktiengesellschaft?

2. Das erste Geschäftsjahr der Fortuna-AG verläuft erfolgreich. Der Jahresüberschuß beträgt nach Berücksichtigung einer entsprechenden Versichertendividende, der Tantiemen und Steuern DM 400.000,–.
   a) Welche Regelung schreibt das Aktiengesetz hinsichtlich der Bildung gesetzlicher Rücklagen vor?
   * b) Wieviel DM werden im vorliegenden Fall in die Gewinn-Rücklagen eingestellt, wenn Vorstand und Aufsichtsrat den höchstzulässigen Prozentsatz nach Aktienrecht zugrunde legen?
   c) Aus welchen Bestandteilen setzt sich das Eigenkapital einer AG zusammen? Wieviel DM sind das hier effektiv?

- d) Auf der Passivseite der Bilanz erscheint die Position „Rückstellungen". Erläutern Sie den Unterschied zu den Rücklagen!
- e) Im Geschäftsbericht wird von der Bildung „stiller Rücklagen" gesprochen. Wie entstehen diese?
- f) Unterscheiden Sie die Begriffe „Aktionärsdividende" und „Versichertendividende"!

3. Auf der Tagesordnung der ordentlichen Hauptversammlung stehen u.a. – Bericht über den Jahresabschluß – Entlastung des Vorstands und des Aufsichtsrats – Erhöhung des Grundkapitals um 25%.
   - a) Wer ist für die Erstellung des Jahresabschlusses verantwortlich?
   - b) Wer hat ihn zu prüfen, bevor er der Hauptversammlung vorgelegt werden kann?
   - c) Welche Aufgaben hat der aktienrechtlich vorgeschriebene Geschäftsbericht?
   - d) Was versteht man unter „Entlastung des Vorstandes"?
   - e) Beschreiben Sie den Vorgang, der zur
     (1) Entlastung des Vorstandes,   (2) Grundkapitalerhöhung führt!
   - f) Weshalb wird den bisherigen Aktionären bei der Ausgabe neuer Aktien ein Bezugsrecht eingeräumt?
   - g) Erläutern Sie die Einflußmöglichkeiten eines Hauptaktionärs, dem 80% aller Aktien gehören!
     (1) in der Hauptversammlung   (2) im Aufsichtsrat   (3) im Vorstand
   - h) Was versteht man unter „Publizitätspflicht der AG"?

Abschnitt 2.1.2 Buch S. 29–30

4. Versicherungsverein auf Gegenseitigkeit (VVaG)
   - a) Wodurch erlangt der VVaG die Rechtsfähigkeit?
   - b) Gründungsstock
     (1) Wer bringt die Mittel für ihn auf?   (2) Welche 3 Funktionen hat er?
   - c) Welchen Rechtsstatus haben die Garanten?
   - d) Wie und zu welchem Zeitpunkt wird man Mitglied des Vereins?
   - e) Was versteht man unter einem „gemischten VVaG"?
   - f) Worin unterscheidet sich der sogenannte „kleine" VVaG vom „großen" VVaG?
   - g) Welches Organ des VVaG entspricht der Hauptversammlung der AG, und wer tritt an die Stelle der Aktionäre in der AG?
   - h) Welche Prämien-(Beitrags-)systeme gibt es beim VVaG?

5. In welcher Form treten die „öffentlich-rechtlichen Versicherungsunternehmen" auf dem Versicherungsmarkt in Erscheinung? Beschreiben Sie diese Einrichtungen kurz!

Abschnitt 2.2.1–2.2.3 Buch S. 31–35

6. Versicherungsvertreter, eigene Mitarbeiter im Außendienst und Versicherungsmakler sind nebeneinander für das Versicherungsunternehmen tätig.
   Zwischen diesen drei Versicherungsvermittlern bestehen Unterschiede! Zeigen Sie diese anhand folgender Kriterien auf!
   - a) Kaufmannseigenschaft (Rechtsstatus)   b) Rechtsbeziehung zum VR
   - c) Art des Entgelts   d) Grundsätzlicher Umfang der Vollmacht
   - e) Grundsätzliche Aufgaben (Interessenwahrnehmung)

7. Durch welche beiden Merkmale wird der Begriff der „Selbständigkeit" des Versicherungsvertreters nach dem HGB erfüllt?

8. Zwei junge Versicherungskaufleute, P. Philipp und S. Kemp wollen ihre Vermittlertätigkeit im Rahmen einer Personengesellschaft ausüben. Beide gründen deshalb eine OHG mit Geschäftssitz in Freiburg.
   a) Machen Sie einen Vorschlag zur Firma, mit der die OHG zum Handelsregister anzumelden ist.
   b) Der Gesellschaftsvertrag sieht vor, daß der einzelne Gesellschafter nicht berechtigt ist, im Namen der OHG Verpflichtungen einzugehen, die einen Betrag von DM 30.000,– überschreiten. Kurze Zeit nach der Gründung der OHG erwirbt Herr Philipp einen aufwendigen Geschäftswagen und finanziert den Kaufpreis über 60.000,– DM durch einen Bankkredit, den er im Namen der OHG bei der X-Bank in Karlsruhe aufnimmt.
   Ist der Kreditvertrag rechtswirksam für die OHG zustandegekommen, wenn Frau Kemp mit der Kreditaufnahme nicht einverstanden ist? Begründung!
   c) Monate später erhält Frau Kemp vom zuständigen Amtsgericht einen Mahnbescheid über 60.000,– DM zuzüglich Kosten, den die X-Bank dort beantragt hatte. Frau Kemp widerspricht dem Mahnbescheid, weil sie der Ansicht ist,
   (1) die Bank müsse zuerst bei der OHG das Geld einzutreiben versuchen,
   (2) ihre Haftung sei auf die OHG-Einlage in Höhe von 20.000,– DM bzw.
   (3) anteilig auf die Kreditschuld beschränkt.
   Prüfen Sie, ob die Argumente von Frau Kemp zur Leistungsverweigerung berechtigen!

9. Bei einem Beratungsgespräch legt ein Kunde einem Versicherungsvertreter die Anzeige der CAR-Direkt-Versicherungs-AG vor:
   a) Der Kunde möchte zunächst wissen, wieso diese Gesellschaft so günstige Beiträge bieten kann?
   b) Führen Sie 3 Argumente an, mit denen der Versicherungsvertreter den Kunden dennoch für sich gewinnen könnte!

10. Erläutern Sie die unterschiedliche Rechts- und Aufgabenstellung des haupt- und nebenberuflichen Versicherungsvertreters!

11. Was versteht man unter einem Mehrfachagenten, einem Generalagenten und einem Untervertreter?

12. Im Agenturvertrag kann eine Wettbewerbsabrede (Konkurrenzklausel) vereinbart worden sein.
    a) Welchen Zweck hat diese Vereinbarung?
    b) Welche Voraussetzungen stellt das HGB an die Rechtswirksamkeit einer solchen Vereinbarung?
    g) Was läßt sich zur Höchstdauer des Wettbewerbsverbots sagen?

13. Ab wann hat der Vertreter nach handelsrechtlichen Vorschriften Anspruch auf Provision?

* 14. Als Angestellter im Außendienst macht man Ihnen folgendes Angebot:
   Fixum 3.000,– DM + 4% Abschlußprovision von der Versicherungssumme oder Fixum 2.200,– DM + 6% Abschlußprovision von der Versicherungssumme. Ab welchem zu erwartenden Monatsabschluß werden Sie die zweite Kondition wählen?

15. Beschreiben Sie mindestens 2 Gründe, weshalb viele Versicherer auch „angestellte Versicherungsvertreter" einsetzen!

* 16. Erklären Sie einem Versicherungsvertreter die unterschiedliche Bedeutung des Begriffs „Bezirksvertreter" nach HGB (§ 87 Abs. 2) und VVG (§ 46)!

17. Klären Sie folgende Fragen zum Ausgleichsanspruch (§ 89 HGB) eines hauptberuflichen Versicherungsvertreters!
    a) Zweck dieser Regelung   b) Höhe des Ausgleichsanspruchs
    c) Sachverhalte, nach denen der Ausgleichsanspruch entfällt

18. Ein hauptberuflicher Vertreter will seinen Agenturvertrag kündigen. Der Vertrag enthält keine Kündigungsregelung. Welche Kündigungsfrist muß er einhalten?

Abschnitt 2.2.5–2.2.8. Buch S. 38–40

19. Grenzen Sie den gesetzlichen Vollmachtumfang eines Vermittlungsvertreters von dem eines Abschlußvertreters ab!

* 20. Ein VN teilt nach Antragstellung dem Agenten mündlich einen gefahrenerheblichen Umstand mit. Wer trägt das Risiko der Weiterleitung dieser Anzeige an den VR (Begründung!)?

* 21. Häufig wird die gesetzliche Empfangsvollmacht des § 43 vertraglich erheblich eingeschränkt.
    a) Inwieweit muß der VN eine solche vertragliche Einschränkung gegen sich gelten lassen?
    b) Nennen Sie eine Sparte, in der eine solche Einschränkung üblich ist!
    c) Welche Bedeutung hat eine solche Einschränkung für die Antragsbindefrist?
    d) Was ist der Agent rechtlich gesehen, wenn seine Empfangsvollmacht ausgeschlossen ist (Begründung!)?

* 22. Inwieweit kann in den folgenden Fällen der VN den VR für Vertretertätigkeit haftbar machen?
    a) Ein Agent macht falsche Angaben über die Höhe des Rückkaufwertes.
    b) Ein Agent gibt einen Änderungsantrag eines VN nicht rechtzeitig weiter.
    c) Ein Agent gibt eine bewußt falsche Auskunft über den Versicherungsumfang und erreicht damit einen Vertragsabschluß.
    d) Ein Vermittlungsagent tritt als Abschlußagent auf und erteilt vorläufige Deckungszusagen.

Abschnitt 2.2.4/2.3.2 Buch S. 35, 40–42

23. Was unterscheidet den „echten Mehrfachagenten" vom Makler?

* 24. Inwieweit besteht ein Unterschied zwischen dem Versicherungsmakler und dem Handelsmakler anderer Wirtschaftszweige?

25. a) In welchen Versicherungszweigen werden typischerweise Versicherungsmakler tätig (Begründung!)?
    b) Geben Sie 2 Zielgruppen (Berufsgruppen) an, die sich erfahrungsgemäß in Versicherungsfragen an Versicherungsmakler wenden (Begründung!)!

26. Die größte Anzahl von Verbänden finden sich bei den Versicherern.
    a) Beschreiben Sie fünf Aufgaben des Gesamtverbandes bzw. der Fachverbände!
    b) Nennen Sie vier Fachverbände!

3 Rechtsgrundlagen des Versicherungsvertrages
3.1 Rechtsgrundlagen des Versicherungsvertrages im Überblick
3.1.1 Bürgerliches Gesetzbuch (BGB)

Das Bürgerliche Gesetzbuch, das am 01.01.1900 in Kraft getreten ist, setzt der Rechtzersplitterung ein Ende. Das Bürgerliche Gesetzbuch hat sich im Laufe der Jahrzehnte bewährt, auch wenn immer wieder Rechtsvorschriften bzw. Rechtsgebiete geändert werden mußten. Im Gesetz selbst sind nur wenige spezielle versicherungsrechtliche Bestimmungen enthalten, u.a.:

BGB	
§ 330	Auslegungsregeln bei Lebensversicherungs- oder Leibrentenvertrag;
§ 331	Leistungen nach Todesfall;
§ 332	Änderungen durch Verfügung von Todes wegen bei Vorbehalt;
§ 1045	Versicherungspflicht des Nießbrauchers;
§ 1046	Nießbrauch an der Versicherungsforderung;
§§ 1127 1130	Erstreckung der Hypothek auf die Versicherungsforderung bei Gebäudeversicherungen, bei sonstigen Schadensversicherungen und Wiederherstellungsklauseln.

Die Vorschriften des **Bürgerlichen Gesetzbuches** finden immer dann Anwendung, wenn das Versicherungsvertragsgesetz keine Sonderregelung getroffen hat.

Beispiel:

> Ein 16jähriger schließt einen Versicherungsvertrag ab. Da das VVG keine Regelung über die Geschäftsfähigkeit enthält, gelten die Bestimmungen des BGB.

Im **Versicherungsvertragsgesetz** (VVG) und in den **Versicherungsbedingungen** werden in einigen Fällen die Vorschriften des BGB ausdrücklich für anwendbar erklärt.

Beispiel:

> Im § 69, Abs. 3 Versicherungsvertragsgesetz ist u.a. folgendes geregelt: „Die Vorschriften der §§ 406 bis 408 BGB finden entsprechende Anwendung".

Im Hinblick darauf, daß das **Versicherungsvertragsgesetz** die eigentliche Grundlage von Versicherungsverträgen ist, sind hier besondere und spezielle Regelungen geschaffen worden, die als „**spezielles**" Recht dem "**generellen**" Recht des Bürgerlichen Gesetzbuches vorgehen.

Beispiel:

> Die §§ 38 und 39 VVG regeln den Verzug und die Rechtsfolgen; sie sind das „spezielle" Recht gegenüber den Vorschriften des Verzuges im BGB.

3.1.2 Handelsgesetzbuch (HGB)

Im Handelsgesetzbuch sind die Rechtsvorschriften für Kaufleute und die besonderen Vorschriften über die Handelsgeschäfte aufgeführt. Diese finden aber auch dann Anwendung, wenn nur auf der einen Seite ein Kaufmann beteiligt ist. Die Vorschriften des HGB über beiderseitige Handelsgeschäfte greifen ein, sofern der Versicherer in der Rechtsform einer AG oder eines großen VVaG auftritt und auch für den Versicherungsnehmer der Versicherungsvertrag ein Handelsgeschäft darstellt.

3.1.3 Versicherungsvertragsgesetz (VVG)

Das „Gesetz über den Versicherungsvertrag" vom 30. 05. 1908 ist wie folgt unterteilt:

§§ 1 - 48	I. Abschnitt: Vorschriften für sämtliche Versicherungszweige
§§ 49 - 158	II. Abschnitt: Schadensversicherung
§§ 159 - 178	III. Abschnitt: Lebensversicherung
§§ 179 - 185	IV. Abschnitt: Unfallversicherung
§§ 186 - 193	V. Abschnitt: Schlußvorschriften

a) Geltungsbereich

Das VVG gilt für alle Zweige der Versicherung, mit Ausnahme der **Seeversicherung** und der **Rückversicherung**. Bei den letztgenannten Versicherungen hielt der Gesetzgeber den Schutzgedanken, der das VVG wie ein roter Faden zum Schutz des Versicherungsnehmers durchzieht, für nicht erforderlich, weil sich hier Kaufleute (bei der Seeversicherung) oder Versicherungsfachkräfte (bei der Rückversicherung) gegenüberstehen.

VVG § 186

b) Vertragsfreiheit

Wie im 2. Buch des BGB (Recht der Schuldverhältnisse) herrscht auch im VVG grundsätzlich Vertragsfreiheit. Man kann durch vertragliche Regelungen (Bedingungen usw.) von den gesetzlichen Bestimmungen abweichen (**abdingbare** Normen).

Zum Schutz des Versicherungsnehmers sind im Gesetz Einengungen der Vertragsfreiheit vorgenommen worden. Es gibt „**zwingende Vorschriften**", die nicht abgeändert werden dürfen und „**halbzwingende Vorschriften**", die nur zum Vorteil des Versicherungsnehmers abgedungen werden können.

Übersicht: Zwingende und halbzwingende VVG-Vorschriften

	halbzwingende Vorschriften	zwingende Vorschriften
Bedeutung	Abweichungen nur zum Vorteil des Versicherungsnehmers möglich, nicht zum Nachteil	Abweichungen weder zum Vorteil noch zum Nachteil des Versicherungsnehmers möglich
Wo finde oder wie erkenne ich diese Bestimmungen im Versicherungsvertragsgesetz?	• meist am Ende eines Titels, in einem „a" Paragraphen (z.B. § 15 a zu § 8 II usw.) • oder im Gesetz selbst an den Worten: „auf eine abweichende Vereinbarung kann..." (z.B. §§ 47, 72, 92 II); • oder auch aus der Natur der gesetzlichen Vorschriften (z.B. §§ 98 – 107; 158 b).	Im Gesetz selbst, und zwar an den Worten: • ist unwirksam (z.B. § 6 IV) • ist nichtig (z.B. § 51 III) • kann nicht (z.B. § 48 II) • ist erforderlich (z.B. § 159 II) • ist insoweit nichtig (z.B. § 8 I)
Welche Rechtsfolgen treten bei Verstoß ein?	1. Der Vertrag bleibt bestehen. 2. Die abweichende Vereinbarung ist unwirksam und 3. es gilt dann die entsprechende Vorschrift im Versicherungsvertragsgesetz.	1. entweder ist – wegen der Schwere des Verstoßes – der ganze Vertrag nichtig (z.B. §§ 51 III; 59 III; 159 II) oder 2. nur die Vereinbarung ist nichtig, und der Vertrag bleibt bestehen (z.B. §§ 6 IV; 89 I; 11 IV).

Beispiel für eine halbzwingende VVG-Vorschrift:

Nach § 3 Abs. 3 VVG kann der Versicherungsnehmer jederzeit Abschriften von Erklärungen fordern. Vereinbart ein Versicherer mit seinem Versicherungsnehmer, daß dieser auf Abschriften aus Gründen der Rationalisierung verzichtet, so ist diese Vereinbarung zwar möglich. Da der § 3 Abs. 3 VVG nach § 15a VVG halbzwingend ist, kann sich der Versicherer jedoch nicht auf diese Vereinbarung, die zum Nachteil des Versicherungsnehmers ist, berufen. Es gilt somit die gesetzliche Regelung. Der Versicherungsnehmer kann jederzeit Abschriften von Erklärungen fordern.

VVG § 3 Abs. 3

VVG § 187 Abs. 1 VVG § 192 Abs. 2	Die Beschränkungen der Vertragsfreiheit bleiben bei der Transportversicherung von Gütern, bei der Kreditversicherung und bei der Versicherung gegen Kursverluste außer Anwendung. Sie gelten auch nicht für Versicherungsverhältnisse bei öffentlichrechtlichen Versicherungsanstalten, die keine Zwangsanstalten sind.
Jedoch sind durch das „Preußische Gesetz betreffend die öffentlichen Feuerversicherungsanstalten vom 25. 07. 1910" die Beschränkungen der Vertragsfreiheit wieder eingeführt worden.
Neben dem VVG ist das **Pflichtversicherungsgesetz** von Bedeutung:
Das Gesetz über die Pflichtversicherung für **Kraftfahrzeughalter** vom 06. 11. 1939 enthält Sozialvorschriften über die Rechtsstellung des geschädigten Dritten in der Haftpflichtversicherung, sofern das Schadensereignis durch ein den Vorschriften des Pflichtversicherungsgesetzes unterliegendes Kraftfahrzeug verursacht worden ist. Diese Vorschriften gehen den Bestimmungen des Versicherungsvertragsgesetzes vor, soweit nicht einzelne Bestimmungen des VVG im PflVG ausdrücklich für entsprechend anwendbar erklärt worden sind.

3.1.4 Versicherungsbedingungen

a) Begriffsbestimmung

Allgemeine Versicherungsbedingungen sind **vorformulierte** Vertragsbedingungen, die ohne Rücksicht auf besonders geartete Einzelwagnisse einer unbegrenzten Zahl von Versicherungsverträgen eines Versicherungszweiges zugrunde gelegt werden.

AGBG § 1	Damit dienen die AVB der „Produktbeschreibung" bzw. der Rationalisierung des Geschäftsbetriebs und führen vor allem zu gleichförmigen Verträgen im Interesse einer möglichst gleichen Behandlung der Versicherungsnehmer. Vielfach ersetzen sie auch die fehlende gesetzliche Regelung, denn wichtige Sparten, wie z.B. die Kranken- und die Rechtsschutzversicherungen, haben im VVG keine eigenständige Regelung erfahren.

Beispiele für AVB

> Allgemeine Feuerversicherungsbedingungen (AFB)
> Allgemeine Hausratsversicherungsbedingungen (VHB)
> Allgemeine Wohngebäudeversicherungsbedingungen (VGB)
> Allgemeine Versicherungsbedingungen für die Großlebensversicherung (ALB)
> Musterbedingung für die Krankheitskosten- und Krankenhaustagegeld-Versicherung (MBKK/MBKT)
> Allgemeine Unfallversicherungsbedingungen (AUB)
> Allgemeine Versicherungsbedingungen für die Haftpflichtversicherung (AHB)
> Allgemeine Bedingungen für die Kraftfahrzeugversicherung (AKB)

Neben diesen grundlegenden Bedingungswerken zählen aber auch noch folgende Versicherungsbedingungen juristisch gesehen zu den AVB:

- der größte Teil der **Zusatzbedingungen,** die zusätzlich zu den AVB eines Versicherungszweiges vereinbart werden und regelmäßig der Erweiterung und Verbesserung des Versicherungsschutzes oder seiner Anpassung an spezielle Risiken dienen.
- häufig auch die sogenannten **Besonderen Versicherungsbedingungen** (BVB), die auf einen bestimmten Bereich von Versicherungsverträgen zugeschnitten sind und die nicht zu verwechseln sind mit den BVB, die für ein konkretes einzelnes Risiko benutzt werden (z.B. Leistungsausschluß bei entsprechender Vorerkrankung eines VN in der Kranken V.)
- aber auch „Standardklauseln", z.B. die Wiederherstellungsklausel in der Feuerversicherung.

b) Kontrolle der Allgemeinen Versicherungsbedingungen

- durch **staatliche Versicherungsaufsicht**

VAG § 5 Abs. 1, 2 § 8 Abs. 1, 2 § 13	Die AVB und ihre Änderungen bedürfen im Rahmen des Geschäftsplans der Genehmigung durch das Bundesversicherungsaufsichtsamt (BAV). Das BAV darf die beantragte Genehmigung versagen, wenn die Belange der Versicherten in den AVB nicht ausreichend gewahrt erscheinen (Abschnitt 5.3.1). Damit ist sichergestellt, daß der VN aufgrund der Verwendung allgemeiner Versicherungsbedingungen vor Übervorteilung geschützt wird.
Es gibt Musterbedingungen, bei dem das BAV von vornherein die Erteilung der Genehmigung in Aussicht stellt. In der Regel sind die AVB Verbandsbedingungen, d.h. Bedingungen, die der einzelne Fachverband in Abstimmung mit der Aufsichtsbehörde entworfen hat und die sodann von allen Mitgliedsgesellschaften angewandt werden. Im Geschäftsplan des einzelnen Versicherers bedarf es dann nur noch eine Bezugnahme auf diese Bedingungen.

Einheitliche AVBen sind sicherlich insoweit von Vorteil, als jetzt der Kunde die Angebote verschiedener Gesellschaften besser vergleichen kann (einheitliche Produktgestaltung). Natürlich sind die Nachteile für den Leistungswettbewerb nicht zu übersehen, aber solange unbedenklich, wie ein lebhafter Wettbewerb über die Tarifbedingungen besteht – wie z.B. in der Krankenversicherung (unterschiedliche Tarifgestaltung).

- durch das **Gesetz zur Regelung des Rechts der allgemeinen Geschäftsbedingungen** vom 09.12.76 **(AGB-Gesetz).**

  Da dem VN die „festgelegten" AVB „einseitig" vom Versicherer („Verwender") auferlegt werden, ohne daß sie zuvor im einzelnen ausgehandelt wurden, handelt es sich bei den AVB um Geschäftsbedingungen im Sinne des AGB-Gesetzes.

Das Gesetz bestimmt

– in § 3, daß Bestimmungen in AVB, die nach den Umständen, insbesondere nach dem äußeren Erscheinungsbild des Vertrages, so ungewöhnlich sind, daß der Vertragspartner des Verwenders mit ihnen nicht zu rechnen braucht **(„Überraschungsklausel")** auf keinen Fall Bestandteil des Vertrages werden.

  Beispiel:

  > So wurde die Regelung in der Sachversicherung, daß sich die Versicherungssumme vom Schadenstag an um die Entschädigungssumme vermindert, von vielen Betroffenen als eine solche Überraschungsklausel angesehen, obwohl sie sich mit § 95 VVG völlig deckt. Nach einem Urteil des BGH ist daher bei einer kombinierten Versicherung die Summenreduzierung nach einem Schadensfall – ohne, daß darauf ausdrücklich hingewiesen wird – nicht zulässig. Da sich die umstrittene Regelung darüber hinaus im Massengeschäft als sehr unwirtschaftlich erwiesen hat, gibt es sie u.a. in den VHB 84, AFB 87, aber auch in den VGB 88 nicht mehr.

  AFB § 19, Nr. 1
  VHB § 27, Nr. 1

– in § 9, daß einzelne Bestimmungen der AVB **unwirksam** sind, **wenn sie** den VN **entgegen den Geboten von Treu und Glauben unangemessen benachteiligen.** Das ist insbesondere dann der Fall, wenn eine AVB vom dispositiven Recht in der Weise abweicht, daß sie mit wesentlichen Grundgedanken der abgeänderten gesetzlichen Regelung nicht mehr vereinbar ist.

  Beispiel:

  > In der alten Fassung der Sachversicherungen war der VN, der nach einem Schadensfall sofort aus dem Vertrag heraus wollte, dennoch für einen weiteren Monat an den Vertrag gebunden, obwohl gerade das dispositive Recht des VVG hier schon immer eine Kündigungsmöglichkeit zur beliebigen Zeit vorsieht. Eine AVB-Bestimmung, die den VN aber noch einen Monat am Vertrag festhält und ihn damit vielleicht noch zur Zahlung einer weiteren Jahresprämie verpflichtet, kann mit dem Grundgedanken des § 96 des VVG nicht vereinbar sein. Daher ist sie im Zuge der Anpassung der AVB an das AGBG durch eine neue Kündigungsregelung, die dem VN auch die Möglichkeit zur sofortigen Kündigung offenläßt, abgelöst und weitgehend an § 96 VVG angeglichen worden.

  VGB 62 § 20, Nr. 2

  AFB § 18

– in § 2, daß AVB nur dann Bestandteil des Vertrages werden, wenn der VN bei Vertragsabschluß auf die AVB ausdrücklich hingewiesen wurde und die Möglichkeit hat, von dem Inhalt Kenntnis zu nehmen und wenn weiter der VN mit der Geltung der AVB für den Versicherungsvertrag einverstanden ist. In der Versicherungspraxis wird diese Voraussetzung stets in der Weise erfüllt, daß

  - im **Antragsformular** auf die AVB **hingewiesen** und
  - von seiten des Versicherungsnehmers das **Einverständnis** mit ihrer Geltung erklärt wird und
  - dann die AVB zusammen **mit der Police** dem VN **übersandt** werden.

Ausnahmeregelung für Versicherungsverträge

AGBG
§ 23, Abs. 3

Die zuletzt genannte Regelung des AGB-Gesetzes gilt allerdings nur für die wenigen nicht unter Aufsicht stehenden Versicherungszweige (z.B. Wassersportkaskoversicherung), denn genehmigte AVB werden auch dann Vertragsbestandteil, wenn die in § 2 AGBG genannten Voraussetzungen nicht erfüllt sind. Der Versicherungsnehmer sollte sich daher grundsätzlich die AVB zusenden lassen, denn kennt er die AVB nicht, handelt er immer fahrlässig und für manches Fehlverhalten des VN reicht schon leichte Fahrlässigkeit aus, um dem Versicherer das Recht zu geben, die Entschädigung zu verweigern. In der Praxis ist es aber heute die Regel, daß zumindest die wichtigsten Verhaltensregeln in den Versicherungsanträgen bzw. -scheinen abgedruckt werden, denn der Versicherer ist häufig auch aus anderen Rechtsgründen zu einer entsprechenden Belehrung des Versicherungsnehmers verpflichtet. So kann sich der Versicherer z.B. in der privaten Krankenversicherung nicht darauf berufen, der Versicherungsnehmer hätte entsprechende Kenntnis haben müssen, wenn er ihm die AVB zuvor nicht vollständig zugesandt hatte.

AGBG
§ 11
§ 23
Abs. 2, Nr. 6

Außerdem gilt für Versicherungsverträge nicht das Verbot des Preiserhöhungsvorbehaltes, d.h. die vereinbarte Prämie kann auch schon innerhalb von 4 Monaten nach dem Vertragsabschluß erhöht werden.

Versicherungsverträge sind auch ausgenommen von der Regelung der maximalen Laufzeit- und Kündigungsfristen bei Dauerschuldverhältnissen.

c) Inhalt der Allgemeinen Versicherungsbedingungen

Das Versicherungsaufsichtsgesetz verlangt, daß die Allgemeinen Versicherungsbedingungen Bestimmungen aufweisen

VAG
§ 10

- über die Ereignisse, bei deren Eintritt der Versicherer zu einer Leistung verpflichtet ist und die Fälle, in denen aus besonderen Gründen diese Pflicht ausgeschlossen oder aufgehoben sein soll (z.B. wegen unrichtiger Angaben im Antrag oder wegen Eintritts von Änderungen während der Vertragsdauer);
- über die Dauer des Versicherungsvertrages, besonders ob und wie er stillschweigend verlängert, ob und wie er gekündigt werden kann, und wozu der Versicherer in solchen Fällen verpflichtet ist (Löschung, Rückkauf, Umwandlung der Versicherung, Herabsetzung und dergleichen);
- über die Art, den Umfang und die Fälligkeit der Leistungen des Versicherers;
- über die Feststellung und Leistung des Entgelts, das der Versicherte an den Versicherer zu entrichten hat und über die Rechtsfolgen, die eintreten, wenn er damit in Verzug ist;
- über den Verlust des Anspruchs aus dem Versicherungsvertrag, wenn Fristen versäumt werden;
- über das Verfahren bei Streitigkeiten aus dem Versicherungsvertrag, über das zuständige Gericht und die Bestellung des Schiedsrichters;
- über die Grundsätze und Maßstäbe, wonach die Versicherten an den Überschüssen teilnehmen;
- bei Lebensversicherungen über die Voraussetzungen und den Umfang von Vorauszahlungen oder Darlehen auf Versicherungsscheine.

d) Auslegung der Allgemeinen Versicherungsbedingungen

Die AVB sind, ähnlich wie gesetzliche Vorschriften, nach objektiven Gesichtspunkten losgelöst von dem Willen und den Vorstellungen der jeweiligen Vertragsschließenden auszulegen.

AGBG
§ 5

Unklarheiten bei der Auslegung von Verträgen, insbesondere von Allgemeinen Geschäfts- und Versicherungsbedingungen gehen nach der sog. „Unklarheitsregel" zu Lasten desjenigen, der sie verwendet.

Diese Regel beruht auf der Erwägung, daß objektive Zweifel, die nicht behebbar sind, zu Lasten des Verwenders der Bedingungen gehen müssen, der sich klarer hätte ausdrücken können und sollen. Voraussetzung für die Anwendung der Unklarheitsregeln ist es, daß alle Auslegungsmöglichkeiten ausgeschöpft sind und trotzdem mindestens zwei Auslegungsmöglichkeiten, die rechtlich vertretbar sind, übrig bleiben.

e) Geschäftsplanmäßige Erklärung

Es gibt Fälle, in denen das BAV einem Versicherer die Auflage erteilt, dem Versicherungsnehmer eine verbindliche Erklärung darüber abzugeben, wie er in einer bestimmten Angelegenheit, z.B. Einführung von geänderten Bedingungen bei bestehenden Verträgen, gegenüber dem Versicherungsnehmer vorzugehen gedenkt. Diese Erklärungen werden dann Bestandteil des Geschäftsplanes und stellen eine wichtige Ergänzung der Allgemeinen Versicherungsbedingungen dar (Abschnitt 5.3.1).

f) Änderung von Allgemeinen Versicherungsbedingungen

Werden Allgemeine Versicherungsbedingungen geändert, so gelten für bestehende Versicherungsverträge regelmäßig die ursprünglichen Bedingungen weiter.

Jedoch gibt es folgende Ausnahmen:

- Der **Gesetzgeber** kann durch Erlaß einer entsprechenden Vorschrift in laufende Versicherungsverträge eingreifen und die Versicherungsbedingungen (auch die Prämie) für die Zukunft ändern. Ein **Gesetz** oder eine **Bestimmung der Versicherungsbedingungen** kann die Möglichkeit einer **einseitigen** Vertragsänderung (entweder durch den Versicherer oder durch den Versicherungsnehmer) vorsehen.

    Beispiele: VVG § 51 § 41 § 166

    Beseitigung einer Überversicherung.
    Prämienerhöhung zugunsten des Versicherers.
    Bezeichnung oder Widerruf einer Bezugsberechtigung.

- Die **Aufsichtsbehörde** kann kraft eines Verwaltungsaktes einen Geschäftsplan – und zu diesem zählen auch die Versicherungsbedingungen – mit Wirkung für bestehende Versicherungsverhältnisse ändern, wenn es zur „Wahrung der Belange der Versicherten notwendig erscheint".   VAG § 81a

    Eine Änderung wirkt unmittelbar auf den Versicherungsvertrag, ohne daß der Text der allgemeinen Versicherungsbedingungen geändert werden müßte.

    Damit enthält das Versicherungsaufsichtsgesetz neben aufsichtsrechtlichen Bestimmungen (Abschnitt 5.3.1) auch einige Vorschriften, die unmittelbar auf den Versicherungsvertrag einwirken.

- Bei Versicherungsvereinen auf Gegenseitigkeit kann die **Satzung** vorsehen, daß die Versicherungsbedingungen mit Wirkung für die bestehenden Versicherungsverträge auch ohne Zustimmung des Mitgliedes geändert werden können.   VAG § 41

- Bei den Aktiengesellschaften wiederum enthalten die **Versicherungsbedingungen** vielfach eine Bestimmung, die vorsieht, daß die Versicherungsbedingungen und auch Tarife mit Genehmigung der Aufsichtsbehörde für bestehende Versicherungsverhältnisse geändert werden können.

- Änderungen von bestehenden vertraglichen Regelungen sind **im gegenseitigen Einvernehmen** immer möglich.   BGB § 305

Wird im Einzelfall eine Änderung der Allgemeinen Versicherungsbedingungen vorgenommen, so sind die dafür geltenden Bestimmungen des Versicherungsaufsichtsgesetzes zu beachten, wonach von den Allgemeinen Versicherungsbedingungen **zuungunsten** des Versicherten nur aus **besonderen Gründen** und nur abgewichen werden darf, wenn der Versicherungsnehmer vor dem Vertragsabschluß darauf ausdrücklich hingewiesen worden ist und sich danach schriftlich damit einverstanden erklärt hat. Ein Verstoß gegen diese Vorschrift bewirkt aber nicht die Unwirksamkeit des Vertrages.   VAG § 10 Abs. 3

Zusammenfassung und Übersicht:

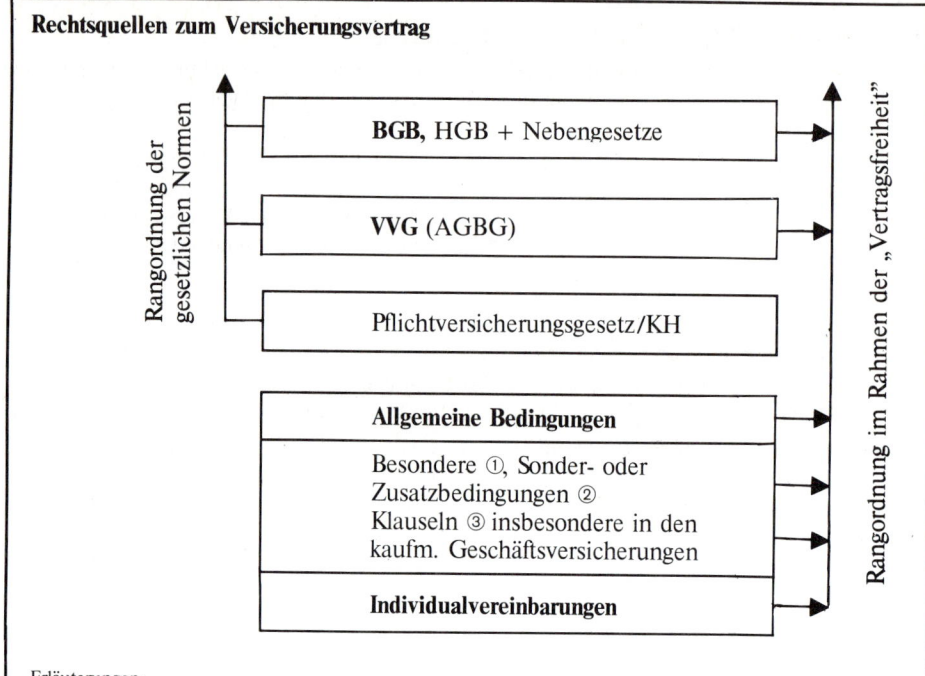

Rechtsquellen zum Versicherungsvertrag

Rangordnung der gesetzlichen Normen:
- **BGB**, HGB + Nebengesetze
- **VVG** (AGBG)
- Pflichtversicherungsgesetz/KH

Rangordnung im Rahmen der „Vertragsfreiheit":
- **Allgemeine Bedingungen**
- Besondere ①, Sonder- oder Zusatzbedingungen ② Klauseln ③ insbesondere in den kaufm. Geschäftsversicherungen
- **Individualvereinbarungen**

Erläuterungen:
① Rechtsgrundlage der Haftpflichtversicherung sind stets die AHB. **Für die Besonderheiten einzelner Berufsgruppen wurden beispielsweise geschaffen:**
- **Besondere Bedingungen** für die Vermögensschaden-Haftpflichtversicherung von Rechtsanwälten und Notaren.

② Für die Feuerversicherung gelten stets die AFB. Hinzu kommen nach dem jeweils versicherten Objekt z.B.:
- **Zusatzbedingungen** für landwirtschaftliche Versicherungen.

③ Darüber hinaus gibt es vorformulierte **Klauseln, die von Fall zu Fall zugestanden werden. Sie dienen oft der Erweiterung des Versicherungsschutzes und erfordern deshalb einen Prämienzuschlag z.B.**
- Klausel 1102 – Brandschäden an Räucher-, Trocken- und sonstigen Erhitzungsanlagen und deren Inhalt sind auch dann zu ersetzen, wenn der Brand innerhalb der Anlagen ausbricht.
- Klausel 2107 – Unterversicherungsverzichtsklausel für Kleinschäden.

3.2 Versicherungsantrag

3.2.1 Grundsätzliches zur Antragstellung

Es ist den Menschen grundsätzlich freigestellt, ob sie z.B. sich gegen Krankheit oder ihre Sachen gegen Feuer versichern lassen.

Beispiel:

<small>OLG Frankfurt 15. 2. 85</small>

> Ein Juwelier, der Schmuckstücke in Reparatur nimmt, ist nicht verpflichtet, diese gegen Raub zu versichern. Er ist aber, falls er das Verlustrisiko durch Diebstahl oder Raub nicht oder nicht in voller Höhe durch Versicherungen abgedeckt hat, verpflichtet, die Kunden darauf hinzuweisen. Unterläßt er dies, so haftet er.

Auch kann der Interessent grundsätzlich frei den Versicherer wählen. Jedoch gibt es gesetzliche Bestimmungen, wonach man verpflichtet ist, einen Versicherungsvertrag abzuschließen **(Kontrahierungszwang).**

<small>VVG § 158 b</small>

Auf gesetzliche Versicherungspflichten beruhen z.B. die Haftpflichtversicherungen der Kraftfahrzeughalter, Luftverkehrsunternehmen, Jäger, Steuerberater, der Betreiber von Kernkraftwerken usw. Für diese **Pflichtversicherungen** enthält das VVG Sondervorschriften, die vor allem dem Schutz des geschädigten Dritten dienen.

Bei öffentlich-rechtlichen **Pflicht-** oder **Zwangsanstalten** entstehen die Versicherungsverhältnisse nach Landesrecht unmittelbar kraft Gesetzes (Versicherungszwang).

Nur derjenige kann einen **Versicherungsantrag** rechtsverbindlich **unterschreiben** und somit selbständig einen Versicherungsvertrag abschließen, der **voll geschäftsfähig** ist (nach Vollendung des 18. Lebensjahres). **Geschäftsunfähige** können keine Verträge abschließen. Auch **beschränkt Geschäftsfähige** (z.B. Minderjährige vom 7. Lebensjahr bis zum Eintritt der Volljährigkeit) können nicht selbständig einen Vertrag tätigen, weil der Minderjährige durch den Abschluß eines Versicherungsvertrages nicht nur lediglich einen rechtlichen Vorteil erlangt, sondern auch verpflichtet ist, die Prämien zu zahlen. Nur dann wird die Willenserklärung wirksam, wenn die Zustimmung des gesetzlichen Vertreters vorliegt.

Handelt jemand als Vertreter des VN, so bedarf er dazu einer Vollmacht, die ausdrücklich oder stillschweigend erteilt werden kann (Duldungsvollmacht). Mangels Vollmacht wird ein Versicherungsvertrag auch durch nachträgliche Zustimmung (Genehmigung) wirksam. Diese kann in der widerspruchslosen Annahme eines Versicherungsscheins liegen.

VVG § 192 Abs. 1

BGB §§ 104, 105 §§ 106, 114 § 107

3.2.2 Spezielle Regelungen

a) Abschluß von Versicherungen durch Minderjährige mit Mitteln des Taschengeldes

Schließt der Minderjährige Versicherungen ab, die er für eine gewisse Dauer mit seinem Taschengeld „bewirken" kann, so ist folgendes zu unterscheiden:

Bei Abschluß einer **Sachversicherung,** z.B. einer Hausratversicherung, ist der Vertrag für die laufende Versicherungsperiode rechtswirksam, wenn der Minderjährige die Prämie bezahlt hat.

Für weitere Perioden, für die dann Folgeprämien zu entrichten sind, ist jedes Mal zu prüfen, ob diese durch den Taschengeldparagraphen abgedeckt werden. Kann der Minderjährige eine Folgeprämie nicht mit Taschengeldmitteln bezahlen, erlischt der Vertrag, da die Gesellschaft keinen Anspruch auf Weiterzahlung aus der gesetzlichen Bestimmung des Taschengeldparagraphen herleiten kann.

Bei Abschluß einer **Lebensversicherung** gilt folgendes: Selbst wenn der Minderjährige für ein Jahr die Prämie mit Taschengeldmitteln bewirkt hat, wird er stets einen Verlust erleiden, da bei vorzeitiger Aufhebung ein Rückkaufwert noch gar nicht vorhanden oder sehr gering ist. Derartige Verträge sind somit von Anfang an unwirksam, es sei denn, der gesetzl. Vertreter genehmigt den Vertrag.

BGB § 110

b) Abschluß von Versicherungen mit Zustimmung des Vormundschaftsgerichts

Für bestimmte, besonders wichtige Rechtsgeschäfte verlangt das Gesetz die Zustimmung des Vormundschaftsgerichts.

Die entsprechende, gesetzliche Vorschrift lautet wie folgt:

„Ein Miet- oder Pachtvertrag oder ein anderer Vertrag, durch den der Minderjährige zu wiederkehrenden Leistungen verpflichtet wird, bedarf, wenn das Vertragsverhältnis länger als ein Jahr nach dem Eintritt der Volljährigkeit fortdauern soll, der Genehmigung des Vormundschaftsgerichtes."

Fehlt diese Zustimmung des Vormundschaftsgerichtes, so ist der Vertrag schwebend unwirksam. Wird der Minderjährige volljährig, so kann er den Vertrag entweder genehmigen, dann wird er wirksam oder ablehnen, dann wird er nichtig.

BGB § 1821 ff § 1643

BGB § 1829

1. Beispiel: Genehmigung erforderlich

> Der 15jährige Adolf will eine Lebensversicherung mit einer Laufzeit von 15 Jahren abschließen; die Eltern erteilen ihre Zustimmung.

Hier ist die Genehmigung des Vormundschaftsgerichts erforderlich, weil die Laufzeit über das 19. Lebensjahr hinausgeht. Zwar ist der Vertrag jährlich kündbar, aber eine Kündigung nach wenigen Jahren ist stets nachteilig, weil der Rückkaufwert im Verhältnis zu den eingezahlten Prämien gering ist.

BGB § 1822 Nr. 5

2. Beispiel: Genehmigung nicht erforderlich

> Der 15jährige Adolf schließt eine Haftpflichtversicherung auf 3 Jahre ab mit der Verlängerungsklausel, daß der Vertrag sich um 1 Jahr verlängert, sofern er nicht frist- und termingerecht gekündigt wird.

Ein derartiger Vertrag bringt dem Minderjährigen nicht nur einen rechtlichen Vorteil, weil er Prämien zu zahlen hat. **Die gesetzlichen Vertreter müssen** daher **zustimmen,** wenn der Vertrag rechtswirksam werden soll. Die Zustimmung des Vormundschaftsgerichtes ist nicht erforderlich, da der Vertrag vor der Vollendung des 19. Lebensjahres endet.

BGB § 1822 Nr. 5

BGB
§ 1357

c) **Abschluß eines Vertrages durch einen Ehegatten**

Jeder Ehegatte ist berechtigt, Geschäfte zur angemessenen Deckung des Lebensbedarfs der Familie zu besorgen.

<small>Durch **solche Geschäfte** werden **beide Ehegatten berechtigt und verpflichtet,** es sei denn, daß sich aus den Umständen etwas anderes ergibt. Entscheidend ist, ob Dritte nach allgemeiner Verkehrsauffassung davon ausgehen können, ein Ehegatte handele im mutmaßlichen Einverständnis des anderen (**vermutete Vollmacht**). Auszuscheiden sind insbesondere sämtliche der beruflichen Sphäre sowie der Vermögensanlage dienenden Geschäfte, vor allem auch Abzahlungskäufe und die Aufnahme von Bankdarlehen.</small>

Der Abschluß von **Versicherungsverträgen** gehört **nicht zur Deckung** des **angemessenen Lebensbedarfs der Familie,** auch nicht im Falle einer sog. Jedermannversicherung (Hausrat, Privathaftpflicht), denn über die Eingehung von Versicherungsverträgen findet in der Regel eine Verständigung zwischen den Ehegatten statt, zumal solche Verträge längerfristige Bindungen erzeugen.

3.2.3 Bündelung und Kombination

a) Bündelung

Die Gesellschaften haben für die verschiedenen Sparten Versicherungsformulare entworfen, die als Antragsgrundlage dienen. An Hand dieser Formulare ist der Versicherungsnehmer verpflichtet, die gestellten Fragen richtig und vollständig zu beantworten (Abschnitt 3.1.3).

Dem Versicherungsantrag können in der Regel entnommen werden:
- Versicherungssparte (Feuer, Leben usw.),
- Beginn der Versicherung,
- Dauer der Versicherung, (z.B. auf 10 Jahre),
- versichertes Interesse und versicherte Summe,
- versicherte Person, ggf. bezugsberechtigte Person,
- Vertragspartner,
- Angaben über das Risiko,
- Prämie.

<small>Selbst wenn im Antrag die Höhe der Prämie nicht angegeben ist, unterwirft sich der Antragsteller dem Prämientarif des Versicherers. Aus diesem Grund ist der Versicherungsvertrag auch ein Unterwerfungsvertrag.</small>

Aufgrund eines einzigen Antragsformulars können **mehrere Versicherungsverträge** abgeschlossen werden, wobei ein einziger Versicherungsschein ausgestellt wird. Man spricht hier von einer **Bündelung,** wobei es sich um getrennte Versicherungsverträge handelt, die auch ein gesondertes rechtliches Schicksal haben können (z.B. unterschiedliche Kündigungsrechte). Jedoch müssen auf Weisung des BAV Prämie und Versicherungssteuer getrennt ausgewiesen werden. Weiter sind folgende Grundsätze zu beachten:

<small>
- Bei einer gebündelten Versicherung ist für alle darin zusammengefaßten Versicherungsverträge ein gemeinsames Antragsformular mit **einheitlichen Bindefristen** zu verwenden.
- Aus den für gebündelte Versicherungen verwendeten Vordrucken muß klar ersichtlich sein, daß mehrere rechtlich selbständige Versicherungsverträge beantragt bzw. abgeschlossen werden.
- Macht der Versicherungsnehmer im Fall einer vom Versicherungsunternehmen veranlaßten Auflösung oder Aufhebung eines in einer gebündelten Versicherung mit anderen Versicherungsverträgen zusammengefaßten Versicherungsvertrags glaubhaft, daß er diesen Vertrag mit einem anderen Versicherer nur dann abschließen kann, wenn er diesem auch andere in der gebündelten Versicherung zusammengefaßte Versicherungsverträge überträgt, so sind auch diese Versicherungsverträge freizugeben.
</small>

b) Kombination

Eine kombinierte (verbundene) Versicherung liegt vor, wenn nur ein **einziger Versicherungsvertrag** besteht, der eine Kombination – ursprünglich – verschiedener Versicherungszweige darstellt. Es liegt nur ein **einheitliches Bedingungswerk** zugrunde, (z.B. die Hausratversicherung mit Feuer-, Einbruch-Diebstahl, Leitungswasser und Sturm).

Übersicht: Vertragsformen

Kombinierte Versicherung
- mehrere Gefahren
- ein Antrag, eine Police
- **ein** Bedingungswerk = **ein** Vertrag

Beispiel: Hausratversicherung (VHB)
Kombinierte Wohngebäude-Versicherung (VGB)
(Feuer-, Leitungswasser- und Sturmgefahr)

Gebündelte Versicherung
- mehrere Gefahren
- ein Antrag, eine Police, aber **mehrere** Prämien
- **verschiedene** Bedingungswerke = **mehrere** Verträge (einzeln kündbar!)

Beispiel: Kraftfahrt-Versicherung (AKB)
(Haftpflicht-, Unfall- und Kaskoversicherung)

3.3 Annahme des Antrages
3.3.1 Grundsätzliche Regelung

Ein Vertrag kommt durch **übereinstimmende** Willenserklärungen (Angebot und Annahme) zustande, die dem Vertragspartner **zugehen** müssen; er ist ein **zweiseitiges** Rechtsgeschäft.

BGB § 151

Beispiel:

Antrag			Annahme			
Wille	Erklärung	Zugehen	Wille	Erklärung	Zugehen	= Vertrag

Anmerkungen zum Willen, zur Erklärung und zum Zugehen.

a) Wille

Hier ist der rechtsgeschäftliche Wille gemeint, d.h. die Frage nach der **Geschäftsfähigkeit.** Der Erklärende muß etwas Rechtserhebliches wollen, z.B. Abschluß eines Vertrages. Keine Willenserklärung liegt vor, wenn lediglich gestellte Fragen (s. Versicherungsvertrag) beantwortet oder Auskünfte erteilt werden sollen. In diesen Fällen ist keine **Willenserklärung**, sondern eine **Wissenserklärung** abzugeben.

b) Erklärung

Erklärung des Willens kann entweder **ausdrücklich** oder durch **schlüssiges Verhalten** geschehen. Unter einer schlüssigen oder konkludenten Handlung versteht man ein Verhalten, aus dem die Abgabe einer Willenserklärung zu schließen ist.

Beispiel:

Das Vorzeigen des Wareneinkaufskorbes an der Kasse des Selbstbedienungsladens gilt als **Kaufantrag** des Kunden, auch wenn dieser nichts sagt.

Die Erklärungshandlung ist **grundsätzlich formfrei**; jedoch fordert das Gesetz in einigen Fällen entweder die **Schriftform**, die **Beglaubigung** oder die **Beurkundung.**

Beispiel:

Der Versicherer muß dem Versicherungsnehmer eine von ihm unterzeichnete Urkunde über den Versicherungsvertrag aushändigen.

VVG § 3

Aus Gründen der Rationalisierung hat das Versicherungsvertragsgesetz dem Versicherer gestattet, Versicherungsscheine, Mahnschreiben und Prämienrechnungen mit einer Nachbildung der eigenhändigen Unterschrift (Faximile) zu versehen.

VVG § 3 Abs. 1
§ 39 Abs. 1
§ 49 Ziff. 4

c) Zugehen

- Allgemeine Regelung

BGB § 130

Die Willenserklärung muß dem Vertragspartner zugehen, damit dieser Kenntis erlangt.

Zugegangen ist eine Willenserklärung dann, wenn sie so in den Machtbereich des Empfängers gelangt ist, daß dieser darüber verfügen kann (z.B. Briefkasten). Ein Brief, der in einem Briefkasten liegt, ist zugegangen, auch wenn man ihn nicht gleich liest. Auch wenn man verreist ist, gehen Briefe zu.

BGB § 132
ZPO § 203-

Dagegen ist ein eingeschriebener Brief, der dem Empfänger nicht ausgehändigt werden kann, nicht zugegangen. Er gilt als zugegangen, wenn der Brief bei der Post abgeholt wurde. Dies gilt nicht, wenn man den eingeschriebenen Brief absichtlich nicht annimmt oder nicht abholt. Ist der **Aufenthalt** des Empfängers nicht festzustellen und eine Zustellung einer Willenserklärung (Brief) nicht möglich, so kann man den Brief durch **öffentliche Zustellung** zugehen lassen. Das Amtsgericht bewilligt dann die öffentliche Bekanntmachung durch Aushang an der Gerichtstafel und Veröffentlichung im Bundesanzeiger.

- Regelung in den Versicherungsbedingungen

Die in einigen **Versicherungsbedingungen** enthaltene Bestimmung, daß **zum Nachweis** des **Zuganges** einer Mahnung oder Kündigung ein Aktenvermerk des Versicherers genügen soll, ist wegen Verstoßes gegenüber § 10 Nr. 6 AGBG unwirksam. Der Versicherer muß daher den Zugang beweisen.

BGH 18.12.1970

BGH-Entscheidung zum Zugehen

In einem Urteil stellt der BGH u.a. folgendes fest:
„Eine allgemeine Pflicht, Empfangsvorkehrungen für Erklärungen zu treffen, besteht grundsätzlich nicht. Wer jedoch mit dem Eingang rechtsgeschäftlicher Erklärungen ständig rechnen muß, insbesondere im Hinblick auf bestehende Rechtsverhältnisse, muß in der Regel Vorsorge dafür treffen, daß ihn Erklärungen auch erreichen können. Nicht jeder Versicherungsvertrag verlangt vom Versicherungsnehmer, bei vorübergehender Abwesenheit Vorsorge für den möglichen Zugang von Erklärungen des Versicherers zu treffen. Die Umstände des einzelnen Falles können dies aber erfordern."

Beispiel:

> Mit Rücksicht auf einen kurz zuvor verschuldeten schweren Verkehrsunfall mit erheblichen Personen- und Sachschaden muß der Verursacher A mit dem Zugang von Erklärungen an seine Adresse rechnen. Er verreist dennoch für mehrere Monate ins Ausland.
> War A jedoch zu lange Zeit ohne ausreichende Entschuldigung für den Versicherer nicht erreichbar, und hat dieser nach Lage der Sache das Nötige getan, um seine Willenserklärung dem A zugehen zu lassen, so wird er behandelt, als seien ihm die dem Versicherungsschutz ablehnenden Einschreibebriefe des Versicherers zugegangen.

BGB § 131

- Zugang einer Willenserklärung bei nicht voll Geschäftsfähigen

Beispiel:

> Der minderjährige Versicherungsnehmer, der die Beiträge nicht bezahlt, muß ein Mahn- und Kündigungsschreiben erhalten. Empfänger ist der minderjährige Versicherungsnehmer, die Erklärung muß aber seinem gesetzlichen Vertreter zugehen. Anderenfalls ist die Mahnung nicht wirksam, und der Versicherungsschutz bleibt bestehen. Nur wenn der gesetzliche Vertreter seine Zustimmung zum Empfang schon vorher (= Einwilligung) erteilt hat, genügt der Zugang beim Minderjährigen.

3.3.2 Annahmefristen bzw. Bindefristen

a) Grundsätzliches über die Annahme

Grundsätzlich kann die Annahme des Versicherungsvertrages **formlos** durch eine Erklärung dem Versicherungsnehmer mitgeteilt werden. Jedoch ist der Versicherer verpflichtet, eine von ihm unterzeichnete **Urkunde** über den Versicherungsvertrag dem Versicherungsnehmer auszuhändigen.

Die Zusendung des **Versicherungsscheines** (konkludent) ebenso wie die Zusendung des **Annahmeschreibens** (ausdrücklich) gilt als **Annahme** des Vertrages.
Dagegen bedeutet die Übernahme des ausgefüllten Antragsformulars auf Abschluß einer Lebensversicherung und die Zahlung einer Erstprämie an den Agenten noch keine Annahme.

VVG
§ 3

b) Bindefristen

Nach BGB-Recht ist der Antragsteller nur solange an seinen Antrag gebunden, wie er unter normalen Umständen den Eingang der Antwort erwarten darf. Bei den Anträgen auf Abschluß von Versicherungsverträgen ist eine lange Bindung an einen Antrag vorgesehen, damit der Versicherer die Zeit für die Risikoprüfung hat.

BGB
§ 147
Abs. 2

- Das **VVG** sieht für die **Feuerversicherung** eine Annahmefrist von **2 Wochen** vor, die auch in den meisten anderen Sachsparten gilt.

VVG
§ 81

- In den übrigen Versicherungszweigen enthalten die **Antragsformulare** oder die **allgemeinen Versicherungsbedingungen** Antragsbindefristen.

  – Für die **Haftpflichtversicherung** (Privathaftpflicht, Betriebshaftpflicht, Kraftfahrthaftpflicht) ist eine Bindefrist von **einem Monat** (nicht 4 Wochen!) vorgesehen. Dies gilt auch für die **gebündelte** Versicherung **(Kraftfahrthaftpflicht, Unfall, Fahrzeug)**.

    In der Kraftfahr**thaftpflicht**versicherung gilt im Rahmen des **Pflichtversicherungsgesetzes** der Antrag des Versicherungsnehmers als angenommen, wenn der Versicherer ihn nicht innerhalb einer Frist von 2 Wochen vom Eingang des Antrags an dem Antragsteller gegenüber schriftlich ablehnt (**Annahmefiktion** zu den Mindestdeckungssummen).

PflG
§ 5
Abs. 3

  – Für die **Lebensversicherung** (auch Berufsunfähigkeit) und die Krankenversicherung beträgt die Bindefrist **6 Wochen**.

    Bei Lebensversicherungen mit **ärztlicher Untersuchung** beginnt die Bindefrist mit dem Zeitpunkt der Beendigung der ärztlichen Untersuchung.
    In der Krankenversicherung ist inzwischen auch eine Bindefrist von einem Monat möglich.

Ein dem Versicherer gemachter Antrag auf Schließung, Verlängerung oder Änderung des Vertrages erlischt, wenn er nicht innerhalb der Bindefrist angenommen wird. Allerdings gilt die verspätete Annahme des Versicherers als neuer Antrag, den der Versicherungsnehmer nun wiederum konkludent durch Prämienzahlung annehmen kann.

BGB
§ 148
§ 150 Abs. 1

c) Ausnutzen der Fristen

Gilt eine **Annahmefrist**, so ist dem Versicherer gestattet, sie voll auszunutzen und nach Ablauf der Frist weiß der Antragende, woran er ist, weil sein Antrag erloschen ist.

Wenn vertragliche Beziehungen schon bestehen (wenn z.B. ein bestehender Vertrag geändert werden soll), ist der Versicherer allerdings gehalten, den Antrag mit Beschleunigung zu prüfen, sonst haftet er für Verzögerungsschäden. Dies trifft auch zu, wenn der Agent weiß, daß der Kunde bisher bei einem anderen Versicherer versichert war und der Ablauf dieses Vertrages z.B. infolge Kündigung, unmittelbar bevorsteht oder wenn der Agent dem Kunden von sich aus schnelle Bearbeitung des Antrages zugesagt hat, so daß dieser keinen Anlaß hatte, dem Agenten zu erklären, weshalb ein besonderes Beschleunigungsinteresse für ihn besteht.

BGB
§ 278

d) Annahmezwang

Soweit den Versicherer eine Abschlußpflicht trifft, wird regelmäßig von Annahmezwang oder Annahmepflicht gesprochen. Ein solcher **Kontrahierungszwang** besteht nur, wenn er vom **Gesetz** angeordnet ist. Das ist für den Kraftfahrzeughaftpflichtversicherer in § 5 PflVG und für öffentliche Feuerversicherungsanstalten in den entsprechenden Landesgesetzen geschehen.

3.3.3 Widerruf

BGB § 130

Die Willenserklärung wird nicht wirksam, wenn dem anderen vorher oder gleichzeitig ein Widerruf zugeht.

Beispiel:

> A sendet am 01. 02. an den Agenten B einen Antrag auf Abschluß einer Hausratversicherung. Der Antrag geht bei B am 04. 02. um 10.00 Uhr ein. Am 03. 02. hat A ein Telegramm mit dem Inhalt aufgegeben, daß er seinen Antrag widerruft. Das Telegramm wird B am 04. 02. um 9.00 Uhr zugestellt. Somit ist der Widerruf vorher zugegangen, so daß die Willenserklärung von A nicht wirksam wird.

VVG § 43

Der Versicherungsvermittler besitzt eine **gesetzliche Vollmacht** u.a. für die Entgegennahme von Versicherungsanträgen. Händigt der Kunde den von ihm unterschriebenen Versicherungsantrag dem Versicherungsvermittler aus, dann ist dieser der Versicherungsgesellschaft **zugegangen** und damit wirksam geworden. Ein Widerruf ist damit nicht mehr möglich.

Auch die neue Regelung über den **Widerruf von „Haustürgeschäften"** erfaßt den Versicherungsvertrag nicht (§ 6 Nr.2 des Gesetzes über den Widerruf von Haustürgeschäften und ähnlichen Geschäften). Das ist vielfach kritisiert worden. Daher hat das BAV Anträge von **Lebensversicherungsunternehmen** auf Einführung eines vergleichbaren Widerrufsrechts für Versicherungsanträge genehmigt. Das **Widerrufsrecht** beträgt mindestens **10 Tage,** innerhalb deren ein etwaiger Widerruf dem Versicherer zugehen muß. Damit beginnt auch die 6-wöchige Bindefrist erst nach Ablauf dieser 10-tägigen Frist. Das Widerrufsrecht soll grundsätzlich für alle kapitalbildenden Lebens- und Rentenversicherungen, die als Einzelversicherungen abgeschlossen werden, gelten. Die Lebensversicherungsunternehmen können es aber auch für andere Arten der Lebensversicherung, z.B. die Risikoversicherung vorsehen. Der Widerruf selbst muß **schriftlich** erfolgen.

Übersicht: Zustandekommen eines Versicherungsvertrages

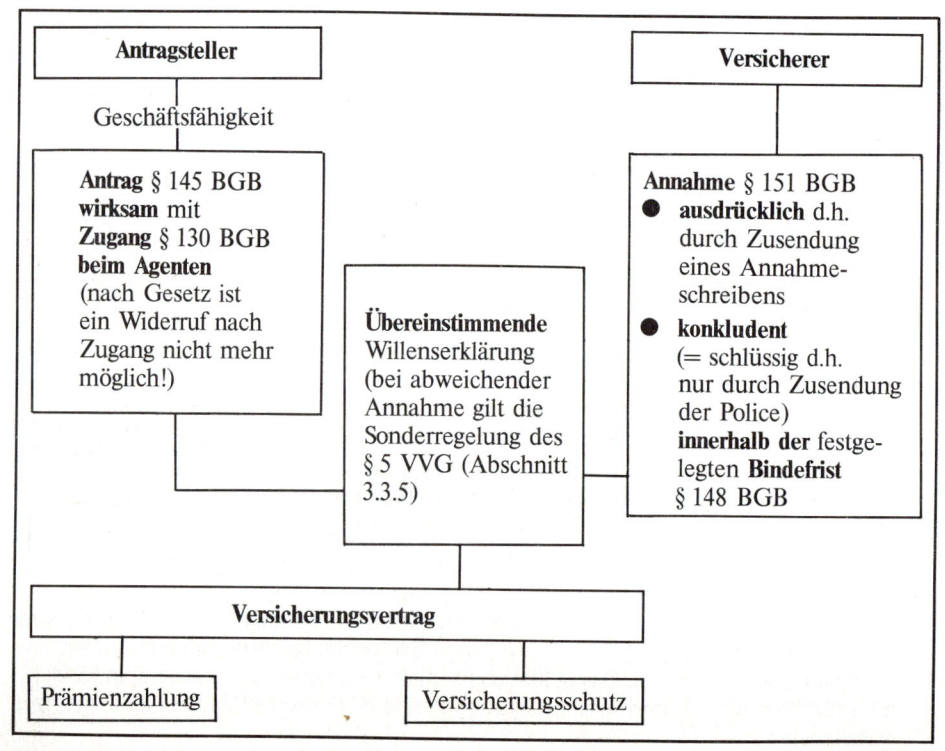

```
┌─────────────────────┐                              ┌─────────────────────┐
│   Antragsteller     │                              │     Versicherer     │
└──────────┬──────────┘                              └──────────┬──────────┘
           │ Geschäftsfähigkeit                                 │
┌──────────┴──────────┐                              ┌──────────┴──────────┐
│ Antrag § 145 BGB    │                              │ Annahme § 151 BGB   │
│ wirksam mit         │                              │ ● ausdrücklich d.h. │
│ Zugang § 130 BGB    │                              │   durch Zusendung   │
│ beim Agenten        │                              │   eines Annahme-    │
│ (nach Gesetz ist    │                              │   schreibens        │
│ ein Widerruf nach   │   ┌─────────────────────┐    │                     │
│ Zugang nicht mehr   │   │   Übereinstimmende  │    │ ● konkludent        │
│ möglich!)           ├───┤   Willenserklärung  ├────┤   (= schlüssig d.h. │
│                     │   │ (bei abweichender   │    │   nur durch Zusendung│
│                     │   │  Annahme gilt die   │    │   der Police)       │
│                     │   │ Sonderregelung des  │    │ innerhalb der festge-│
│                     │   │ § 5 VVG (Abschnitt  │    │ legten Bindefrist   │
│                     │   │ 3.3.5)              │    │ § 148 BGB           │
└─────────────────────┘   └──────────┬──────────┘    └─────────────────────┘
                                     │
                          ┌──────────┴──────────┐
                          │ Versicherungsvertrag│
                          │ ┌──────────┐ ┌────────────────┐
                          │ │Prämien-  │ │Versicherungs-  │
                          │ │zahlung   │ │schutz          │
                          │ └──────────┘ └────────────────┘
                          └─────────────────────┘
```

Allvita Lebensversicherungs-AG **Allvita AG**

Muster

Lebensversicherung

MIT DYNAMISCHEM ZUWACHS VON LEISTUNG UND BEITRAG
KAPITALZAHLUNG IM TODES- UND ERLEBENSFALL
ZUSAETZLICHE KAPITALZAHLUNG IM TODESFALL
RENTENWAHLRECHT
BEITRAGSFREIHEIT BEI BERUFSUNFAEHIGKEIT

VERSICHERUNGS-NR.
111719002

DIE ALLVITA LEBENSVERSICHERUNGS-AG VERSICHERT DIE NACHSTEHEND GENANNTE VERSICHERTE PERSON AUF GRUND DER EINGEREICHTEN SCHRIFTLICHEN ERKLÄRUNGEN ZU DEN IN DIESEM VERSICHERUNGSSCHEIN UND SEINEN ANHÄNGEN ENTHALTENEN BEDINGUNGEN.

VERSICHERTE PERSON
HERR PETER SCHECK
8035 UNTERBRUNN   GEB. AM 26.05.1947

VERSICHERUNGSNEHMER
IST DIE VERSICHERTE PERSON.

VERSICHERTE SUMME
30.000,00 DM

TARIF L2Z2B   MIT GEWINNBETEILIGUNG IM GEWINNVERBAND L

BEITRAG MONATLICH   88,20 DM

VERSICHERUNGSDAUER 33 JAHRE   BEITRAGSZAHLUNGSDAUER 33 JAHRE
DIE FÄLLIGKEIT DER VERSICHERTEN LEISTUNGEN IST IM ANHANG ANGEGEBEN
BEGINN DES 1. VERSICHERUNGSJAHRES 01.04.1979
BEGINN DES VERSICHERUNGSSCHUTZES S. § 1 DER ALLGEM. VERSICHERUNGSBEDINGUNGEN
ABLAUFTERMIN DER VERSICHERUNG 01.04.2012

BEZUGSRECHT

FUER DAS BEZUGSRECHT SIND DIE IM ANTRAG ZU DIESER VERSICHERUNG ODER SPAETER GETROFFENEN VERFUEGUNGEN MASSGEBEND.

Allvita Lebensversicherungs-AG

STUTTGART, DEN 27.03.1979

AN DEN ROT ANGESTRICHENEN STELLEN UND IN DEN PUNKTEN DIE IN DEN MIT DEM VERSICHERUNGSSCHEIN FEST VERBUNDENEN ERKLÄRUNG DES VERSICHERERS EINZELN GEKENNZEICHNET SIND WEICHT DER VERSICHERUNGSSCHEIN VOM ANTRAG AB WENN NICHT INNERHALB EINES MONATS NACH EMPFANG DES VERSICHERUNGSSCHEINES SCHRIFTLICH WIDERSPROCHEN WIRD GELTEN DIE ABWEICHUNGEN ALS GENEHMIGT

3.3.4 Versicherungsschein (Police)

<small>VVG
§ 3 Abs. 1</small>

Obwohl der Versicherungsvertrag nicht formbedürftig ist, ist der Versicherer **verpflichtet,** dem Versicherungsnehmer eine **Urkunde** über den abgeschlossenen Versicherungsvertrag auszuhändigen.

<small>Aus Rationalisierungsgründen ist die Nachbildung der eigenhändigen Unterschrift des Versicherers (Faksimile) ausreichend.</small>

Der Zweck der Police ist es, die im Versicherungsvertrag getroffenen Vereinbarungen wiederzugeben.

Der Versicherungsschein ist stets **Beweisurkunde,** die die **widerlegbare Vermutung der Richtigkeit** und der Vollständigkeit der vom Versicherer abgegebenen Erklärungen begründet. Der Inhalt der Police gilt demnach als richtig und vollständig, es sei denn, der Versicherungsnehmer könnte beweisen, daß etwas anderes vereinbart worden ist.

Weitere Bedeutung besitzt der Versicherungsschein als:

a) Schuldschein
- **einfacher** Schuldschein; der Versicherer kann vom Anspruchsteller verlangen, daß dieser die Police im Leistungsfall vorlegt und nach Beendigung des Versicherungsvertrages zurückgibt.

<small>BGB
§ 371
VVG
§ 4 Abs. 2</small>

- **qualifizierter** Schuldschein; liegt eine vertragliche Regelung vor, wonach die Rückgabe zu erfolgen hat, so muß sogar der Versicherer die Leistung von der Rückgabe der Police abhängig machen.

   Beispiel aus den AVB:

   > Der Versicherer hat nur gegen Rückgabe des Versicherungsscheines zu leisten.

   Hier eignet sich der Versicherungsschein als Mittel der **Kreditsicherung,** denn der Versicherungsnehmer kann ihn **verpfänden** und der Kredit**geber** ist geschützt, weil der Versicherer an den Versicherungsnehmer, wenn dieser den Versicherungsschein nicht zurückgibt **nicht** mit befreiender Wirkung leisten kann.

b) Ausweispapier (Legitimations- oder „hinkendes" Inhaberpapier)

<small>BGB
§ 808

ALB § 13

VVG
§ 4 Abs. 1</small>

Grundsätzlich ist davon auszugehen, daß ein Versicherungsschein nur **Beweisurkunde** und Schuldschein sein soll (**Sachversicherung**). Wird er jedoch ausnahmsweise auf den Inhaber ausgestellt, so kann er nur ein sogen. „hinkendes Inhaberpapier" nach § 808 BGB sein. In der **Lebensversicherung** ist dies möglich. Mit der Inhaberklausel gilt dort die Vereinbarung, daß der Versicherer demjenigen, der den Versicherungsschein vorweist, als Berechtigten ansehen darf, über die Ansprüche aus dem Versicherungsvertrag zu verfügen und die Entschädigungsleistung des Versicherers in Empfang zu nehmen.

Man spricht vom sogenannten „hinkenden Inhaberpapier", denn der Versicherer ist andererseits auch dem Inhaber gegenüber berechtigt, den Nachweis der Verfügungs- und Empfangsberechtigung zu verlangen.

Beispiel:

> Der Lebensversicherer **kann** die Versicherungssumme bei der Lebensversicherung **ohne Bezugsberechtigung** an die Person (Inhaber) zahlen, die den Versicherungsschein vorlegt, d.h. er braucht keine Erben zu ermitteln. Nur wenn die Police von einen offenbar nicht Berechtigten vorgewiesen wird, darf der Versicherer nicht leisten, da er sonst wider besseres Wissen bzw. entgegen Treu und Glauben handeln würde. Der Inhaber kann seinerseits die Leistung nur dann verlangen, wenn er sein Gläubigerrecht dartut, ggf. durch Vorlage des Erbscheins. Schließlich kann der Versicherer mit befreiender Wirkung auch an den materiell berechtigten Nichtinhaber leisten.

c) Wertpapier

Policen können in seltenen Fällen (**Transportversicherung**) echte Wertpapiere und zwar **Order- oder Inhaberpapiere** sein.

- Als Orderpapiere gehen die Rechte aus dem abgeschlossenen Transportversicherungsvertrag durch Übergabe der Police und Übertragungsvermerk auf der Rückseite (Indossament) vom bisherigen Eigentümer und Versicherungsnehmer der Ware auf den Käufer (Versicherten) über. HGB
§ 363 Abs. 2
- Das Verbot des § 4 VVG, den Versicherungsschein als echtes Inhaberpapier auszustellen, gilt nicht für die Transportversicherung. Daher trägt hier die Police den Vermerk: „Für Rechnung wen es angeht". Ein solches Inhaberpapier hat für den Geschäftsverkehr den Vorteil leichter Übertragbarkeit, d.h. formlos einfach durch Einigung und Übergabe. Hier muß der Schuldner an jeden leisten, der den Schuldschein vorlegt. Er leistet aber auch in jedem Fall mit befreiender Wirkung. VVG
§ 4 Abs. 1
§ 186
BGB
§ 929

3.3.5 Billigungsklausel

Der Inhalt der Police kann vom Antrag abweichen. Nach **BGB**-Recht gilt eine abweichende Annahme eines Antrags auf Vertragsabschluß grundsätzlich als neuer Antrag. Diese Regelung wird aber den Besonderheiten des Versicherungsgeschäftes als Massengeschäft nicht gerecht. Daher sieht das **VVG** eine **Spezialregelung** vor, **nach der das „Änderungsangebot" (Abweichung) des Versicherers dann als genehmigt gilt, wenn der Versicherungsnehmer nicht innerhalb eines Monats nach Policenempfang schriftlich widerspricht.** Innerhalb der Monatsfrist kann der Widerspruch auch noch nach Zahlung der Prämie oder Eintritt des Versicherungsfalles erfolgen. BGB
§ 150 Abs. 2
VVG
§ 5 Abs. 1

Im Zusammenhang mit der Billigungsklausel gilt die Prämienzahlung in policierter Höhe also nur insoweit als „konkludente" Annahme eines neuen Antrags, als sie den Versicherungsschutz rechtzeitig zum policierten Beginn sicherstellen soll. Dem Versicherungsnehmer bleibt aber unbenommen, den Vertrag durch rechtzeitigen Widerspruch wieder zu Fall zu bringen. Ein Recht, daß er sicherlich dann nicht wahrnehmen wird, wenn zwischenzeitlich der Versicherungsfall schon eingetreten ist. BGB
§ 151 Abs. 2

Beispiel:

> Ein Versicherungsnehmer beantragt am 10.03. eine Versicherung, die am 01.04. beginnen soll. Der VN erhält am 20.03. die Police, die in 2 Punkten vom Antrag abweicht. Am 08.04. bezahlt der VN die Prämie in policierter Höhe. Am 12.04. tritt der Versicherungsfall (Brandschaden!) ein.
>
> Damit rechtzeitig, hier spätestens mit der Prämienzahlung, Versicherungsschutz besteht, gilt hier die Prämieneinzahlung insoweit als schlüssige Annahme des Versicherungsnehmers, als dann auch Versicherungsschutz für den Versicherungsfall vom 12.04. beansprucht werden kann. Natürlich ist der Versicherungsnehmer auch in der Lage, unter Verzicht auf entsprechenden Versicherungsschutz, den Vertrag einseitig bis zum Ablauf der Widerspruchsfrist am 20.04. rückwirkend wieder aufzuheben.

a) **Arten der Abweichung**

Eine Abweichung i.S. des § 5 VVG liegt vor, wenn der Versicherer:
- mit Vorlage der Police die Annahme des Antrags zwar rechtzeitig erklärt, aber **vom Antrag abweicht** (z.B. andere als die beantragten Prämiensätze, Risikoausschlüsse usw.) oder
- „vorher" den Antrag durch eine gesonderte Annahmebestätigung schon rechtzeitig antragsgemäß angenommen hatte und erst später im nachgereichten Versicherungsschein **von den getroffenen Vereinbarungen** abweicht.

Keine Abweichung liegt vor, wenn in der Police übliche Lücken des Antrags durch die übliche Regelung (z.B. Tarifprämie) ausgefüllt werden.

Die Abweichung ist schließlich rechtlich unerheblich, wenn sie den Versicherungsnehmer ausschließlich günstiger stellt.

b) **Rechtsfolgen der Abweichung bei ordnungsgemäßer Belehrung**

Hat der Versicherer den Versicherungsnehmer ordnungsgemäß bei Aushändigung des Versicherungsscheins darüber belehrt, daß Abweichungen als genehmigt gelten, wenn der Versicherungsnehmer nicht innerhalb eines Monats nach Empfang des Versicherungsscheins schriftlich widerspricht, dann entscheidet der Versicherungsnehmer durch sein Verhalten über das weitere Schicksal des Versicherungsverhältnisses. VVG
§ 5 Abs. 2

Widerspricht der Versicherungsnehmer **rechtzeitig** (innerhalb eines Monats nach Policenzugang), so ist

- bei einer **Antragsabweichung** kein Vertrag zustande gekommen,
- bei einer **Abweichung** von den **getroffenen Vereinbarungen** der Inhalt des vom Versicherer schon vorher angenommenen Antrag auch weiterhin gültig, d.h. es bleibt bei einem Versicherungsvertrag auf der Grundlage des Antrags. Da die Police unrichtig ist, kann der Versicherungsnehmer eine neue, d.h. antragsgemäße Police verlangen.

<small>BGB § 150 Abs. 2</small>

Widerspricht der Versicherungsnehmer **nicht** oder **nicht rechtzeitig**, so ist ein Versicherungsvertrag auf der Grundlage des Policeninhalts zustandegekommen. Damit ist der eigentliche Zweck der Billigungsklausel - Schweigen ausnahmsweise als Annahme - erreicht.

<small>VVG § 5 Abs. 3</small>

c) Rechtsfolgen der Abweichung bei nicht ordnungsgemäßer Belehrung

Hat der Versicherer allerdings den Versicherungsnehmer **nicht** ordnungsgemäß, d.h. **in auffälliger Weise** belehrt – ein in der Praxis sicherlich seltener Fall –, so ist ein Versicherungsvertrag auf der Grundlage des Antrages zustandegekommen, die Police ist zu berichtigen.

Beispiel für eine ordnungsgemäße Belehrung in der Police

„An den rot kenntlich gemachten Stellen weicht der Versicherungsschein von dem Antrag ab. Wenn nicht innerhalb eines Monats nach Empfang der Police schriftlich widersprochen wird, gelten die Abweichungen als genehmigt."

Zusammenfassung und Übersicht

Der VN wurde ▶	ordnungsgemäß belehrt		▶ nicht ordnungsgemäß belehrt
	VN widerspricht rechtzeitig:	VN widerspricht **nicht** rechtzeitig:	
Abweichungen vom Antrag	kein Vertrag		**Vertrag**, Inhalt des **Antrages** ist maßgebend
Abweichungen von den getroffenen Vereinbarungen	**Vertrag**, **Antragsinhalt** gilt weiter (Versicherungsschein muß berichtigt werden)	**Vertrag**, Inhalt des **Versicherungsscheins** gilt	(Versicherungsschein muß berichtigt werden)

3.4 Rechtsnatur des Versicherungsvertrages

Der Versicherungsvertrag ist:

<small>VVG § 192 Abs. 1</small>

- Ein **zweiseitiges** Rechtsgeschäft, da sich die Willenserklärung, die der Versicherungsnehmer abgibt (Antrag) mit der Willenserklärung des Versicherers (Annahme) deckt. Fehlt es an zwei Beteiligten, so liegt rechtlich keine Versicherung vor. Eine Selbstversicherung führt zu keinem Vertrag. Auch dann liegt kein Vertrag vor, sofern ein Versicherungsverhältnis unmittelbar kraft Gesetzes entsteht, z.B. kraft Landesrechtes bei einigen öffentlich-rechtlichen Feuerversicherungseinrichtungen.

<small>VVG § 1 BGB §§ 241-432</small>

- Ein **schuldrechtlicher** Vertrag, da der Versicherungsnehmer berechtigt ist, vom Versicherer eine Leistung zu fordern und der Versicherer einen Prämienanspruch hat. Das Recht der Schuldverhältnisse aus dem Bürgerlichen Recht ist hiernach auf Versicherungsverhältnisse ergänzend anzuwenden.

- Nach der **Geldleistungstheorie kein gegenseitiger Vertrag,** weil die Leistung des Versicherers erst nach Eintritt des Versicherungsfalles zu erbringen ist. Denkt man an die Schadensversicherung (z.B. Feuerversicherung), so kann festgestellt werden, daß der Versicherungsfall bestimmt nicht bei jedem Versicherungsvertrag bzw. in jeder Versicherungsperiode, für die der Versicherungsnehmer seine Prämie als Gegenleistung entrichtet hat, eintritt.
    VVG § 1

- Nach der **herrschenden Gefahrtragungstheorie** erbringt der Versicherer bereits mit der Annahme des Antrages eine Leistung; denn er übernimmt die Gefahr, d.h. er trägt das Risiko. **Gefahrtragung** heißt: bindende Übernahme einer durch den Eintritt des Versicherungsfalles bedingten Entschädigungspflicht. Die Anhänger der Gefahrtragungstheorie bejahen somit einen **gegenseitigen Vertrag.** Der Gefahrtragungstheorie entspricht es, daß dem Versicherer auch dann die Prämie gebührt, wenn das Versicherungsverhältnis durch Anfechtung oder Rücktritt (z.B. wegen schuldhafter Verletzung vorvertraglicher Anzeigepflichten) aufgelöst wird.
    VVG § 40 Abs. 1

    Die Anhänger der Gefahrtragungstheorie stützen ihre Ansicht u.a. auch darauf, daß
    - im Versicherungsgesetz selbst der Begriff der Gefahrtragung erscheint und
    - der Versicherer bereits gewisse Handlungen, die sich während der Vertragsdauer und unabhängig von einem Leistungsfall ergeben, vorzunehmen hat, z.B. Rückversicherungsaufgaben.
    VVG § 68 Abs. 3

3.5 Versicherungsbeginn

3.5.1 Die verschiedenen Versicherungsbeginne

In den Antragsformularen ist eine Leerzeile vorgedruckt, in die der „Versicherungsbeginn" eingetragen werden muß. Gemeint ist damit – nach der bisherigen herrschenden Ansicht – der sogenannte **technische** Versicherungsbeginn. Denn in der Versicherungswirtschaft unterscheidet man verschiedene Arten des Versicherungsbeginns mit unterschiedlicher rechtlicher Bedeutung.

Beispiel:

> Der Versicherungsnehmer stellt am 20. 01. 85 den Antrag auf Abschluß einer Versicherung, die am 25. 01. 85 beginnen soll. Der Versicherer erklärt am 01. 02. 85 die Annahme der Versicherung durch Zugang der Police. Am 05. 02. 85 löst der Versicherungsnehmer die Police durch Zahlung der Erstprämie ein.

a) **Technischer Beginn**

   Technischer Beginn ist der Beginn des **prämienbelasteten Zeitraumes.** Von hier ab muß der Versicherungsnehmer die Prämie zahlen (25. 01. 85).

   Falls nicht die Prämie nach kürzeren Zeitabschnitten bemessen ist, dauert die Versicherungsperiode ein Jahr. Das Versicherungsverhältnis verlängert sich – sog. Verlängerungsklausel – jeweils um ein Jahr, wenn es nicht vor dem Ablauf gekündigt wird; eine längere Bindung wäre nichtig.
   VVG § 9 § 8 Abs. 1

b) **Formeller Beginn**

   Formeller Beginn ist der Zeitpunkt des **Vertragsabschlusses,** also der Annahme des Antrages durch den Versicherer (01. 02. 85).

c) **Materieller Beginn**

   Der materielle Beginn ist der **Haftungsbeginn** (Gefahrtragungsbeginn). (i. d. R. Erstprämie)
   In der Regel ist dieser vertraglich vereinbart und entspricht dem beantragten bzw. policierten Vertragsbeginn.

   Sollte ausnahmsweise in einem Vertrag der Haftungsbeginn nicht ausdrücklich festgelegt sein, geht das Gesetz mit § 7 VVG davon aus, daß dann die Haftung am Mittag des Tages beginnen soll, an dem der Vertrag abgeschlossen wird (formeller = materieller Beginn).
   VVG § 7

§ 38 Abs. 2

Der **tatsächliche Haftungsbeginn** kann sich aber erheblich verzögern, da im Regelfall auch die **Einlösungsklausel des § 38 Abs. 2** gilt. Diese macht den Haftungsbeginn grundsätzlich davon abhängig, daß der Versicherungsnehmer die **Erstprämie** gezahlt hat **(strenges Einlösungsprinzip)**. In Verbindung mit § 7 beginnt dann die Haftung mangels einer genauen vertraglichen Uhrzeitangabe erst am Mittag des Tages, an dem die Zahlung der Erstprämie erfolgt.

Beispiel:

> Unser Versicherungsnehmer aus dem o.a. Beispiel zahlt am 05. 02. 85 um 16.30 Uhr die Erstprämie mit Hilfe einer Zahlkarte am Postschalter ein. Die Haftung beginnt dann am 05. 02. 85 um 12 Uhr.
> Wäre dagegen die Policenzustellung und die Prämienzahlung vor dem 25. 01. erfolgt, bestünde Versicherungsschutz antragsgemäß schon ab 25. 01., 12 Uhr.

In der Krankenversicherung wird der Haftungsbeginn allerdings durch sogenannte Wartezeiten aufgeschoben. Um den Versicherer vor einer Leistungspflicht für Krankheiten zu schützen, die bei dem Versicherungsnehmer zum Zeitpunkt des Versicherungsabschlusses bereits vorgelegen haben.

Neue Perspektiven zu den verschiedenen Versicherungsbeginnen liefert allerdings ein Grundsatzurteil des Bundesgerichtshofes vom 16. 06. 82.

Der BGH hatte darüber zu entscheiden, was als **Versicherungsbeginn im Zusammenhang mit der Antragstellung** zu verstehen ist. Der BGH ist der Meinung, daß dem durchschnittlichen Versicherungsnehmer, der über keine versicherungsrechtlichen Spezialkenntnisse verfügt, nach der Lebenserfahrung der Gedanke vollkommen fern sein, daß unter „**Vertragsbeginn**" etwas anderes zu verstehen ist als der **Beginn des Versicherungsschutzes**.

In der Praxis bedeutet das, daß der Versicherer im Zweifelsfall „Ungenauigkeiten" zur Begriffsauslegung gegen sich gelten lassen muß, d.h. daß in einem solchen Fall unabhängig von einer entsprechenden Vereinbarung der technische mit dem materiellen Beginn zusammenfällt (Abschnitt 3.5.2). Anderes käme nur für die Lebens- und Krankenversicherung in Betracht.

Das Urteil wird daher auch erhebliche Auswirkungen auf das Formularwesen, die interne Abwicklung von Anträgen haben, denn anders wird der Zusammenhang mit dem Haftungsbeginn das Einlösungsprinzip kaum weiter aufrecht erhalten werden können.

d) Rückdatierung

Man spricht von Rückdatierung, wenn der **technische** Versicherungsbeginn vor den **formellen** gelegt wird und sich damit für den VN Vorteile bieten, die außerhalb der Gefahrentragung des VR liegen. Im Interesse dieser Vorteile nimmt es der VN in Kauf, **Prämien für die Vergangenheit** zu zahlen, obwohl **Versicherungsschutz nur für die Zukunft** geboten wird.

Rückdatierungen sind z.B. möglich:

- in der **LebensV.** und in der **KrankenV.**, um ein günstigeres Eintrittsalter zu erreichen, damit der Prämiensatz geringer wird, steuerliche Vorteile (Sonderausgabenabzug) und früheres Einsetzen der Gewinnbeteiligung in der Lebensversicherung bzw. der Wartezeiten in der Krankenversicherung kommen hinzu.

- in der **KFZ-Versicherung** wird der Vertrag vielfach bis zur Jahresmitte rückdatiert, um bei Unfallfreiheit zu Beginn des folgenden Jahres bereits das Aufrücken in eine günstigere Schadenfreiheitsklasse zu ermöglichen.

VVG
§ 2

3.5.2 Sonderregelungen für den Beginn des Versicherungsschutzes

a) Rückwärtsversicherung

Wird nicht nur der **technische,** sondern auch der **materielle** Beginn vor den **formellen** Beginn gelegt, spricht man von einer Rückwärtsversicherung.

Beispiel:

> Ein Architekt beantragt am 10.09.89 eine **Berufshaftpflichtversicherung.** Der materielle Beginn (Beginn des Versicherungsschutzes) soll aber bereits der 01.03.85 sein, da der Architekt schon zu diesem Zeitpunkt seine berufliche Tätigkeit aufnahm. Der VR nimmt den Antrag am 01.10.89 an.

Eine rückwärtige Deckung ist deshalb beantragt worden, weil in der reinen **Vermögensschadenshaftpflicht V.** entscheidend für den Versicherungsschutz ist, daß der **Verstoß** in den Versicherungszeitraum fällt (z.B. schuldhaft falsche Pläne/Berechnungen des Architekten im Bezug auf schon fertig gestellte Bauobjekte) und **nicht** – wie in der Allgemeinen Haftpflichtversicherung – **das Schadensereignis,** das durch den vorangegangenen Verstoß später ausgelöst wird.

Geregelt wird die Rückwärtsversicherung im § 2 VVG. Sie darf nur unter der Voraussetzung vereinbart werden, daß **beide Parteien** über einen möglicherweise schon eingetretenen Versicherungsfall **subjektiv im Ungewissen** sind, d.h.

- Der VR weiß bei Abschluß des Vertrages **nicht,** daß der Eintritt des Versicherungsfalls bereits ausgeschlossen ist. Ansonsten hat der VR keinen Anspruch auf Prämie.
- Der VN weiß bei Abschluß des Vertrages **nicht,** daß der Versicherungsfall bereits eingetreten ist. Ansonsten ist der VR leistungsfrei, kann aber die Jahresprämie verlangen.

Der Sinn dieser Regelung liegt auf der Hand. Die Versichertengemeinschaft soll nicht mit einem Versicherungsanspruch belastet werden, der dem VN gar nicht zusteht.
Die Rückwärtsversicherung hat ihren Ursprung im Seerecht. Häufig waren Schiffe in Übersee zu versichern, von denen man am Ort der Versicherungsnahme nicht wußte, ob sie am Tag des Vertragsabschlusses entweder ihren Abfahrtshafen bereits verlassen und gegebenenfalls schon einen Schaden erlitten oder ihren Bestimmungshafen bereits unversehrt erreicht hatten. Mit Einführung der Telegraphie und dem Aufkommen schneller Dampfschiffe hat sie dann – im Hinblick auf die Voraussetzungen von § 2 VVG – ihre Bedeutung verloren. Anwendungen findet sie u.a. noch beim kombinierten Binnen-Seetransport, wenn Ware nach Abschluß des Landtransportes erst im Verschiffungshafen versichert wird, dann aber auch rückwirkend gegen **unerkannt** gebliebene Schäden des Landweges.

b) Die erweiterte Einlösungsklausel

Durch die erweitere Einlösungsklausel – die allerdings vertraglich (AVB) vereinbart sein muß – wird erreicht, daß der **technische** Beginn mit dem **materiellen** Versicherungsbeginn zusammenfällt. Vorausgesetzt, die Erstprämie wird **unverzüglich nach Erhalt** des Versicherungsscheins eingelöst.

Das kann zur Entstehung einer – wenn auch nicht ausdrücklich vereinbarten – Rückwärtsversicherung führen.

Beispiel:

> Am 29.01. beantragt ein VN für seine Schreinerei eine Feuerversicherung mit Versicherungsbeginn zum 01.02. Am 10.02. – also innerhalb der Bindefrist – erhält er antragsgemäß die Police. Die darin angeforderte Prämie zahlt der VN 2 Tage später am 12.02. durch Banküberweisung. Dem Vertrag liegen die AFB 87 zugrunde.

Da die AFB 87 die erweiterte Einlösungsklausel einschließen, beginnt hier der Versicherungsschutz rückwirkend ab technischem Beginn zum 01.02., d.h. vor der Einzahlung der Erstprämie am 12.02. und sogar vor dem Vertragsabschluß am 10.02.. Tritt z.B. ein Tag nach dem policierten Beginn – also am 02.02. – ein Versicherungsfall ein, ist der Versicherer leistungspflichtig, weil der VN hier die Prämie bedingungsgemäß unverzüglich nach Policenerhalt einzahlt. Da es sich bei § 2 VVG nicht um eine zwingende Vorschrift handelt, kann sich der Versicherer auch nicht auf Leistungsfreiheit berufen, weil dem VN der Versicherungsfall vom 10.02. bei Vertragsabschluß am 03.02. schon bekannt war. Die meisten AVB stellen diese Rechtslage auch ausdrücklich klar, indem sie darauf hinweisen, daß lediglich bereits bei Antragstellung bestehende Kenntnis des VN schadet.

Vergleich: Einlösungsklausel

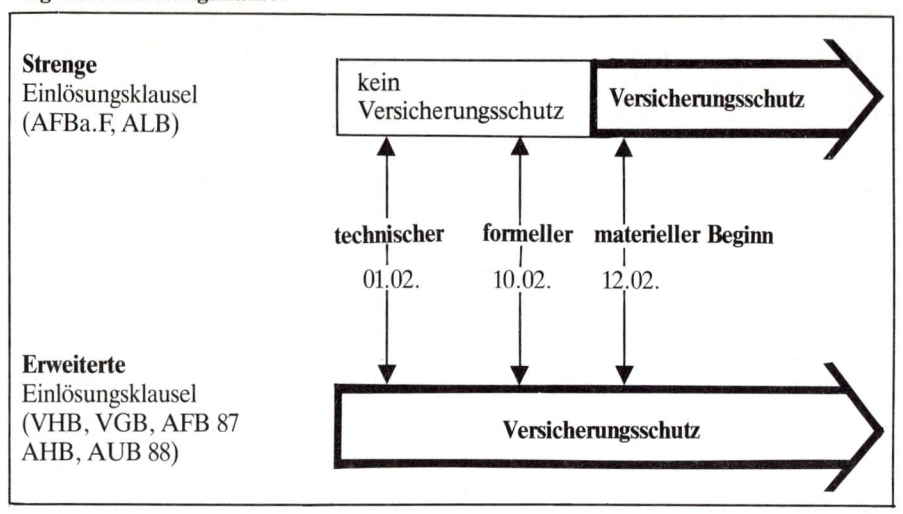

Strenge Einlösungsklausel (AFBa.F, ALB)	kein Versicherungsschutz → Versicherungsschutz
	technischer 01.02. — formeller 10.02. — materieller Beginn 12.02.
Erweiterte Einlösungsklausel (VHB, VGB, AFB 87 AHB, AUB 88)	Versicherungsschutz

Auszug aus dem VGB:

VGB
§ 10 Abs. 2

Die Haftung des Versicherers beginnt mit der Einlösung des Versicherungsscheines, jedoch nicht vor dem darin festgesetzten Zeitpunkt. **Wird die erste Prämie erst nach diesem Zeitpunkt eingefordert, alsdann aber ohne Verzug gezahlt, so beginnt die Haftung des Versicherers schon in dem festgesetzten Zeitpunkt.**
Unter dieser Voraussetzung haftet der Versicherer nach VHB, VGB auch für Versicherungsfälle, die nach dem festgesetzten Zeitpunkt, aber vor Annahme des Antrages eintreten. Ist jedoch dem Versicherungsnehmer bei Stellung des Antrages bekannt, daß der Versicherungsfall schon eingetreten ist, entfällt die Haftung.

c) Erteilung von Deckungszusagen

Eine vorläufige Deckungszusage wird erteilt, wenn zwischen Versicherer und Versicherungsnehmer über den Abschluß eines Versicherungsvertrages oder die Abänderung eines bestehenden Versicherungsvertrages soweit Einigung erzielt ist, daß der **künftige Abschluß in Aussicht genommen** werden kann, weil der endgültige Abschluß z.B. wegen fehlender Beurteilungsgrundlagen bzw. **Verzögerungen bei der Ausfertigung der Police** noch eine gewisse Zeit in Anspruch nehmen wird.

Durch die vorläufige Deckungszusage werden weder der Versicherer noch der Versicherungsnehmer daran gehindert den Abschluß des Vertrages abzulehnen. Das durch die **vorläufige Deckungszusage** geschaffene Rechtsverhältnis und der spätere Versicherungsvertrag **(Hauptvertrag)** sind zwei **selbständige** Rechtsverhältnisse, auch wenn die Prämie und die Zeit der vorläufigen Deckung in den Versicherungsschein einbezogen werden.

Die Haftung beginnt **sofort**, d.h. mit **Zugang der Zusage** beim Versicherungsnehmer, also auch vor Zahlung der Erstprämie aus dem Hauptvertrag.

Die Haftung **endet** wenn
- die Haftung aus dem **zustandegekommenen Hauptvertrag** beginnt
- die Vertragsverhandlungen **gescheitert** sind **(spätestens mit dem vereinbarten Fristablauf!)**
- **Zahlungsfristen** – in diesem Fall sogar **rückwirkend** – für ein eventuell erhobenen Beitragsvorschuß bzw. für die später angeforderte Erstprämie **nicht eingehalten werden.**

Allerdings stellen die Gerichte hohe Anforderungen an die Rechtsfolgenbelehrung durch den Versicherer, wenn wegen Nichteinhaltung der oben angeführten Zahlungsfristen die Haftung aus der vorläufigen Deckungszusage rückwirkend entfallen soll.

So muß der Versicherer bei der Anforderung der ersten Prämie auf die Rechtsfolgen der nicht fristgerechten Zahlung ausdrücklich hinweisen.

Die vorläufige Deckung soll am Beispiel der Kraftfahrtversicherung verdeutlicht werden.

Auszug aus den AKB:

Soll der **Versicherungsschutz schon vor Einlösung des Versicherungsscheins** beginnen bedarf es einer besonderen Zusage des Versicherers oder der hierzu bevollmächtigten Personen **(vorläufige Deckung).** Die Aushändigung der zur behördlichen Zulassung notwendigen Versicherungsbestätigung gilt nur für die Kraftfahrzeughaftpflichtversicherung als Zusage einer vorläufigen Deckung, **die mit der Einlösung des Versicherungsscheines endet.**

Sie tritt **rückwirkend** außer Kraft, wenn der Antrag **unverändert** angenommen, der Versicherungsschein aber **nicht spätestens innerhalb von 14 Tagen** eingelöst wird und der Versicherungsnehmer die Verspätung zu **vertreten** hat.

Der Versicherer ist berechtigt die vorläufige Deckung mit Frist von einer Woche schriftlich zu kündigen. Dem Versicherer gebührt in diesem Falle der auf die Zeit des Versicherungsschutzes entfallende anteilige Beitrag.

AKB § 1 Abs. 2

Jede Deckungszusage muß folgenden Erfordernissen genügen:
- In der Deckungszusage ist stets auf den gestellten Antrag Bezug zu nehmen. Der **Versicherungsnehmer** ist zu benennen.
- In der Deckungszusage muß die **Zeit** angegeben werden, für welche vorläufig Deckung gewährt wird.

Die Zusage der vorläufigen Deckung gilt fort, wenn der Versicherungsnehmer den ihm zugesandten Versicherungsschein nicht annimmt, weil er von seinem Antrag abweicht. Daher fehlt es an einer wirksamen Erstprämienanforderung, die die Rechtsfolgen des § 38 VVG auslösen könnte.

BGH 9. 8. 86

- Der Versicherungsort ist anzugeben.
- In der Deckungszusage ist auf die zugrunde liegenden **Versicherungsbedingungen** Bezug zu nehmen.
- Ist für die Gewährung der Deckungszusage ein Prämienvorschuß zu erheben, so ist in der Deckungszusage hierauf sowie auf die Folgen der Nichtzahlung hinzuweisen. Steht die Prämie bereits fest, so ist sie zu nennen.

Deckungszusagen sollen höchstens für die Dauer von 3 Monaten abgegeben werden.

Übersicht: Beginn der Versicherung

20. 01. 85	Der Versicherungsnehmer unterschreibt den Antrag und gibt ihn dem Versicherungsvertreter.	Beginn der Bindefrist (z.B. 1 Monat)
25. 01. 85	Mit diesem Tage soll die Versicherung beginnen	**technischer** Beginn = Prämienbeginn (Beginn des prämienbelasteten Zeitraumes)
	(s. Urteil des Bundesgerichtshofes vom 16. 06. 82)	Liegt erweiterte Einlösungsklausel vor, fällt der technische Beginn mit dem materiellen Beginn zusammen
01. 02. 85	Der Versicherer bestätigt die Annahme des Vertrags	**formeller** Beginn = Vertragsbeginn Annahme des Antrags (Vertragsabschluß)
05. 02. 85	Der Versicherungsnehmer zahlt die Erstprämie	**materieller** Beginn = Haftungsbeginn (Hauptvertrag), in der Regel erst mit Zahlung der Erstprämie aber nicht vor dem technischen Beginn (eine eventuell bestehende Haftung aus einer Deckungszusage erlischt)
01. 01. 85	Wünscht der Versicherungsnehmer, der am 20. 01. 85 den Antrag stellt, bereits Versicherungsschutz ab 01. 01. 85, dann liegt ein Antrag auf eine **Rückwärtsversicherung** vor.	Es besteht Versicherungsschutz ab 01. 01. 85

Vergleich:	**Vorläufige Deckungszusage** (VDZ)	**erweiterte Einlösungsklausel**
Rechtsgrundlage	rechtlich selbständiger Vertrag neben dem späteren Hauptvertrag	Klausel als Bestandteil des Vertrages
Versicherungsschutz	auch wenn Hauptvertrag nicht zustande kommt (Prämienabrechnung nach Kurztarif)	nur wenn der Vertrag zustande kommt und die Prämie unverzüglich nach Policenerhalt bezahlt wird

3.6 Gefahrtragungs- und Leistungspflicht des Versicherers

Damit beide Vertragsparteien sowohl während der Laufzeit des Vertrages als auch im Schadensfalle ihre Rechte und Pflichten aus dem Versicherungsvertrag erfüllen können, müssen sie die Gefahrtragungs- und Leistungspflicht des Versicherers erkennen. Dies setzt voraus: **das versicherte Risiko ist klar und verständlich zu beschreiben,** die zugesicherte Leistung ist eindeutig festzulegen und die Pflichten und Rechte sind genau zu definieren.

3.6.1 Risikobeschreibung

Das Risiko muß dem Grunde nach erfaßt werden, und zwar durch Beschreibung der versicherten Gefahren und Schäden. Dies erfolgt überwiegend in den AVB.

In der Schadensversicherung ist auch das versicherte Interesse, d.h. die Beziehung in der der Versicherte zu dem versicherten Gegenstand steht – klar zu umreißen. So besteht z.B. kein Versicherungsschutz für fremde eingelagerte Waren, wenn nur das Eigentümerinteresse gegen Feuer versichert war.

Beispiele:

In den allgemeinen **Feuer**versicherungsbedingungen wird der Brand als ein Feuer definiert, „das ohne einen bestimmungsmäßigen Herd entstanden ist oder ihn verlassen hat und das sich aus eigener Kraft auszubreiten vermag" (Schadenfeuer).

AFB 87
§ 1, Nr. 2

In der **Unfall**versicherung liegt ein Unfall vor, „wenn der Versicherte durch ein plötzlich von außen auf seinen Körper wirkendes Ereignis (Unfallereignis) unfreiwillig eine Gesundheitsschädigung erleidet".

AUB 88
§ 1 III

Beide Beispiele zeigen, daß sich die versicherte Gefahr in der Regel nicht im Wege einer sehr konkreten Begriffsbestimmung umschreiben läßt, wie etwa in der Lebensversicherung durch das Erleben eines bestimmten Zeitpunkts oder den Tod.

a) Risikobeschränkung

Innerhalb des beschriebenen Risikos **(primärer Risikoausschluß)** – wie im Beispiel der Feuer- oder Unfallversicherung – kann der Versicherer weitere Ausnahmen **(sekundäre Risikoausschlüsse)** aufstellen, wenn ihm die primäre Risikoabgrenzung in einzelnen Punkten – insbesondere unter dem Gesichtspunkt der Unversicherbarkeit bzw. der Unkalkulierbarkeit – zu weit geraten erscheint.

- **objektive** Risikoauschlüsse

    In der Schadensversicherung sind u.a. regelmäßig Schäden infolge **Krieg,** innere Unruhen, **Erdbeben** und Kernenergie ausgeschlossen.

    AUB 88
    § 21, Abs. 1

    Beispiele zu den spartenspezifischen Ausschlüssen:

    AUB: Wenn der Unfall durch einen Schlaganfall ausgelöst worden ist.
    AHB: Schäden an fremden Sachen, die der VN gemietet, geliehen, gepachtet hat (Obhutsklausel).

    AHB
    § 4, Abs. 1
    Nr. 6a

    Positiv wirkt sich hier für den Versicherungsnehmer aus, daß es grundsätzlich dem Versicherer obliegt, die Voraussetzungen eines Ausschlußtatbestandes nachzuweisen.

- **subjektive** Risikoausschlüsse

    Sie ergeben sich aus dem Verhalten des VN bzw. dem seiner Repräsentanten bzw. gesetzlichen Vertreter (Abschnitt 3.11.1). So ist im VVG für die Schadensversicherung ausnahmslos bestimmt, daß der Versicherer von der Verpflichtung zur Leistung frei ist, **wenn der Versicherungsnehmer den Versicherungsfall vorsätzlich oder grobfahrlässig herbeiführt.**

    § 61
    VVG

    Allerdings wird in der Haftpflichtversicherung dieser Risikoausschluß auf den Fall des Vorsatzes beschränkt.

    § 152
    VVG

    Beispiel:

    Der Versicherungsnehmer handelt grobfahrlässig, wenn er sein Auto einem übermüdeten oder angetrunkenen Fahrer überläßt (Risikoausschluß in der **Fahrzeugversicherung**).

    Mit dieser Regelung soll verhindert werden, daß der VN infolge des Versicherungsschutzes besonders sorglos mit dem versicherten Interesse umgeht bzw. sogar vorsätzlich den Versicherungsfall auslöst.

    In der LV ist der Versicherer nach VVG von der Leistung befreit, wenn der Versicherte Selbstmord begeht, es sei denn, daß die Tat im Zustand krankhafter Störung der Geistestätigkeit begangen wurde. Das vorsätzliche Vortäuschen des Versicherungsfalls ist darüber hinaus als „**Betrug**" strafbar. Der Spezialtatbestand des „**Versicherungsbetruges**" liegt vor, wenn eine versicherte Sache in Brand gesetzt oder der Untergang eines versicherten Schiffes herbeigeführt wird.

    § 169 VVG
    § 263 STGB
    § 265 STGB

b) Klarstellungen zur primären Risikoabgrenzung (nicht versicherte Grenzfälle.)

Wenn es zweifelhaft ist, wo die Grenze des definierten Risikobegriffs verläuft, werden in den Versicherungsbedingungen mitunter Grenzfälle ausdrücklich erwähnt.

Beispiele:

> In der **Feuer**versicherung wird klargestellt, daß Sengschäden, die nicht durch einen Brand entstanden sind, nicht unter den Versicherungsschutz fallen (Bagatellschäden). Das gleiche gilt in den **Unfall**versicherungsbedingungen für Vergiftungen infolge Einnahme fester oder flüssiger Stoffe durch den Schlund.

c) Ergänzung zur primären Risikoabgrenzung (versicherte Grenzfälle)

Mitunter ist die Umschreibung der Gefahr zu eng, so daß es ergänzender Bestimmungen bedarf, weil sonst der Versicherungsschutz zu stark entwertet wäre.

Beispiel:

> Als **Unfall** gilt auch, wenn durch eine erhöhte Kraftanstrengung an Gliedmaßen oder Wirbelsäule (1) ein Gelenk verrenkt wird oder (2) Muskeln, Sehnen, Bänder oder Kapseln gezerrt oder zerrissen werden.

3.6.2 Art und Umfang der Leistung

a) Summenversicherung

VVG § 1

Bei der **Lebensversicherung** und der **Unfallversicherung** sowie bei anderen Arten der Personenversicherung ist der Versicherer verpflichtet, nach dem Eintritt des Versicherungsfalles den **vereinbarten Betrag** an Kapital oder Rente zu zahlen oder die sonst vereinbarte Leistung zu bewirken.

b) Schadenversicherung

VVG § 1

Bei der **Schadenversicherung** ist der Versicherer verpflichtet, nach dem Eintritt des Versicherungsfalles dem Versicherungsnehmer **den dadurch verursachten Vermögensschaden** nach Maßgabe des Vertrages zu ersetzen.

Der Versicherer hat den **Schadensersatz in Geld** zu leisten. Ein Naturalersatz kann in den Bedingungen geregelt werden, weil die gesetzliche Bestimmung abbedungen werden kann.

Beispiel:

VVG § 49

> In der Haushaltglasversicherung werden abweichend von § 9 (1) AGl B ersatzpflichtige Schäden grundsätzlich in natura durch Liefern und Einsetzen von Gegenständen gleicher Art und Güte reguliert, d.h. den Reparaturauftrag erteilt der Versicherer.

3.6.3 Versicherungssumme

Die Versicherungssumme wird vom Versicherungsnehmer meist als fester Betrag, aber auch variabel oder indexabhängig festgelegt. Es besteht auch die Möglichkeit, die Angleichung der Versicherungssumme an die steigenden Versicherungswerte zu automatisieren (Angleichungs- oder Anpassungsklausel).

Eine Sonderform im Bereich der Industriefeuerversicherung stellt die „Stichtagssumme" dar (Vorratsvers.).

Die Versicherungssumme hat mehrere Funktionen: In der **Summenversicherung** bedeutet die Versicherungssumme die vom Versicherer nach Eintritt des Versicherungsfalles zu erbringende Leistung.

In der **Schadensversicherung** ist die Versicherungssumme generell die Obergrenze der Ersatzleistung. Darüber hinaus muß der Versicherer die Aufwendungen, die der Versicherungsnehmer für die Abwendung und Minderung des Schadens macht, erstatten, auch wenn sie erfolglos bleiben.

VVG
§ 50

VVG
§§ 62, 63

Der Versicherer hat Aufwendungen, die der Versicherungsnehmer auf Weisungen des Versicherers hin gemacht hat, auch insoweit zu ersetzen, als sie zusammen mit der übrigen Entschädigung die Versicherungssumme übersteigen.

Beispiel:

Der Versicherer ordnet bei einem Brandschaden an einem Gebäude die Errichtung eines Notdaches an, damit die Gebäudereste, die zum Wiederaufbau verwandt werden müssen, nicht durch die Witterung Schaden erleiden.

Begrenzung der Entschädigung:

a) **Überversicherung**
Übersteigt die Versicherungssumme den Versicherungswert erheblich, liegt eine Überversicherung vor. In diesem Falle können beide Versicherungspartner die **Herabsetzung** der Versicherungssumme unter verhältnismäßiger Minderung der Prämie mit **sofortiger** Wirkung verlangen, damit Vollwertversicherung (Vers.summe = Vers.wert) besteht.

VVG
§ 51

§ 55

Wurde jedoch der Vertrag in **betrügerischer Absicht** geschlossen, so ist er **nichtig**. Den Beweis für die betrügerische Absicht hat der Versicherer zu führen; dem Versicherer gebührt die Prämie bis zum Schluß der Versicherungsperiode, in welcher er von der unredlichen Absicht des Versicherungsnehmers erfährt.

Im Versicherungsvertragsgesetz selbst ist darüber hinaus ein **allgemeines** Bereicherungsverbot nicht ausdrücklich vorgesehen; es stammt aus der Begründung zum Gesetz und ist geltendes Recht. Durch dieses Verbot soll der Versicherer geschützt werden (subjektives Risiko). Es soll kein Anreiz für die Herbeiführung eines Versicherungsfalles durch den Versicherungsnehmer geschaffen werden, der sich sonst strafbar machen würde.

Beispiel:

Der Versicherungsnehmer A, der ein Haus im Werte von 500.000,- DM besitzt, versichert dieses gegen Feuerschäden in Höhe von 750.000,- DM.
Würde er in einem Schadensfall den letztgenannten Betrag ausgezahlt erhalten, wäre der Anreiz groß, das Haus selbst anzuzünden.

In diesem Zusammenhang sind die Bedingungen zur **Neuwertversicherung** anzusprechen. Diese Bedingungen sehen vor, daß der Versicherungsnehmer in einem Schadensfall den Wiederaufbauwert (also ohne Abzug für Alter und Abnutzung) erhält. Heute steht man auf dem Standpunkt, daß darin eine **gewisse Bereicherung** zu sehen ist, die jedoch durch folgende Bestimmungen in den Neuwertbedingungen eingeengt wird (und somit das subjektive Risiko mindern):

VGB 88
§ 15 Nr. 4

– In einem Schadensfall wird **zunächst nur die Zeitwertentschädigung** an den Versicherungsnehmer ausgezahlt und nur dann erhält er den Neuwertanteil, wenn die Zeitwertsumme verbaut ist und der Neuwertanteil noch benötigt wird (in der Hausrat V./VBH 84 erfolgt dagegen die Neuwertentschädigung unabhängig von einer Wiederbeschaffung)

AFB 87
§ 11 Nr. 5

– der Versicherungsnehmer muß den vernichteten Gegenstand in **vergleichbarem** Zustand (Haus) **wieder herstellen,** z.B. kann er für eine vernichtete Scheune kein Wohnhaus errichten, sondern nur wieder eine Scheune und

– der Versicherungsnehmer hat **innerhalb von drei Jahren** den Neuwertanteil zu verbrauchen, sonst ist er verfallen (in der Fahrzeugversicherung innerhalb von 2 Jahren).

AKB
§ 13 Abs. 10

b) **Unterversicherung**
Ist die Versicherungssumme niedriger als der Versicherungswert zur Zeit des Eintritts des Versicherungsfalles liegt eine Unterversicherung vor. Bei einem Totalverlust der versicherten Sachen ist nur die Versicherungssumme, bei teilweiser Vernichtung der Schaden nur im Verhältnis der Versicherungssumme zum Versicherungswert zu ersetzen.

VVG
§ 56

Beispiel:

Der Versicherungsnehmer hat seinen Hausrat mit DM 100.000,- gegen Feuer versichert. Am Schadenstag beträgt jedoch der Versicherungswert DM 200.000,-. Tritt nun ein Schaden in Höhe von DM 50.000,- ein, so erhält der Versicherungsnehmer nur eine Entschädigung von

$$E = \frac{\overset{\text{(Vers.Summe)}}{100.000} \times \overset{\text{(Schaden)}}{50.000}}{\underset{\text{(Vers.-Wert)}}{200.000}} = 25.000 \text{ DM}$$

c) Besondere Regelungen zur Entschädigungsberechnung (Schadensversicherung)

– **Selbstbeteiligung**

Sie entspricht in ihrer Wirkung einer **bewußten Unterversicherung,** da dem VN bedingungsgemäß nur ein Teilbetrag des entstandenen Schadens ersetzt und somit die Leistung des Versicherers nach unten hin begrenzt wird.

<small>Die Vereinbarung kann in der Wahl des Tarifs (z.B. KrankenV.), in einer Klausel (z.B. Industrieklausel 1706 zu den AFB) oder in den AVB selbst (z.B VGB) getroffen sein.</small>

Formen der Selbstbeteiligung

VVG
§ 56

● Der VN trägt einen bestimmten **Prozentsatz** eines jeden Schadens selbst. Beträgt der Schaden z.B. DM 8.000,– und die Selbstbeteiligung 20%, so hat der VR nur DM 6.400,– zu vergüten, so daß der VN entsprechend § 56 VVG immer nur einen Teil seines Schadens vom Versicherer fordern kann.

§ 9 Nr. 2
AFB

<small>Es kann ihm sogar verboten sein, sich anderweitig bis zur vollen Höhe des Versicherungswertes zu versichern.</small>

Diese Form der Selbstbeteiligung gibt es nicht nur in der Sachversicherung (Vollwertprinzip), sondern auch in der Haftpflichtversicherung und sogar in der Krankenversicherung, dort ist sie aber i.d.R. auf einen absoluten Höchstbetrag begrenzt.

● Häufiger sind aber die **betragsmäßigen** Selbstbehalte in der Form der **Franchise.**

Man spricht von **Abzugsfranchise,** wenn bei der Schadensleistung des Versicherers ein **Selbstbehalt in fester Höhe** abgezogen wird, was sicherlich insoweit das Verantwortungsgefühl des Versicherungsnehmers stärkt, als er jetzt bemüht ist, durch schadensverhütende Maßnahmen und eigene Rücksichtnahme den Schadensfall zu vermeiden.

Der betragsmäßige Selbstbehalt kann sich dabei auf
    jeden Schadensfall z.B. in der KFZ/Vollkasko DM 650,– SB pro Schaden,
    die **Summe aller Schäden eines Versicherungsjahres,** z. B. in der KrankenV.
beziehen.

Weniger gebräuchlich ist die **Integralfranchise.** Hier werden Schäden **bis zu einem bestimmten Betrag nicht ersetzt, höhere aber in voller Höhe.** Diese Form der Franchise hat besondere Bedeutung in der Transportversicherung. Durch sie sollen Bagatellschäden von der Regulierung ausgeschlossen werden, was zur Einsparung von Verwaltungskosten führt und für den Versicherungsnehmer Prämienersparnis bedeutet.

<small>Ist in einem Versicherungsverhältnis eine Selbstbeteiligung vereinbart und tritt zugleich eine Unterversicherung auf, so wird von dem gemäß § 56 VVG verhältnismäßig begrenzten Schadensbetrag noch die Selbstbeteiligung abgezogen.</small>

– **Versicherung auf erstes Risiko**

Da der § 56 VVG abdingbares Recht beinhaltet, ist es möglich, daß Abmachungen getroffen werden, wonach die Gesellschaft ohne Rücksicht auf die Höhe des Ersatzwertes **bis**

zum Betrag der Versicherungssumme für den vollen Schaden haftet. Hier liegt dann eine Versicherung auf erstes Risiko vor.

Beispiele:

> Die Hausratsversicherung kann inzwischen auf Erstrisikobasis in der Weise abgeschlossen werden, daß jeder Schaden bis zur Höhe der Versicherungssumme voll ersetzt wird, wenn die Hausratsversicherungssumme im Verhältnis zur Wohnfläche eine bestimmte Mindesthöhe – in der Regel 1.000,– DM – erreicht.

_{VHB § 84 Klausel 834}

Während in der Aktivenversicherung (SachV.) die Versicherung auf erstes Risiko mit Rücksicht auf das Vollwertprinzip einer besonderen Vereinbarung bedarf, ist die Passivenversicherung (insbesondere HaftpflichtV.) ihrer Natur nach „Erstrisikoversicherung", da hier das Regulativ des Versicherungswertes fehlt.

– **Bruchteilversicherung** (Sachversicherung)

Von der Versicherung auf erstes Risiko unterscheidet sich die Bruchteilversicherung, die eine Vollwertversicherung darstellt, mit der Besonderheit, daß die Höchstgrenze der Haftung des Versicherers nicht die Versicherungssumme, sondern nur ein bestimmter, im voraus vereinbarter Teil der Versicherungssumme bildet.

Sie gilt nur in der LW- und ED-Versicherung ab einer bestimmten Grundversicherungssumme für **Einrichtungen** und **Waren.**

Beispiel:

> Von einem Warenlager im Werte von 1 Mio DM wird nur ein wertmäßig bestimmter Anteil von 25%, also 250.000,– DM in der Einbruchdiebstahlversicherung versichert, weil davon ausgegangen werden kann, daß der Eintritt des Versicherungsfalls in der Regel nicht alle versicherten Gegenstände betrifft.

3.6.4 Versicherungswert in der Schadensversicherung (SachV.)

Der Versicherungswert ist der Wert des **versicherten Interesses** zur Zeit des Eintritts des Schadensfalls. Nicht die Sache (das Haus, der Hausrat) selbst, sondern das Interesse an ihrer Erhaltung wird in der Schadensversicherung als Gegenstand der Versicherung angesehen und als „Wert der versicherten Beziehung" definiert (z.B. Eigentümerinteresse). Fehlt es an diesem Interesse oder fällt es weg, dann trägt der Versicherer kein Risiko.

Bezieht sich die Versicherung auf eine **Sache,** dann gilt der Wert der Sache als Versicherungswert, soweit nicht aus den Umständen sich ein anderes ergibt. Dies bedeutet, daß der Sachwert, gewöhnlich als gemeiner Wert oder Verkaufswert bezeichnet, den Ersatzwert darstellt, und zwar ohne Berücksichtigung eines **persönlichen Liebhaberwertes.** Statt des **Zeitwertes** ist bedingungsgemäß (z.B. VHB) häufig der **Neuwert** versichert. Der entgangene Gewinn wird von der Versicherung nicht gedeckt. In einigen Sparten besteht die Möglichkeit, dies zu versichern (Betriebsunterbrechungsversicherung).

_{VVG § 51}

_{§ 68}

_{§ 52}

<sub>Es besteht auch die Möglichkeit, einen **Sachinbegriff** (auch Sachgesamtheit genannt) zu versichern. Ein Sachinbegriff ist eine Mehrheit von beweglichen Sachen, die wegen ihrer Zweckgebundenheit im Verkehr als Einheit betrachtet werden und im Verkehr regelmäßig mit einem einheitlichen Begriff bezeichnet werden, wie z.B. Warenlager, Betriebseinrichtungen, landwirtschaftliches Inventar, Hausrat.
Gemäß § 54 VVG umfaßt die Versicherung eines Inbegriffs die jeweils zum Inbegriff gehörenden Sachen.</sub>

_{VVG § 54}

3.6.5 Leistungsermittlung in der Schadensversicherung

Durch seine Schadens**anzeige** (Obliegenheit) setzt der Versicherungsnehmer oder geschädigte Dritte das **Schadensermittlungsverfahren** in Gang. Er hat die erforderlichen Unterlagen beizubringen, die notwendig sind, um den Schaden nach Art und Umfang sachgerecht zu ermitteln. Die Beweislast trifft den Versicherungsnehmer. (Abschnitt 3.11.2 und 3.11.4)

_{VVG § 33, 34}

Versicherer und Versicherungsnehmer können sich über den Schadensumfang einigen oder sie lassen den Schaden von **Sachverständigen** abschätzen.

_{BGB § 779}

VVG § 64, 184	Dies geht wie folgt vor sich: Nachdem die Sachverständigen das Gutachten schriftlich erstellt haben, stellen sie es den Parteien zu. Die Feststellung, die von den Sachverständigen getroffen wurde, ist nicht verbindlich, wenn sie offenbar und erheblich (eine Abweichung von 10-15% hat das Reichsgericht als nicht erheblich angesehen) von der wirklichen Sachlage abweicht. Finden die Sachverständigen keine übereinstimmende Regelung, so ist der Obmann, der vor Beginn des Sachverständigenverfahrens gewählt werden soll, zur Entscheidung berufen.

3.6.6 Schadensermittlungskosten

VVG § 66	Der Versicherer hat die Kosten, welche durch die Ermittlung und Festsetzung des ihm zur Last fallenden Schadens entstehen, dem Versicherungsnehmer insoweit zu erstatten, als ihre Aufwendungen **den Umständen nach geboten** war. (Abschnitt 3.14.1)
VHB 84 AFB 87 VGB 88	Nach den neuen AVB in den Sachversicherungen kann die Durchführung des Sachverständigenverfahrens nicht mehr vom Versicherer durch einseitige Erklärungen gegenüber dem Versicherungsnehmer verlangt werden. Dieses Recht steht nur noch dem Versicherungsnehmer zu, so daß dessen Rechte im Vergleich zu den alten AVB ungeschmälert weiterbestehen. Wünscht der Versicherer das Sachverständigenverfahren, so muß er sich mit dem Versicherungsnehmer einvernehmlich auf dieses einigen. Dabei trägt jede Partei die Kosten ihres Sachverständigen. Die Kosten des Obmanns tragen beide Parteien je zur Hälfte. Damit wurde bei der Neufassung der AVB einer Entscheidung des BGH aus dem Jahr 1982 Rechnung getragen. Der BGH sah in der alten AVB-Regelung, die dem Versicherungsnehmer die Kosten seines Sachverständigen auch für den Fall auferlegte, daß der Versicherer die Durchführung des Verfahrens einseitig verlangt hatte, eine unangemessene Benachteiligung des Versicherungsnehmers, weil hier mit einer von § 66 VVG abweichende Regelung gegen wesentliche Grundgedanken dieses Gesetzes verstoßen wurde.
VVG § 66	Bei einer Unterversicherung sind die dem Versicherer zur Last fallenden Kosten nur nach dem bestehenden Deckungsverhältnis zu erstatten.

3.6.7 Fälligkeit der Leistung

VVG § 11 OLG Frankfurt 12.07.79	Hat der Versicherer die **zur Feststellung der Ursachen und der Höhe des Schadens sowie der Leistungspflicht** notwendigen Erhebungen beendet, dann ist die Geldleistung fällig, bzw. - da die Norm abdingbar ist - erst 2 Wochen nach ihrer Feststellung z.B. nach AFB u. AKB. Der Versicherer darf ein Strafverfahren abwarten, falls hier die Feststellung bedeutsamer Tatsachen erwartet werden kann, etwa die Klärung des gegen den Versicherungsnehmer bestehenden Verdachtes des Versicherungsbetruges.
VVG § 11 Abs. 2	Der Versicherungsnehmer kann **Abschlagzahlungen** verlangen, falls die Erhebung bis zum Ablaufe eines Monats seit der Anzeige des Versicherungsfalles nicht beendet ist. Der Grund des Anspruches muß aber außer Streit sein.
VVG § 11 Abs. 3	Der Lauf der Frist ist gehemmt, solange die Beendigung der Erhebung infolge des Verschuldens des Versicherungsnehmers gehindert ist. Der Anspruch gegen den Versicherer wird in jedem Falle fällig, wenn der Versicherer die Leistung ablehnt, weil es in diesem Falle keinen Sinn mehr hat, dem Versicherer besondere Fristen zur Prüfung seiner Eintrittspflicht und der Höhe der Entschädigung zuzubilligen.
VVG § 11 Abs. 4	Mit der Fälligkeit der Leistung oder einer Abschlagzahlung beginnt die Zinspflicht. Verzugszinsen sind während eines Verzuges zu zahlen und können vertraglich nicht ausgeschlossen werden. Um den Versicherer in den **Verzug** zu setzen, sind folgende Voraussetzungen zu erfüllen:
BGB § 284 § 285	● Der Versicherungsnehmer muß den Versicherer gemahnt haben. Einer Mahnung bedarf es nicht, wenn der Versicherer die Leistung abgelehnt hat; ● Der Versicherer muß die Nichtleistung zu vertreten haben.
VA 1930 VA 1931 VA 1934	Anordnungen und Verwaltungsgrundsätze der Aufsichtsbehörde: Das Verlangen eidesstattlicher Erklärungen der Versicherungsnehmer bei der Schadensregelung ist unzulässig. Bei der Prüfung der Frage des Versicherungsbetruges darf kein zu strenger Maßstab angelegt werden, damit die Versicherungsnehmer nicht glauben, daß ein Ablehnungsgrund gesucht werde. Es ist unzulässig, auf einer vom Versicherungsnehmer zu unterzeichnenden Entschädigungsquittung durch den Vermerk: „Die Versicherung bleibt in Kraft" diesen erklären zu lassen, daß er auf sein Kündigungsrecht aus Anlaß des Schadenfalles verzichtet. (Abschnitt 3.17.2c)

3.7 Mehrfachversicherung

Eine Mehrfachversicherung liegt vor, wenn
- dasselbe Interesse (z.B. Eigentumsinteresse),
- gegen dieselbe Gefahr (z.B. Feuer),
- bei mehreren Versicherern,
- während desselben Zeitraumes versichert ist.

VVG
§ 58
VerBAV 1969
S. 302

Der Versicherungsnehmer hat die Mehrfachversicherung in der SchadensV. jedem Versicherer **unverzüglich anzuzeigen.** Es handelt sich um eine **Obliegenheit,** für deren Verletzung das VVG keine Rechtsfolgen nennt.

Viele Versicherungsbedingungen enthalten Verletzungsfolgen, die Kündigung und Leistungsfreiheit des Versicherers vorsehen.

Von den Gesellschaften ist eine geschäftsplanmäßige Erklärung verlangt und abgegeben worden, wonach sie von dem Kündigungsrecht nur aus wesentlichen, insbesonderer zwingenden versicherungstechnischen Gründen Gebrauch machen werden.

Wegen des hohen subjektiven Risikos – insbesondere in der Krankentagegeldversicherung – sehen auch die AVBen in der SummenV. eine Anzeigepflicht für die Mehrfachversicherung vor.

In der MBKT heißt es sogar: „Eine weitere KrankenhaustagegeldV. darf nur mit Einwilligung des VR abgeschlossen werden. Wird diese Obliegenheit verletzt, so ist der VR nach Maßgabe des § 6 Abs. 1 VVG von der Verpflichtung zur Leistung frei, wenn er von seinem Kündigungsrecht innerhalb eines Monats nach dem Bekanntwerden Gebrauch macht".

MBKT
§ 9 Abs. 5
§ 10 Abs. 2

3.7.1 Nebenversicherung und Mitversicherung

Übersteigen die von den beteiligten Versicherern insgesamt zu zahlenden Entschädigungen nicht den Schaden, dann handelt es sich um eine **Nebenversicherung.**

Wird die Nebenversicherung **bewußt** genommen, dann spricht man von **Mitversicherung.** Die Versicherer übernehmen einverständlich einen vertraglich vereinbarten Anteil (Quote) des Risikos.

Das Verhältnis der Mitversicherer zum Versicherungsnehmer wird im Versicherungsschein wie folgt geregelt: „Von der Gesamtversicherungssumme übernehmen pro rata jedes einzelnen Gegenstandes und Wertes die folgenden Gesellschaften die folgenden Versicherungssummen"; die **Gesellschaften haften** also nicht als Gesamtschuldner, sondern **anteilig im Verhältnis der von ihnen gezeichneten Summe zur gesamten Versicherungssumme.**

Der Versicherungsnehmer kennt die beteiligten Versicherer. Er hat im Schadensfall in der Regel einen Anspruch gegen jeden beteiligten Versicherer.

Beispiel:

VR:	Quote: %	VS: DM	Prämie: DM
A	66 2/3	80.000,–	400,–
B	33 1/3	40.000,–	200,–
Gesamt	100	120.000,–	600,–

Zur Vereinfachung des Geschäftsverkehrs wird eine „führende" Gesellschaft bestimmt; der Versicherungsnehmer hat nur mit der „Führenden" zu verhandeln, die noch folgende Pflichten übernimmt: Information der beteiligten Versicherer; Abstimmung bei den beteiligten Versicherern; Ausfertigung von Sammelurkunden.

Die Führung erstreckt sich grundsätzlich nicht auf die Schadensregulierung und auf die Entschädigung, obwohl die beteiligten Versicherer auch darin zusammenwirken.

Bei Streitfällen aus dem Versicherungsvertrage macht der Versicherungsnehmer, wenn die „Prozeßführungsklausel" zugrunde liegt, seine Ansprüche nur gegen den führenden Versicherer und nur wegen dessen Anteil geltend. Die beteiligten Versicherer erkennen die Entscheidung, die gegenüber dem führenden Versicherer rechtskräftig geworden ist, auch für sich als verbindlich an.

3.7.2 Doppelversicherung

Ist ein Interesse gegen dieselbe Gefahr bei mehreren Versicherern versichert und übersteigen die Versicherungssummen zusammen den Versicherungswert oder übersteigt aus anderen Gründen die Summe der Entschädigungen, die von jedem einzelnen Versicherer ohne Bestehen der anderen Versicherung zu zahlen wäre, den Gesamtschaden, dann liegt eine Doppelversicherung vor.

Zu unterscheiden ist, ob die Doppelversicherung

VVG
§ 59
§ 60
§ 59 Abs. 3
- erst nach Eintritt des Versicherungsfalles bekannt (s. unter a) oder
- vor Eintritt des Versicherungsfalles entdeckt wird (s. unter b) oder
- in betrügerischer Absicht genommen wurde (s. unter c)

a) Nach Eintritt des Versicherungsfalles

VVG
§ 59 Abs. 1
Im Falle der Doppelversicherung sind die Versicherer in der Weise als Gesamtschuldner verpflichtet, daß dem Versicherungsnehmer jeder Versicherer für den Betrag haftet, dessen Zahlung ihm nach seinem Vertrage obliegt, der Versicherungsnehmer jedoch im ganzen nicht mehr als den Betrag des Schadens verlangen kann. (Außenverhältnis)

VVG
§ 59 Abs. 2
Ausgleich im Innenverhältnis: „Die **Versicherer** sind **im Verhältnis zueinander** zu Anteilen nach Maßgabe der Beiträge verpflichtet, deren Zahlung ihnen dem Versicherungsnehmer gegenüber vertragsmäßig obliegt" (Innenverhältnis).

Beispiel:

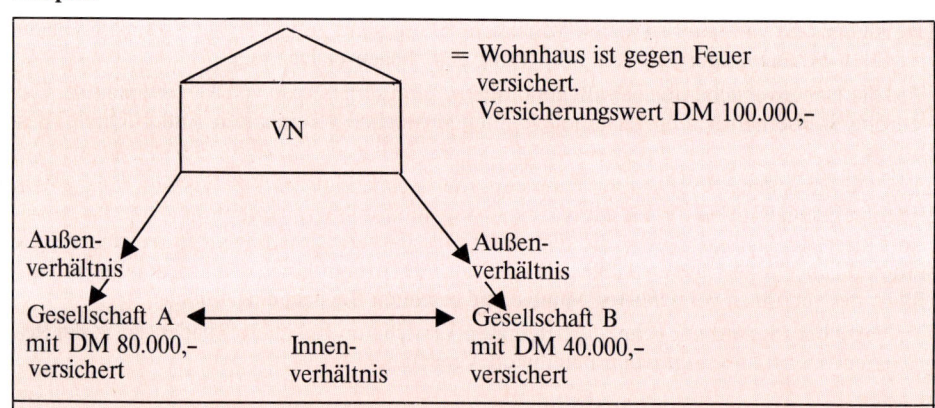

```
                    ┌─────┐
                    │  VN │        = Wohnhaus ist gegen Feuer
                    │     │          versichert.
                    └─────┘          Versicherungswert DM 100.000,-
                   ↙        ↘
        Außen-              Außen-
        verhältnis          verhältnis

   Gesellschaft A  ←——————→  Gesellschaft B
   mit DM 80.000,-  Innen-    mit DM 40.000,-
   versichert       verhältnis versichert
```

- **Regelung im Außenverhältnis:**
  - Tritt hier ein **Totalschaden** ein, dann haftet Gesellschaft A mit DM 80.000,- und Gesellschaft B mit DM 40.000,-. Der Versicherungsnehmer erhält insgesamt jedoch nicht mehr als DM 100.000,-.
  - Bei einem **Teilschaden**, z.B. von DM 60.000,- hätte der Versicherungsnehmer Ansprüche gegen

  Gesellschaft A $60.000,- \times \dfrac{80.000}{100.000} = 48.000,-$;

  Gesellschaft B $60.000,- \times \dfrac{40.000}{100.000} = 24.000,-$;

  insgesamt jedoch kann er nicht mehr als DM 60.000,- verlangen.

- **Regelung im Innenverhältnis:**

  Bei einem **Teilschaden** z.B. von DM 60.000,- sind die Gesellschaften im Innenverhältnis wie folgt verpflichtet:

  Gesellschaft A: $\frac{80.000}{120.000} = 2/3$ von 60.000 $\stackrel{\wedge}{=}$ DM 40.000,-

  Gesellschaft B: $\frac{40.000}{120.000} = 1/3$ von 60.000 = DM 20.000,-

  Hatte der Versicherungsnehmer die Gesellschaft A mit 48.000,- DM in Anspruch genommen, so hat die Gesellschaft B an den Versicherungsnehmer nur noch 12.000,- DM zu leisten, dafür aber an die Gesellschaft A - zum Ausgleich im Innenverhältnis - DM 8.000,-.

b) **Vor Eintritt des Versicherungsfalles**

Hat der Versicherungsnehmer den Vertrag, durch welchen die Doppelversicherung entstanden ist, **ohne Kenntnis** von dem Entstehen der Doppelversicherung geschlossen, so kann er verlangen, daß die Versicherungssumme des **später geschlossenen Vertrages** unter verhältnismäßiger Minderung der Prämie auf den Teilbetrag herabgesetzt wird, der durch die frühere Versicherung nicht gedeckt ist. Das führt gegebenenfalls auch zur Aufhebung des später geschlossenen Vertrages.

VVG § 60, Abs. 1

Beispiel:

Ein Versicherungsnehmer versichert sein Wohnhaus, das einen Versicherungswert von DM 100.000,- besitzt, gegen Feuer bei den Gesellschaften:
A mit DM 70.000,- ab 11. 01. 1977 und
B mit DM 50.000,- ab 01. 01. 1980.
Nach dem Prinzip der **älteren Rechte** behält der Versicherer A die Versicherungssumme über DM 70.000,- und der B muß um DM 20.000,- **mindern**; er behält dann eine Versicherungssumme in Höhe von DM 30.000,-.

Das gleiche gilt, wenn die Doppelversicherung dadurch entstanden ist, daß nach Abschluß der mehreren Versicherungen der **Versicherungswert gesunken** ist.

VVG § 60 Abs. 2

Sind jedoch in diesem Falle die mehreren Versicherungen gleichzeitig oder im Einvernehmen der Versicherer geschlossen worden, so kann der Versicherungsnehmer nur verhältnismäßige Herabsetzung der Versicherungssummen und Prämien verlangen.

Beispiel:

Ein Versicherungsnehmer versichert sein Gebäude im Wert von DM 100.000,- bei dem Versicherer A am 01. 01. 1976 mit DM 50.000,- und bei dem Versicherer B am 01. 01. 1979 mit DM 50.000,-. Am 01. 01. 1981 sinkt der Versicherungswert auf DM 75.000,-.

Die Aufhebung oder Herabsetzung wird nach VVG erst mit dem Ablaufe der Versicherungsperiode prämienwirksam, in der sie verlangt wird (nach AFB 87 schon vom Zeitpunkt der Verminderung der Versicherungssumme an). Das Recht, die Aufhebung oder die Herabsetzung zu verlangen, erlischt, wenn der Versicherungsnehmer es nicht unverzüglich geltend macht, nachdem er von der Doppelversicherung Kenntnis erlangt hat.

VVG § 60 Abs. 3

c) **Betrügerische Doppelversicherung**

Hat der Versicherungsnehmer eine Doppelversicherung in der Absicht genommen, sich dadurch einen rechtswidrigen Vermögensvorteil zu verschaffen, so ist **jeder** in dieser Absicht geschlossene Vertrag nichtig. Dem Versicherer steht die Prämie bis zum Schluß der Versicherungsperiode zu, in welcher er von der unredlichen Absicht des Versicherungsnehmers erfährt.

VVG § 59 Abs. 3

Zusammenfassung und Übersicht: Mehrfachversicherung in weiterem Sinne

Mehrfachversicherung i. engeren Sinne: d.h. unbeabsichtigtes Zusammentreffen mehrerer VR § 58 VVG	**Mitversicherung:** bewußtes Zusammenwirken mehrerer VR; also im Einvernehmen der VR
- Nebenversicherung Versicherungssummen übersteigen den Versicherungswert nicht - Doppelversicherung § 59 VVG Versicherungssummen übersteigen den Versicherungswert • redliche Doppelversicherung in den §§ 59 und 60 VVG geregelt • betrügerische Doppelversicherung im § 59, Abs. 3 VVG geregelt	**Form der Mitversicherung:** Dem VN sind alle beteiligten VR **bekannt**. Grundsätzlich liegen so **viele Verträge** vor, wie VR beteiligt sind. Im Schadenfall hat VN Anspruch gegen alle beteiligten VR. Meist wird jedoch eine sogenannte Führungsklausel vereinbart, die es dem VN ermöglicht, nur mit der führenden Gesellschaft zu verhandeln.

3.8 Rechte und Pflichten bei der Veräußerung versicherter Sachen

a) Allgemeines

Die Veräußerung im Sinne des Versicherungsrechts ist die rechtsgeschäftliche Übertragung des Eigentums unter Lebenden. Dazu gehören u.a.
- die Sicherheitsübereignung,
- die sogenannte verfrühte Erbfolge, bei der der Quasi-Erblasser zu seinen Lebzeiten einem Dritten das Eigentum überträgt und
- die Übergabe des gesamten Vermögens im Sinne von § 419 BGB, wie beispielsweise die Geschäftsveräußerung bzw. -verpachtung
- aber auch die Erteilung des Zuschlags im Rahmen einer Zwangsversteigerung.

Abgrenzung:

BGB
§ 1922
§ 1967

Ein Eigentumsübergang, der durch gesetzliche Bestimmungen begründet ist, kann nicht einer Veräußerung nach § 69 VVG gleichgesetzt werden. Er rechtfertigt demnach auch keine Kündigung nach § 70 VVG. Zu nennen ist in diesem Zusammenhang insbesondere der Übergang von Eigentum nach der normalen (also gesetzlichen) Erbfolge.

Die Vorschriften über die Veräußerung gelten, obwohl sie unter die „Vorschriften für die gesamte Schadensversicherung fallen, nur für die

VVG
§ 158 h
§ 151

- Sachversicherung
- die Kraftfahrversicherung und die Betriebshaftpflichtversicherung (Abschnitt 3.18.4)

Werden einzelne Stücke aus Sachgesamtheiten (z.B. Teile des Hausrats) veräußert, erlischt für diese der Versicherungsschutz.

Die Veräußerung ist vollendet im Augenblick des Eigentumsübergangs. Dieser vollzieht sich bei Grundstücken (Gebäuden) im Regelfall mit der Eintragung der Rechtsänderung im Grundbuch und bei beweglichen Sachen mit der Übergabe.

VVG
§ 69 Abs. 1

Da mit der Veräußerung das Interesse des Veräußerers, für das die Versicherung genommen wurde, wegfällt, bedurfte es besonderer Vorschriften, wenn das Erlöschen der Versicherung vermieden werden sollte. Es liegt sowohl im Interesse des Erwerbers, daß er sofort Versicherungsschutz genießt, als auch im Interesse des Veräußerers, der die Prämie bezahlt oder zu zahlen hat. Daher bestimmt das Versicherungsvertragsgesetz, daß an Stelle des Veräußerers der Erwerber in die während der Dauer seines Eigentums aus dem Versicherungsverhältnis sich ergebenden Rechte und Pflichten des Versicherungsnehmers eintritt.

Beispiel:

Hat der Veräußerer eine vorvertragliche Anzeigepflicht schuldhaft verletzt oder eine Gefahrerhöhung schuldhaft herbeigeführt oder eine Prämie nicht rechtzeitig gezahlt (Verzug), dann treffen die nachteiligen Rechtsfolgen auch den Erwerber.

Im Hinblick auf die Prämienzahlung bestimmen die gesetzlichen Vorschriften, daß **Veräußerer und Erwerber** für die Prämie der laufenden Versicherungsperiode **gesamtschuldnerisch zu haften haben;** die Prämie kann also von beiden nach dem Belieben des Versicherers ganz oder teilweise gefordert werden.

VVG
§ 69 Abs. 2

Für die später fällig werdenden Prämien haftet nur noch der Erwerber.

b) Anzeigepflicht

Der Versicherer braucht in Ansehung der durch das Versicherungsverhältnis gegen ihn begründeten Forderungen die Veräußerung erst dann gegen sich gelten zu lassen, wenn er von ihr **Kenntnis** erlangt hat.

VVG
§ 69 Abs. 3

Sowohl der **Erwerber** als auch der **Veräußerer** haben die Obliegenheit, die Anzeigepflicht zu erfüllen, wenn sie den Versicherungsschutz nicht gefährden wollen. Der Versicherer ist sonst von der Verpflichtung zur Leistung frei, wenn die Anzeige nicht **unverzüglich** gemacht wird und der Versicherungsfall später als einen Monat nach dem Zeitpunkt eintritt, in welchem die Anzeige dem Versicherer hätte zugehen müssen.

§ 71 Abs. 1

Zur Leistungsfreiheit des Versicherers hat der BGH zwei wichtige Entscheidungen gefällt:
- Erfährt der Versicherer erst nach dem Versicherungsfall von der Veräußerung, so ist es für die Frage der Leistungsfreiheit bezüglich des schon eingetretenen Versicherungsfalles unerheblich, ob der Versicherer sein Kündigungsrecht wahrnimmt.
- Andererseits führt aber auch ein Verstoß gegen die Pflicht zur unverzüglichen Veräußerungsanzeige nur dann zur Leistungsfreiheit, wenn diese Rechtsfolge nicht außer Verhältnis zur Schwere des Verstoßes steht. Dabei ist auf Seiten des Versicherers abzuwägen, inwieweit seine Interessen in ernster Weise beeinträchtigt sind, auf Seiten des Versicherungsnehmers, in welchem Umfang ihn ein Verschulden trifft und welches Gewicht die Entziehung der Versicherungsleistung hat.

c) Kündigung des Vertrages

- Dem **Versicherer** wird ein **Kündigungsrecht** eingeräumt, falls das „subjektive Risiko" beim Erwerber höher ist oder falls der Erwerber als Prämienschuldner nicht solvent ist. Allerdings kann der Versicherer nur **unter Einhaltung einer Frist von einem Monat** kündigen. Das Kündigungsrecht erlischt, wenn der Versicherer nicht **innerhalb eines Monats** von dem Zeitpunkt an kündigt, in welchem er von der Veräußerung **Kenntnis** erlangt.

§ 70 Abs. 1

- Das **Kündigungsrecht** des **Erwerbers** beginnt mit dem Übergang der Versicherung auf ihn, also mit dem **Eigentumsübergang.** Erst in diesem Augenblick tritt er in vertragliche Beziehung zum Versicherer. Eine Kündigung, die er vorher ausspricht, ist vom Versicherer zurückzuweisen, sobald er ihre Unwirksamkeit erkannt hat.

VVG
§ 70 Abs. 2

Das Kündigungsrecht des Erwerbers bleibt **bis zum Ablauf eines Monats** von dem Zeitpunkt an bestehen, in welchem der Erwerber von der Versicherung Kenntnis erlangt.

VerBAV
1958

Eine Erkundigungspflicht hat der Erwerber nicht, denn die Kenntnis des Erwerbers darf dem Kennenmüssen nicht gleichgesetzt werden. Für die Kenntnis vom Bestehen einer Versicherung genügt die Kenntnis des Versicherers, ohne daß Einzelheiten des Vertrages, z.B. die Versicherungssumme bekannt sein müssen.

Nach einer dem BAV abgegebenen geschäftsplanmäßigen Erklärung ist eine Kündigung des Erwerbers bei der Veräußerung vom **versicherten Grundstück** auch noch nach Ablauf der im § 70 (2) VVG bestimmten Frist anzuerkennen, sofern der Erwerber erst danach über die Eintragung im Grundbuch unterrichtet wird und sodann unverzüglich die Aufhebung des Vertrages verlangt.

Der Erwerber kann den Vertrag nur mit sofortiger Wirkung oder **zum Schluß der laufenden Versicherungsperiode** kündigen. Damit nutzt er die von seinem Vorgänger für die laufende Versicherungsperiode bereits gezahlte Prämie aus. Diese dem Erwerber eingeräumte Möglichkeit wird aber praktisch bedeutungslos, wenn der Versicherer nach Kenntnis dieser Kündigung seinerseits das Versicherungsverhältnis rechtzeitig mit Monatsfrist kündigt, wozu er formal juristisch berechtigt wäre.

Das BAV sieht es aber als unbillige Benachteiligung des Erwerbers an, wenn ein Versicherer sich in einem solchen Fall auf seine juristische Position beruft und den Vertrag mit Monatsfrist aufhebt.

VerBAV
1963

Übersicht: § 70 VVG bei Veräußerung

	Kündigung durch Versicherer	Kündigung durch Erwerber
Ausübungsfrist	innerhalb 1 Monates ab Kenntnis der Veräußerung und des Erwerbers	innerhalb 1 Monates ab Erwerb oder Kenntnis der Versicherung
Wirkungsfrist	1 Monat nach Zugang	keine, d.h. sofort wirksam oder zum Schluß der laufenden Versicherungsperiode
Prämienschicksal	Dem Versicherer steht dennoch die ungeteilte Prämie für die laufende Versicherungsperiode zu, für deren Zahlung hier allein der Veräußerer haftet. § 70 Abs. 4	

In der KFZ-Versicherung wird die Prämie allerdings – analog zum Wagniswegfall (Abschnitt 3.18.4) – zeitanteilig abgerechnet, d.h. dem Versicherer gebührt nur der auf die Zeit des Versicherungsschutzes entfallende anteilige Beitrag.

3.9 Versicherung für fremde Rechnung
(Versicherungsvertrag zugunsten eines Dritten)

BGB § 328

a) Begriff

VVG § 74

Das Gesetz sieht die Möglichkeit vor, daß die Versicherung von demjenigen, der den Vertrag mit dem Versicherer schließt, im eigenen Namen für einen anderen, mit oder ohne Nennung des Versicherten, genommen wird. Es liegt dann eine Versicherung für fremde Rechnung vor. Sie stellt einen besonderen Vertrag zugunsten Dritter im Sinne des § 328 BGB dar.

Voraussetzungen der Versicherung für fremde Rechnung sind der **Vertragsschluß im eigenen Namen** und die **Versicherung eines fremden Interesses**. Der Versicherte ist entweder ausdrücklich benannt, oder es folgt aus den Umständen, daß die Versicherung für fremdes Interesse genommen ist. Ergibt sich dies hieraus jedoch nicht, so gilt die Versicherung für eigene Rechnung genommen. Der Versicherungsvertrag kann eigenes und fremdes Interesse decken.

Beispiel:

VVG § 85
VHB § 84

Der Ehemann schließt eine Hausratversicherung in Höhe von DM 100.000,– ab. Nach den **gesetzlichen** Regelungen erstreckt sich die Hausratversicherung auch auf die Sachen der zur Familie des Versicherungsnehmers gehörenden Personen, sofern diese in häuslicher Gemeinschaft mit dem Versicherungsnehmer leben. Nach der **vertraglichen** Regelung erstreckt sie sich sogar grundsätzlich auf „fremdes Eigentum", d.h. z.B. auch auf den Mantel eines Besuchers.

Wenn die Versicherung für einen Inbegriff von Sachen genommen ist, erstreckt sie sich auf die Sachen der zur Familie des Versicherungsnehmers gehörenden sowie der in einem Dienstverhältnis zu im stehenden Personen.

b) Rechte und Pflichten

Der **Versicherungsnehmer bleibt** als Vertragspartner alleiniger **Prämienschuldner;** aber die **Rechte** aus dem Versicherungsvertrag **stehen dem Versicherten zu,** der auch im Schadenfall den Schaden erleidet. Die Aushändigung eines Versicherungsscheines kann jedoch nur der Versicherungsnehmer verlangen.

VVG
§ 75, 76

Der Versicherte muß, sofern auch sein Interesse Gegenstand der Versicherung ist, die Obliegenheiten erfüllen, damit er den Anspruch auf Entschädigung nicht verliert.

§ 79

Verletzt der Versicherte schuldhaft Obliegenheiten, so verliert er den Anspruch für seine versicherten Sachen. Dagegen behalten der Versicherungsnehmer und gegebenenfalls weitere Miteigentümer (Versicherte) ihren Anspruch auf Entschädigung.

Verletzt der Versicherungsnehmer schuldhaft Obliegenheiten und ist der Versicherer leistungsfrei, so kann weder der Versicherte noch der Versicherungsnehmer Ansprüche auf Schadensersatz geltend machen. Der Versicherte kann nämlich aus dem Versicherungsvertrag nur dann Rechte herleiten, wenn der Versicherungsnehmer diese auch besitzt.

RGZ
157/320

Allerdings wird in den Versicherungsbedingungen die Rechtsstellung des Versicherungsnehmers und Versicherten oft verändert.

3.10 Übergang von Ansprüchen auf den Versicherer

a) Abtretung einer Forderung aufgrund eines Vertrages nach BGB-Bestimmungen

Die Abtretung ist ein **Vertrag** zwischen dem **alten** Gläubiger (Zedent) und dem **neuen** Gläubiger (Zessionar), aufgrund dessen die Forderung auf den Zessionar übergeht, **ohne** daß eine **Mitwirkung des Schuldners** erforderlich ist.

Der Schuldner kann dem neuen Gläubiger das entgegenhalten, was er dem alten Gläubiger entgegenhalten könnte, z.B. Verjährung.

Der Schuldner kann, solange er keine Kenntnis von der Abtretung erhalten hat, so verfahren, als bestehe die Abtretung nicht. Er kann mit befreiender Wirkung an den alten Gläubiger zahlen.

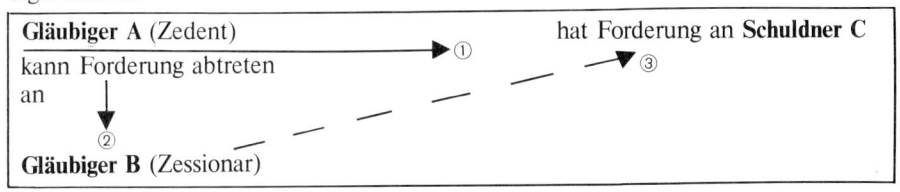

```
┌─────────────────────────────────────────────────────────────┐
│ Gläubiger A (Zedent)          ①      hat Forderung an       │
│ kann Forderung abtreten  ──────────►        Schuldner C     │
│ an                              ╲        ──────► ③          │
│   │                              ╲      ╱                   │
│   ▼ ②                             ╲    ╱                    │
│ Gläubiger B (Zessionar)            ╲ ╱                      │
└─────────────────────────────────────────────────────────────┘
```

b) Gesetzlicher Forderungsübergang nach den Bestimmungen des VVG

- **Regelung nach § 67 Abs. 1, Satz 1**

  Steht dem Versicherungsnehmer ein Anspruch auf Ersatz des Schadens gegen einen Dritten zu, so geht dieser Anspruch in der **Schadenversicherung** kraft Gesetzes auf den Versicherer über (es bedarf keines Abtretungsvertrages).

  Der **gesetzliche** Forderungübergang bewirkt, daß der Dritte nicht befreit und der **Versicherungsnehmer nicht bereichert** wird, indem er aus einem Schadenereignis die doppelte Leistung erhält.

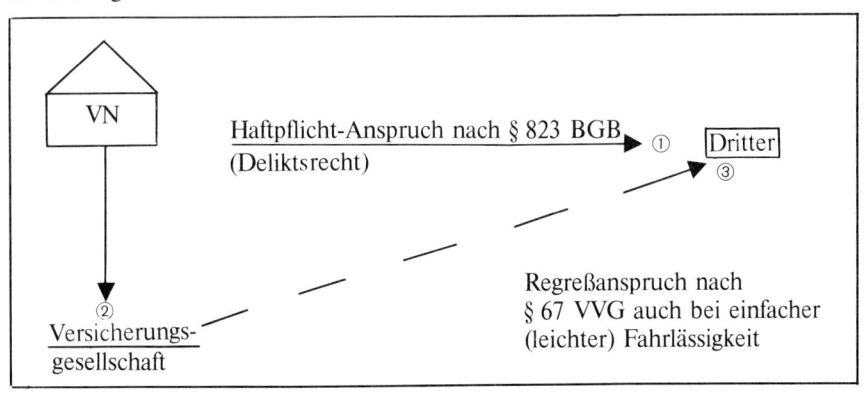

```
┌─────────────────────────────────────────────────────────────┐
│   ╱╲                                                        │
│  ╱  ╲    Haftpflicht-Anspruch nach § 823 BGB  ①  ┌────────┐ │
│ │ VN │   (Deliktsrecht)              ──────────► │ Dritter│ │
│  ╲  ╱                                       ╲    └────────┘ │
│   │                                          ╲      ③       │
│   │ ②                                         ╲             │
│   ▼                                            ╲            │
│ Versicherungs-         Regreßanspruch nach      ╲           │
│ gesellschaft           § 67 VVG auch bei einfacher          │
│                        (leichter) Fahrlässigkeit            │
└─────────────────────────────────────────────────────────────┘
```

Beispiel:

> Ein Versicherungsnehmer hat sein Haus mit DM 100.000,- zum Neuwert (Zeitwertanteil = 80.000,- Neuwertanteil = 20.000,-) versichert. Das Haus brennt ab. Ein Dritter ist für den Totalschaden von DM 100.000,- verantwortlich.

Der Versicherer zahlt eine Entschädigung in Höhe von DM 100.000,- an den Versicherungsnehmer und nimmt nach § 67 VVG Regreß bei dem Dritten in Höhe von DM 80.000,-; nicht für den Neuwertanteil, **weil „nur" der Anspruch** des Versicherungsnehmers **nach § 823 BGB** gegen den Dritten **auf die Gesellschaft übergeht.** Das BGB kennt als Sachschaden den Wiederbeschaffungspreis, das ist der Zeitwert, nicht der Neuwert.

- **Regelung nach § 67 Abs. 1, Satz 2** (Schutz des Versicherungsnehmers)
  Der Übergang kann **nicht zum Nachteil** des Versicherungsnehmers geltend gemacht werden. Dies bedeutet, daß der Versicherer erst zum Zuge kommt, **nachdem** der Versicherungsnehmer seinen Schaden voll ersetzt erhalten hat.

Beispiel:

> Der Versicherungsnehmer hat sein Haus, das einen Zeitwert von DM 100.000,- besitzt, nur mit DM 50.000,- versichert.
>
> Ein Dritter, der das Haus angesteckt hat, ist für den Totalschaden mit DM 100.000,- verantwortlich.
>
> Der Versicherer zahlt nur DM 50.000,-, weil eine Unterversicherung von 50% vorliegt. Deshalb geht nur der Anspruch auf DM 50.000,- über. Der Versicherungsnehmer behält gegen den Dritten einen Anspruch auf DM 50.000,-. Zahlt der Dritte jetzt (freiwillig oder aufgrund einer Klage) DM 50.000,- an den Versicherer, so muß dieser den Betrag an den Versicherungsnehmer abführen, der dann seinen Anspruch voll erfüllt bekommen hat.
>
> Der Versicherer behält den Regreßanspruch in Höhe von DM 50.000,- gegen den Dritten.

Der Versicherungsnehmer kann demnach, wenn die Entschädigung des Versicherers – gleichviel aus welchem Grund – hinter dem Schaden zurückbleibt, zunächst einmal den Differenzbetrag vom Dritten geltend machen, ehe der Versicherer zum Zuge kommt (Differenztheorie).

- **Regelung nach § 67 Abs. 1, Satz 3 (Anspruchsaufgabe durch den Versicherungsnehmer)**
  Gibt der Versicherungsnehmer seinen Anspruch gegen den Dritten oder ein zur Sicherheit des Anspruchs dienendes Recht auf, so wird der Versicherer von seiner Ersatzpflicht insoweit frei, als er aus dem Anspruch oder dem Recht hätte Ersatz erlangen können.

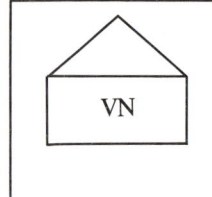

VN	Der Versicherungsnehmer hat Anspruch nach § 823 BGB auf Schadenersatz. **Der Versicherungsnehmer verzichtet auf Ersatz; dann braucht Versicherer nicht zu leisten.** →	Ein **Dritter** verursacht fahrlässig einen Brandschaden.

Das gilt nur für den **bereits bestehenden Anspruch** gegen den Dritten. Wird die Möglichkeit der Entstehung von Ersatzansprüchen **von vornherein** ausgeschlossen, so ist der Versicherer nicht in jedem Fall leistungsfrei, denn vertragliche Regelungen über den Verzicht auf Schadensersatzansprüche beeinträchtigen dann nicht den Versicherungsschutz, wenn die betreffende Abrede nicht „ungewöhnlich" ist.

● Das hat der BGH z.B. für den Fall der Vermietung eines Kraftfahrzeuges angenommen, wo Mieter und Vermieter häufig einen Haftungsausschluß vereinbaren.

Der BHG führt dazu u.a. aus:
„Soweit auf Grund einer solchen Abrede die Haftung des Dritten **in dem verkehrsüblichen Umfang**, also in der Regel für Zufall und leichte Fahrlässigkeit, entfällt, kann sich der Versicherer nicht darauf berufen, der Versicherungsnehmer habe zum Schaden des Versicherers ein Recht aufgegeben. Wie schon erwähnt, sind derartige

Abreden im Wirtschaftsleben durchaus üblich und sachgemäß und bilden gerade auch bei der gewerblichen Vermietung von Kraftfahrzeugen nahezu die Regel. Der Versicherer muß daher mit ihrem Bestehen rechnen, wenn er sich dazu entschließt, den Versicherungsschutz für einen Mietwagen zu übernehmen. Er weiß schon bei Abschluß des Versicherungsvertrages, daß in diesem Falle die Versicherungsprämie nach der Verkehrssitte auf den Mieter abgewälzt wird, und kann die darin liegende Vereinbarung einer Haftungsbeschränkung nicht zum Anlaß nehmen, sich unter Berufung auf § 67 Abs. 1 Satz 3 VVG seiner Deckungspflicht zu entziehen. Der Ausschluß der Haftung des Mieters bis zur leichten Fahrlässigkeit bewirkt aus denselben Gründen auch keine Gefahrerhöhung. Er liegt vielmehr bei der Versicherung gewerblich vermieteter Kraftfahrzeuge im Rahmen der normalen Versicherungsgefahr, deren besondere Höhe der Versicherer bereits durch die Einforderung einer erheblich über dem gewöhnlichen Kaskobeitrag liegenden Prämie in Rechnung stellt."

- Anders liegt der Fall bei folgendem Sachverhalt:

Beispiel:

Der Verpächter V hat sein Gebäude, das er an P verpachtet hat, bei der Gesellschaft G gegen Feuer versichert.

Im Pachtvertrag wurde vereinbart, daß der Pächter nur bei vorsätzlicher Herbeiführung eines Schadens zu haften hat.

P hat durch grobfahrlässiges Verhalten einen **Brand** verursacht, der das Gebäude des V vernichtet hat.

Nach höchstrichterlicher Rechtssprechung kann hier § 67 Abs. 1 Satz 3 analog angewendet werden, da diese Abrede ungewöhnlich ist **und die Interessen des Versicherers übermäßig beeinträchtigen würde.** Diese Abrede würde den durch den Verzicht begünstigten Dritten besser stellen als den Versicherungsnehmer selbst, der den Einwand grober Fahrlässigkeit gegen sich gelten lassen muß. Für den Versicherer ist eine solche Abrede nicht tragbar.

Der Versicherer ist daher im Schadensfall von seiner Ersatzpflicht insoweit frei als er auch aus dem Anspruch, auf den der Versicherungsnehmer im voraus verzichtet hat, Ersatz hätte verlangen können.

- **Regelung nach § 67 Abs. 2 (Familienangehörige)**

Familienangehörige i. S. von § 67 Abs. 2 VVG sind nicht nur Eheleute, Verwandte oder Verschwägerte, sondern auch Personen, die ohne eine familienrechtliche Verbindung mit dem Versicherten in einer Weise zusammenleben, die einem Familienverband ähnlich ist, wie z.B. ein Pflegekind.

Richtet sich der Ersatzanspruch des Versicherungsnehmers gegen einen mit ihm in häuslicher Gemeinschaft lebenden Familienangehörigen, so ist der Übergang auf den Versicherer ausgeschlossen. Der Anspruch geht nur über, wenn der Angehörige den **Schaden vorsätzlich** verursacht hat.

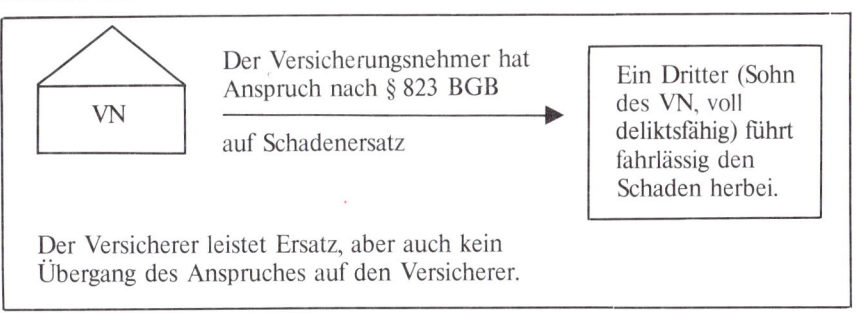

```
┌─────┐                                    ┌─────────────────┐
│     │   Der Versicherungsnehmer hat      │ Ein Dritter (Sohn│
│     │   Anspruch nach § 823 BGB          │ des VN, voll     │
│ VN  │ ──────────────────────────────►    │ deliktsfähig) führt│
│     │                                    │ fahrlässig den   │
│     │   auf Schadenersatz                │ Schaden herbei.  │
└─────┘                                    └─────────────────┘

Der Versicherer leistet Ersatz, aber auch kein
Übergang des Anspruches auf den Versicherer.
```

3.11 Obliegenheiten des Versicherungsnehmers
(Überblick und Abgrenzung)

Wie aus jedem anderen Vertrag ergeben sich auch aus dem Versicherungsvertrage sowohl für den Versicherer als auch für den Versicherungsnehmer Rechte und Pflichten. Gefahrtragungs- und Leistungspflicht des Versicherers stehen der Prämienleistungspflicht des Versicherungsnehmers gegenüber. Neben diesen einklagbaren Hauptpflichten der Vertragspartner hat der Versicherungsnehmer die Obliegenheiten zu erfüllen. Es liegt dann eine **echte Obliegenheit** vor, wenn ein **Tun oder Unterlassen** vom **Versicherungsnehmer** gefordert wird.

<small>Die Obliegenheit ist auf die Person des Versicherungsnehmers bezogen, weil sie sich mit ihrem Gebot (z.B. Anzeigepflichten) oder Verbot (z.B. nachträgliche Gefahrenerhöhung in der Sachversicherung) an ihn wendet. Erst die Verknüpfung mit der Person des Versicherungsnehmers ermöglicht es, hier sein Verschulden zu berücksichtigen.</small>

Im Gegensatz dazu stellen die **Risikoausschlüsse** auf den **objektiven Sachverhalt** ab. Bei den Risikoausschlüssen hat der Versicherungsnehmer von vornherein keinen Anspruch auf Versicherungsschutz.

Ein etwaiges Verschulden des Versicherungsnehmers ist ohne Bedeutung.

Beispiel:

<small>AFB §1</small>

> Der Versicherer haftet nicht für Schäden, die durch Krieg, innere Unruhen oder Kernenergie verursacht werden.

3.11.1 Theorien über die Rechtsform von Obliegenheiten und Haftung für Dritte

Es gibt verschiedene Theorien über die Rechtsform von Obliegenheiten.

Nach **herrschender Ansicht** sind Obliegenheiten **Voraussetzungen,** die der Versicherungsnehmer zu erfüllen hat, damit er im Schadens- oder Leistungsfall nicht den Anspruch auf die Leistung verliert (**Voraussetzungstheorie**). Da sie nach dieser Ansicht keine Verbindlichkeiten im schuldrechtlichen Sinne sind, können sie auch nicht eingeklagt werden, und der Versicherungsnehmer haftet für Dritte nicht nach den Bestimmungen des BGB. Nach der Rechtssprechung werden folgende Vertretungsmöglichkeiten unterschieden:

a) Repräsentant

Beispiel:

> A hat sein Haus bei der Gesellschaft X gegen Feuer versichert. Als A verreist ist, bügelt seine Frau die Wäsche. Sie vergißt das Bügeleisen abzustellen. In der Nacht brennt das Haus, das ihrem Mann gehört, total nieder.

Handelt es sich um Obliegenheiten, die keine Anzeige- oder Auskunftspflichten beinhalten, sondern um Obliegenheiten, die ein **Tun** oder **Unterlassen** des Versicherungsnehmers erfordern, z.B. keine Gefahrerhöhung vornehmen oder gestatten, dann haftet der Versicherungsnehmer für das Verschulden seiner **Repräsentanten.** Dies bedeutet, daß der Versicherer auch gegenüber dem Versicherungsnehmer leistungsfrei wird, wenn der Repräsentant eine Obliegenheit schuldhaft verletzt hat. Anzumerken ist, daß diese Haftung nicht nur für Obliegenheiten, sondern auch bei der schuldhaften Herbeiführung des Versicherungsfalles durch den Repräsentanten gilt.

<small>BGH 20.05.69</small>

Nach der Rechtssprechung ist derjenige Repräsentant, der in dem Geschäftsbereich, zu dem das versicherte Risiko gehört, aufgrund eines Verpflichtungs- oder ähnlichen Verhältnisses an die Stelle des Versicherungsnehmers getreten ist. Hierbei muß der Repräsentant befugt sein, in nicht ganz unbedeutendem Umfang für den Betriebsinhaber zu handeln und dabei auch dessen Rechte und Pflichten als Versicherungsnehmer wahrzunehmen.

Repräsentanten sind z.B.:
- der Prokurist,
- der Besitzer einer unter Eigentumsvorbehalt gekauften Sache oder der
- Hausverwalter, wenn z.B. der Eigentümer nicht am Ort wohnt.
- Ein Ehegatte ist nicht wegen seiner Ehe mit dem Versicherungsnehmer Repräsentant. Ehegatten können desungeachtet Repräsentanten sein, wenn die vorerwähnten Voraussetzungen dazu vorliegen.

b) Wissensvertretung

Hier wird dem Versicherungsnehmer das Wissen anderer Personen zugerechnet. Es handelt sich jedoch um keine Vertretung im Sinne des bürgerlichen Rechts.

Dennoch wendet die Rechtssprechung auch hier den Rechtsgedanken des § 166 Abs. 1 BGB analog an.

Die Beauftragung des Wissensvertreters braucht nicht dem Versicherer mitgeteilt zu werden; vielmehr genügt es, wenn der Wissensvertreter eine Stellung einnimmt, aus der sich ergibt, daß er zwangsläufig anstelle des Versicherungsnehmers (oder mit diesem) Kenntnis von Tatsachen erhält, und wenn der Versicherungsnehmer ihm diese Stellung bewußt überläßt.

BGH vom 25.03.1982

Wissensvertretung liegt z.B. vor:
Wenn der verantwortliche Leiter eines geschäftlichen Unternehmens dessen Innenbetrieb in der Weise regelt, daß Tatsachen, deren Kenntnis von Rechtserheblichkeit ist, nicht von ihm selbst, sondern von einem bestimmten Angestellten zur Kenntnis genommen wird. Der Vertretene muß sich im Verhältnis zu einem Dritten der aus der Tatsachenkenntnis Rechte herleitet, die Kenntnis des Angestellten wie eine eigene anrechnen lassen. Wenn auch der Angestellte nicht sein Stellvertreter im Willen ist, eine Willenserklärung somit überhaupt nicht in Betracht kommt, so ist er doch zum Wissensvertreter bestellt, und der Leiter des Unternehmens würde in einem solchen Falle gegen Treu und Glauben im geschäftlichen Verkehr verstoßen, wenn er aus der inneren Geschäftsverteilung dem Dritten gegenüber den Einwand der Unkenntnis herleiten wollte.
Entscheidend ist also in solchen Fällen nicht die Frage, welche rechtliche Stellung dem Vertreter eingeräumt ist, sondern nur welche tatsächlichen Befugnisse ihm übertragen sind.

c) Wissenserklärungsvertretung

Hier hat der Versicherungsnehmer eine dritte Person bevollmächtigt, dem Versicherer gegenüber eine Wissenserklärung abzugeben.

Beispiel:

Der Firmeninhaber F betraut seinen Buchhalter B mit der Erteilung von Auskünften im Bereich der Versicherungen, die von der Firma getätigt wurden.

Ergebnis: Der Versicherungsnehmer hat in entsprechender Anwendung von § 166 BGB für Obliegenheitsverletzungen von Personen einzustehen, die dem Versicherer gegenüber ihr Wissen über den Versicherungsfall für den Versicherungsnehmer erklären.

d) Organisations- bzw. Auswahlverschulden des Versicherungsnehmers

Hat der Versicherungsnehmer, der z.B. einen größeren Betrieb leitet, keinen Wissensvertreter oder Wissenserklärungsvertreter bestellt, so kann darin eine Obliegenheitsverletzung gesehen werden.

Es liegt dann ein Organisationsmangel vor, den der Versicherungsnehmer durch die Nichteinsetzung zu vertreten hat. Der Versicherungsnehmer kann sich nicht damit entschuldigen, daß er Kenntnisse überhaupt nicht oder verspätet erlangt hat.

3.11.2 Einteilung der Obliegenheiten

Die folgende Übersicht zeigt die wichtigsten Obliegenheiten. Es gibt daneben zahlreiche Sonderregelungen, je nach betriebenem Versicherungszweig.

Einteilung

● nach der Rechtsgrundlage	**gesetzliche** Obliegenheiten im **VVG**	**vertragliche** Obliegenheiten (AVB u. Klauseln z.B. § 2 AKB)
● nach dem Zeitpunkt zu dem ein **Tun** oder **Unterlassen** des Versicherungsnehmers gefordert wird	**Vorvertragliche** Anzeigepflicht; vor allem über Art und Schwere des Risikos	
	Während der Vertragsdauer vor Eintritt des Versicherungsfalles ohne besondere Beziehung zum Leistungsfall (Abgrenzung zu § 61 VVG) – Unterlassen von **Gefahrenerhöhungen** bzw. deren Anzeige – Anzeige bei Wohnungswechsel (Abschnitt 3.15.4c) Für die gesamte Schadensversicherung: – **vertragl. Auflagen zur vorbeugenden Schadensverhütung** – so. Obliegenheiten u.a. Mitteilung einer Mehrfachversicherung bzw. Anzeige einer Veräußerung (Abschnitt 3.7 u. 3.8)	
	Nach Eintritt des Versicherungsfalles (Rechtsfolgen: § 6 Abs. 3) – Anzeigepflicht (z.B. in Feuer- u. Todesfallvers. innerhalb 3 Tagen (§ 92/171 VVG) u. in der Haftpflichtvers. innerhalb 1 Woche § 153 – Auskunfts- und Belegpflicht – Schadensabwendungs- und Minderungspflicht	

3.11.3 Verletzungsfolgen (allgemeine Grundsätze)

Bei den Obliegenheiten sind die Verletzungsfolgen (Kündigung, Leistungsfreiheit usw.) grundsätzlich im Versicherungsvertragsgesetz geregelt. Man spricht dann von einem **vollständigen** Gesetz.

Es gibt aber auch Obliegenheiten, für die keine Verletzungsfolgen angegeben sind. Hier spricht man dann von einem **unvollständigem** Gesetz, denn der Versicherungsnehmer erleidet keine Rechtsnachteile, wenn er eine derartige Obliegenheit verletzt.

Beispiel:

> VVG §§ 33, 34, 93
>
> In den §§ 33, 34, 93 VVG sind Tatbestände aufgeführt, die zu den Obliegenheiten gehören, für die keine Rechtsfolgen bei Verletzung angegeben sind.

Die meisten Obliegenheiten führen bei ihrer Verletzung zur **Leistungsfreiheit und Kündigung.** Allerdings treten diese Rechtsfolgen nur dann ein, wenn bestimmte Erfordernisse erfüllt sind. Zu diesen Erfordernissen gehören vor allem das **Verschuldungsprinzip**, das **Kausalitätsprinzip** und das **Klarstellungsprinzip**.

a) Verschuldenserfordernisse

Danach treffen den Versicherungsnehmer nur Rechtsnachteile, wenn er die Obliegenheit **schuldhaft** verletzt hat.

Allerdings hat der **Versicherungsnehmer die Beweislast** dafür, daß ihn **kein** Verschulden trifft.

- **Direkter Vorsatz**

  Dieser erfordert das Wollen der Obliegenheitsverletzung im Bewußtsein des Vorhandenseins der Norm.

  Willen und Wissen sind gemeinsam erforderlich.

- **Bedingter Vorsatz**

  Dieser liegt vor, wenn man sagt: „Na, wenn schon!"

  Beispiel:

  > Ein Jäger geht in der Abenddämmerung auf Jagd. Am Waldesrand bemerkt er eine Silhouette, kann aber nicht genau erkennen, ob es sich um einen Menschen oder um ein Tier handelt. Schießt er und verletzt den Menschen tödlich, kann bedingter Vorsatz vorliegen, wenn er vor dem Schuß überlegt hat: „Es ist mir gleichgültig, ob ich ein Reh oder einen Menschen treffe!"

- **Grobe Fahrlässigkeit**

  Diese bedeutet eine besonders schwere Außerachtlassung der im Verkehr erforderlichen Sorgfalt, bei der einfache, ganz naheliegende Überlegungen nicht angestellt werden, die jedermann einleuchten müssen.

  Die Abgrenzung zum bedingten Vorsatz ist dann gegeben, wenn man sagt: „Es wird schon nichts passieren!"

  Beispiel:

  > Der Jäger vergegenwärtigt sich vor dem Schuß der Situation. Er sieht am Waldesrand ein Tier und in nächster Nähe einen Menschen. Da er sich für einen guten Schützen hält, sagt er sich: „Es wird schon nichts passieren." Wird der Mensch getötet, so liegt grobe Fahrlässigkeit vor.

  Unkenntnis der Allgemeinen Versicherungsbedingungen bedeutet in der Regel grobe Fahrlässigkeit.

- **Fahrlässigkeit**

  Fahrlässig handelt, wer die im Verkehr erforderliche Sorgfalt außer acht läßt.

b) Kausalitätserfordernis

Das Kausalitätsprinzip bedeutet, daß zwischen der Verletzung einer Obliegenheit und dem Eintritt des Versicherungsfalles oder dem Umfang der Leistung ein unmittelbarer Zusammenhang bestehen muß.

Weil eine bestimmte Obliegenheit verletzt wurde, ist der Versicherungsfall eingetreten oder der Umfang der Leistung größer geworden.

Beispiel: (Kausalität für den Eintritt):

> Ein Versicherungsnehmer flickt mit Draht eine durchgebrannte Sicherung in seinem Wohnhaus. Nach einer Stunde tritt ein Kurzschluß auf, der zu einem Totalbrandschaden führt.

Kausalität ist hier gegeben, weil der Versicherungsnehmer die Sicherung flickte (Verletzung einer Obliegenheit) und damit eine Gefahrerhöhung vornahm, durch die der Versicherungsfall herbeigeführt wurde.

Beispiel: (Kausalität für den Umfang):

> Eine Versicherungsnehmer lagert erhebliche Mengen von Benzin auf dem Dachboden seines Hauses. Bei einem Gewitter schlägt der Blitz ein und der Dachstuhl fängt Feuer. Als der Brand das Benzinlager erreicht hat, explodiert das Benzinlager und dadurch bedingt tritt am Wohnhaus ein Totalschaden ein.

Kausalität hinsichtlich des Umfanges ist hier gegeben, weil durch die Explosion des Benzinlagers ein erheblich größerer Schaden eingetreten ist.

Weil von dem Versicherungsnehmer Benzin gelagert wurde (Obliegenheitsverletzung), welches durch den vom Blitz verursachten Brandschaden explodierte, wurde der Schaden am Wohnhaus vergrößert.

Der durch Blitzschlag verursachte Schaden muß ersetzt werden; lediglich der Schaden, der durch die Explosion entstanden ist, fällt nicht unter die Ersatzpflicht.

Beispiel: (Kausalität ist nicht gegeben):

> Ein Versicherungsnehmer flickt mit Draht eine durchgebrannte Sicherung in seinem Wohnhaus.
> Der Brand des Hauses tritt jedoch nicht durch den Kurzschluß infolge der geflickten Sicherung ein, sondern durch Blitzschlag.

Nicht die Sicherung ist Ursache des Schadens, sondern der Blitz.

Kausalität wäre nur dann gegeben, wenn man sagen kann: „**dadurch, daß** der Versicherungsnehmer die Obliegenheit schuldhaft verletzte, ist der Versicherungsfall eingetreten bzw. der Umfang des Schadens größer geworden."

c) **Klarstellungserfordernis**

Der Gesetzgeber verlangt vom Versicherer nach Kenntnis einer Obliegenheitsverletzung durch den Versicherungsnehmer eine Klarstellung der Rechtslage. Der Versicherer muß sich innerhalb eines Monats entscheiden, ob er die Kündigung aussprechen will oder nicht. Kündigt er nicht, so kann er sich später auf die Leistungsfreiheit nicht mehr berufen.

Mit dieser Regelung will der Gesetzgeber folgendes erreichen:
Würde der Versicherer nicht zu einer Klarstellung gezwungen, so könnte er zunächst davon absehen, sich auf die Obliegenheitsverletzung zu berufen. Er würde dann weiter die Prämien einziehen und sich erst im Schadenfall auf die Leistungsfreiheit stützen. Ein Verhalten dieser Art verstößt gegen Treu und Glauben.

Beispiel:

> Erfährt der Einbruchdiebstahlversicherer, daß ein Wachhund nicht angeschafft werden kann, obwohl diese Obliegenheit vertraglich vereinbart worden ist, muß er innerhalb eines Monats kündigen, sonst kann er sich auf eine Leistungsfreiheit im Schadenfall nicht berufen.

3.11.4 Regelung des § 6 VVG (Verwirkungsklausel)

§ 6 VVG regelt – **halbzwingend** – in **grundsätzlicher** Weise die **Verletzungsfolgen** für alle **vertraglichen** Obliegenheiten, aber auch für solche **gesetzlichen** Obliegenheiten, die als **unvollständiges Gesetz** keine Rechtsfolgen vorsehen und daher durch vertragliche Verletzungsfolgen ergänzt werden.

§§ 33, 34
93 VVG

Wegen der unterschiedlichen Schärfe der Sanktionen unterscheidet § 6 VVG außerdem danach, ob die Obliegenheit **vor** oder **nach** dem Versicherungsfall zu erfüllen war.

a) Zielsetzung § 6 Abs. 1

In diesem Absatz sind die Obliegenheiten geregelt, die **vor dem Eintritt** des Versicherungsfalles dem Versicherer gegenüber zu erfüllen sind.

Beispiel:

> Es wird eine vertragliche Regelung getroffen, wonach der Versicherungsnehmer verpflichtet ist, einen Umzug anzuzeigen.

- Verletzungsfolgen

Hat der Versicherungsnehmer eine Obliegenheit i. S. § 6 Abs. 1 **schuldhaft** verletzt (leichte Fahrlässigkeit ist hier ausreichend), so kann der Versicherer:

- **innerhalb** eines Monats, nachdem er von der Verletzung erfährt, **fristlos kündigen**
- und – falls der Versicherungsfall eingetreten ist – sich auch auf **Leistungsfreiheit** berufen; allerdings nur dann, wenn er das Kündigungsrecht innerhalb Monatsfrist wahrnimmt. Die Leistungsfreiheit tritt hier **ohne** Rücksicht auf die **Kausalität** ein, d.h. **maßgebend** für die Leistungsfreiheit **ist nur** das **Verschuldens-** und **Klarstellungserfordernis**.

(Randnotiz: § 6 Abs. 1)

(Randnotiz: BGH 1951, VVG § 6 Abs. 1 Satz 3, § 68)

Die vom Gesetz als Voraussetzungen der Leistungsfreiheit geforderte Kündigung ist nicht etwa dann entbehrlich, wenn der Versicherungsfall in dem Zeitpunkt, in dem der Versicherer von der Obliegenheitsverletzung erfährt, bereits eingetreten ist. Der Versicherer soll vielmehr durch diese Bestimmung ganz allgemein im Interesse des Versicherungsnehmers entscheiden, ob er aus einer ihm bekannten Obliegenheitsverletzung Rechte herleiten will oder nicht (Kündigungsrecht wird zur Kündigungspflicht). Bei Wagniswegfall (Totalschaden) ist allerdings eine Kündigung nicht erforderlich, weil der Versicherungsvertrag sowieso gegenstandslos geworden ist.

b) Zielsetzung des § 6 Abs. 2 VVG

Hier sind die Obliegenheiten aufgeführt, die von dem Versicherer zum Zwecke der **Verminderung der Gefahr** oder der **Verhütung einer Gefahrenerhöhung** (vorbeugende Obliegenheit) dem Versicherer gegenüber zu erfüllen sind.

Beispiel:

> Bei einer ED-Versicherung verpflichtet sich der Versicherungsnehmer, vor dem Schaufenster seines Teppichgeschäftes ein Scherengitter anzubringen, um das Einbruch-Diebstahl-Risiko zu mindern. Der Versicherungsnehmer bringt kein Scherengitter an. Die Diebe steigen durch das ungeschützte Schaufenster ein und entwenden Ware.

(Randnotiz: VVG § 6 Abs. 2)

- Verletzungsfolgen

Hat der Versicherungsnehmer die vorbeugende Obliegenheit **schuldhaft** verletzt (leichte Fahrlässigkeit ist wieder ausreichend), so kann der Versicherer

- auch hier fristlos kündigen,
- sich auf die vereinbarte Leistungsfreiheit allerdings nur dann berufen, wenn zusätzlich zum Verschulden des Versicherungsnehmers und der rechtzeitigen Kündigung des Versicherers die **Kausalität** erfüllt ist, d.h. **maßgebend** für die Leistungsfreiheit ist sowohl das **Verschuldens- und Klarstellungserfordernis als auch das Kausalitätserfordernis**.

Da im vorliegenden Fall die Obliegenheitsverletzung schuldhaft war und auch kausal für den Eintritt des Versicherungsfalles, kommt es für die Leistungsfreiheit des Versicherers nur noch darauf an, daß innerhalb eines Monats nach Kenntnis der Verletzung der Vertrag gekündigt wird.
Hätten die Diebe allerdings die Ladentür aufgebrochen, müßte der Versicherer mangels Kausalität leisten.

c) Zielsetzung des § 6 Abs. 3

Hier sind die Rechtsfolgen bei Verletzung der Obliegenheiten geregelt, die **nach** Eintritt des Versicherungsfalles zu erfüllen sind:

(Randnotiz: VVG § 6 Abs. 3)

Beispiel:

> Der Versicherungsnehmer ist verpflichtet, nach Eintritt eines Versicherungsfalles den Schaden zu mindern. Im Zusammenhang mit einem Brandschaden ist der Versicherungsnehmer so aufgeregt, daß er die mögliche Schadenminderung nicht oder nicht rechtzeitig durchführt.

- **Verletzungsfolgen**

  Diese sind hier **erheblich milder** als in den vorangegangen Absätzen des § 6. Da der Versicherungsfall bereits eingetreten ist und die vom Versicherungsnehmer zu beachtenden Obliegenheiten nur mehr der Schadenseindämmung und einer sachgerechten Schadensregulierung dienen, soll der Versicherer nur unter sehr erschwerten Bedingungen leistungsfrei werden:
  - Die Obliegenheitsverletzung muß auf **Vorsatz** (bedingter Vorsatz genügt) oder **grober Fahrlässigkeit** beruhen. Leichte Fahrlässigkeit führt hier nicht zur Leistungsfreiheit für den Versicherer (erschwertes Verschuldungsprinzip).

    Hier kommt der Schutzgedanke des VVG zum tragen: Nach Eintritt des Versicherungsfalles dürfte der Versicherungsnehmer so schockiert sein, daß ihm ein fahrlässiges Verhalten nicht anzulasten ist.
  - Bei **grober Fahrlässigkeit** besteht die Leistungsfreiheit des Versicherers nur, wenn Kausalität vorliegt (strengstes Kausalitätserfordernis).

  Beispiel:

  Der Versicherungsnehmer verstößt grobfahrlässig gegen die Schadensminderungspflicht. Dadurch wird der Schadensumfang vergrößert.

- **Milderung der bedingungslosen Leistungsfreiheit** (bei Vorsatz) durch die Rechtssprechung:

  Der BGH hat die vollständige Leistungsfreiheit des Versicherers bei vorsätzlicher Obliegenheitsverletzung des Versicherungsnehmers zum Teil eingeschränkt bzw. an eine vorausgegangene Belehrung bzw. Aufklärung des Versicherungsnehmers geknüpft.
  - So ist unter dem **Gesichtspunkt der Verhältnismäßigkeit** auch bei Vorsatz zu prüfen, inwieweit durch die Obliegenheitsverletzung die Interessen des Versicherers tatsächlich ernsthaft gefährdet wurden (abgeschwächtes Kausalitätserfordernis) und wie schwer subjektiv die vorsätzliche Handlungsweise des Versicherungsnehmers (z.B. Vorsatz ohne Arglist) letztendlich war. Nur im Einzelfall ist daher zu entscheiden, ob nach dem Prinzip der Verhälsnismäßigkeit zumindest eine teilweise Leistungspflicht des Versicherers in Frage kommt (Relevanztheorie). *(BGH NJW 1972)*

  Beispiel:

  In der KFZ-Haftpflichtversicherung wird die Fahrerflucht des Versicherungsnehmers (vorsätzliche Verletzung der Aufklärungsobliegenheit) nur in den wenigsten Fällen zu entsprechenden Mehrleistungen des Versicherers führen, so daß eine vollständige Leistungsfreiheit des Versicherers nicht in Frage kommt. Daher differenzieren auch die AKB nach Leistungsfreiheit bis zum Betrag von DM 1.000,- und in schweren Fällen bis zu DM 5.000,-. *(AKB § 7 Abs. 5)*

  - **Belehrungspflicht:** Danach hat der Versicherer den Versicherungsnehmer ausdrücklich darauf hinzuweisen, daß er durch **vorsätzliche unwahre** oder **unvollständige Angaben** seinen Anspruch auf Versicherungsschutz auch dann verliert, wenn ein Nachteil für den Versicherer **nicht** eingetreten ist. *(BGH Vers.R 1975)*

    Die Belehrung erfolgt in der Regel auf dem Vordruck der Schadensmeldung durch hervorgehobenen Druck oder in einem besonderen Schreiben.

    Die Versicherer haben sich durch geschäftsplanmäßige Erklärung zur Belehrung verpflichtet.

  Beispiel:

  Dem Versicherungsnehmer wurde sein vollkaskoversichertes Auto gestohlen. Der Versicherungsnehmer erhielt von der Versicherungsgesellschaft die Schadenanzeige mit der Bitte um Ausfüllung zugestellt. Dieses Formular enthielt auch die Frage nach Vorschäden an dem Fahrzeug. Der Versicherungsnehmer antwortete mit „nein", obwohl er ca. ein Jahr vor dem Diebstahl des Wagens in einen Unfall verwickelt war, bei dem das Fahrzeug beschädigt wurde.

  Die Versicherungsgesellschaft hatte den Schadensersatzanspruch abgelehnt. Der BGH wies letztlich die Klage des Versicherungsnehmers ab. *(BGH 07.12.83)*

Die **vorsätzliche** Verletzung der Aufklärungspflicht war hier generell dazu geeignet, die **berechtigten Interessen** des Versicherers ernsthaft zu gefährden. Durch die Nichtangabe des KFZ-Vorschadens sollte der Versicherer zu einer höheren Entschädigung veranlaßt werden, als sie eigentlich zu leisten war. Der Versicherer konnte sich daher zu Recht auf Leistungsfreiheit berufen. Außerdem war das Verschulden des VN **erheblich**. Er hatte **trotz Belehrung** und ausdrücklicher Rückfrage des Versicherers **bewußt** falsche Angaben über den **Umfang** des Schadens gemacht. Wird von dem Versicherungsnehmer das Fehlen dieses Kriteriums geltend gemacht, ist er beweispflichtig.

d) Vertragsgefahr

Die Obliegenheit hat hier **keinen** vorbeugenden Charakter, sondern sie soll vielmehr einer **Erhöhung des subjektiven Risikos entgegenwirken.**

Beispiel:

BGH 1980 NJW 81

> Schließt der Versicherungsnehmer entgegen der Versicherungsbedingungen ohne Einwilligung des Versicherers einen weiteren Krankenhaustagegeld-Versicherungsvertrag ab, so verletzt er seine Obliegenheit, die der Verhütung der allgemeinen Gefahr mißbräuchlicher Inanspruchnahme des Versicherers („Vertragsgefahr") dient. Hat der Versicherungsnehmer nur fahrlässig gehandelt und war die Obliegenheitsverletzung ohne Einfluß auf die Leistung des Versicherers, so kann dieser sich wegen des sozialen Schutzzweckes der Versicherung nach Treu und Glauben nicht auf Leistungsfreiheit berufen; eine fristlose Kündigung des Vertrages wird jedoch nicht ausgeschlossen.

Zusammenfassung und Übersicht: § 6 VVG

Generelle Aufgabe	Diese Vorschrift gilt für vertragliche Obliegenheiten sowie für gesetzliche, bei denen nicht im Gesetz, wohl aber in den AVB Verwirkungsabreden getroffen wurden.
§ 6, Abs. 1 VVG	Betrifft Obliegenheiten, die **vor Eintritt** des Versicherungsfalles zu erfüllen sind. Prüfen: ● **Verschulden** = Fahrlässigkeit reicht aus, um den Versicherungsschutz zu verlieren. ● **Kausalität** = nicht zu prüfen. ● **Klarstellung** = VR muß innerhalb eines Monats nach Kenntnis **kündigen,** sonst kann er sich auf die Leistungsfreiheit nicht berufen.
§ 6, Abs. 2 VVG	Betrifft Obliegenheiten, die dem Zwecke der Verminderung der Gefahr oder der Verhütung einer Gefahrerhöhung dienen; sie sind auch **vor Eintritt** des Versicherungsfalles zu erfüllen. Prüfen: ● **Verschulden** = Fahrlässigkeit reicht aus, um den Versicherungsschutz zu verlieren, wenn ● **Kausalität** vorliegt und der VR ● **Kündigung (Klarstellung)** ausgesprochen hat.

§ 6, Abs. 3 VVG	Betrifft Obliegenheiten, die **nach Eintritt** des Versicherungsfalles zu erfüllen sind. Prüfen:
	● Verschulden
	  – Bei fahrlässiger Verletzung besteht immer Versicherungsschutz.
	  – Bei **grober Fahrlässigkeit** kann der Versicherer die Leistung versagen, wenn **Kausalität** vorliegt. Kündigung ist hier nicht Voraussetzung für die Versagung des Versicherungsschutzes.
	  – Bei **vorsätzlicher** Verletzung verliert der VN den Leistungsanspruch. Man beachte die Relevanztheorie, die jedoch bei Arglist nicht durchgreift.

3.12 Vorvertragliche Anzeigepflicht

Die vorvertragliche Anzeigepflicht ist von dem Versicherungsnehmer bei Schließung des Vertrages zu erfüllen.

Das Versicherungsvertragsgesetz geht davon aus, daß die Schriftform für die vorvertragliche Anzeige bedungen ist, denn der Versicherer muß das Risiko kennen, das er versichern soll.

Von der Risikoprüfung hängt z.B. ab:
- ob der Versicherer das Risiko übernehmen will oder übernehmen kann,
- wie hoch die Prämie ist und
- welche Bedingungen und Klauseln zugrunde gelegt werden müssen.

Um das Risiko nach den vorstehend genannten Merkmalen prüfen zu können, enthalten die Anträge, je nach Sparte bzw. Branche, entsprechende Fragen, z.B. die „Erklärung der zu versichernden Person" (Position 10 – 19) in dem auf der nächsten Seite abgedruckten LV-Antragsformular.

3.12.1 Inhalt

Der Versicherungsnehmer ist verpflichtet, **alle ihm bekannten Umstände, die für die Übernahme des Risikos erheblich sind** (als erheblich gelten die Antragsfragen), anzuzeigen. Gemeint sind hiermit die gefahrerheblichen Umstände, die dem Versicherungsnehmer bei Schließung des Vertrages bekannt, d.h. bewußt sind. Er ist nicht zu Nachforschungen und Erkundigungen verpflichtet, denn die Anzeigepflicht erstreckt sich **nur auf alle ihm bekannten Umstände.**

Für den Fall der Vertragsschließung durch **Bevollmächtigte** und **vollmachtslose Vertreter** wird der Schutz des Versicherers durch die Vorschriften des Versicherungsvertragsgesetz erweitert, wonach auch die Kenntnis des Vertretenen (Versicherungsnehmer) in Betracht kommt (gilt nicht für gesetzliche Vertreter).

3.12.2 Ausfüllen des Antrages durch den Vermittlungsagenten

Füllt der **Vermittlungsagent** den Antrag aus, dann gilt folgendes:

Wenn es sich um **Individualtatsachen** (Fragen, die nur aus dem besonderen eigenen Wissen zu beantworten sind, wie z.B. Vorerkrankungen) handelt, die der Versicherungsnehmer anzuzeigen hat, dann handelt er fahrlässig, wenn er dem Versicherungsagenten die Ausfüllung des Antrages überläßt und sich nicht vor Unterschriftsleistung davon überzeugt, was dieser ausgefüllt hat. Für den Fall, daß der Versicherungsnehmer den Antrag blanco unterschreibt und ihn dem Agenten zur Ausfüllung überläßt, ohne sich von der richtigen Beantwortung der einzelnen Fragen zu überzeugen, handelt er ebenfalls schuldhaft.

Anders liegt der Sachverhalt, wenn es sich um **Wahrnehmungstatsachen** (das sind Tatsachen, deren richtige Wahrnehmung und Erfassung der Versicherungsnehmer dem Agenten überlassen durfte, z.B. ob es sich um einen landwirtschaftlichen oder gewerblichen Betrieb) handelt. Hier kann sich der Versicherungsnehmer darauf verlassen, daß der Agent den Fragebogen ordnungsgemäß ausfüllt und die Fragen richtig beantwortet hat; er ist nicht verpflichtet, dies nachzuprüfen. Füllt der Vermittlungsagent den Antrag sogar schuldhaft falsch aus, so kann darin ein Verschulden bei Vertragsabschluß gesehen werden, das den Versicherer zum Schadensersatz verpflichtet.

3.12.3 Verletzungsfolgen

a) **Bei schuldhafter Verletzung** sind folgende Bestimmungen zu prüfen:

- **Rücktrittsrecht**

    Der Versicherer kann vom Vertrag zurücktreten, wenn der Versicherungsnehmer die Anzeige eines ihm bekannten erheblichen Umstandes **schuldhaft** unterläßt. Das gleiche gilt für den Fall der falschen Anzeige.   VVG § 18

    Wegen des Verschweigens von Umständen, nach denen nicht ausdrücklich gefragt worden ist, kann der Versicherer nur im Falle der Arglist des Versicherungsnehmers zurücktreten, z.B.: Ein vorbestrafter Brandstifter beantragt eine Feuerversicherung und verschweigt die Vorstrafe, weil im Antragsformular nicht danach gefragt worden war. Allerdings ist der Versicherungsnehmer dann nicht verpflichtet, sich unaufgefordert der Begehung strafbarer Handlungen, die bislang unentdeckt geblieben sind, zu bezichtigen, wenn er sich dadurch überhaupt erst der Gefahr strafrechtlicher Verfolgung aussetzen würde.   VVG §§ 16 Abs. 2; 17 VVG § 20 BGH 86

Der Rücktritt kann nur innerhalb eines Monats erfolgen, gerechnet von dem Zeitpunkt an, in welchem der Versicherer hiervon Kenntnis erhält **(Klarstellungsprinzip).**

Antrag auf Lebensversicherung
mit Kapitalzahlung und Rentenwahlrecht

Freilassen für Versicherungs-Nr.

Stempel der Vertretung
(mit Anschrift und Vertretungs-Nr.)

FRANZ HUBER
ERLENWEG 3
7800 FREIBURG

B.-Nr. b.

1. Zu versichernde Person
Zuname/Vorname/Titel: POLKE GEORG
Geburtsdatum: 20.02.49 Geburtsort: FREIBURG Geburtsname:
☐ ledig ☒ verh.
☐ verw. ☐ geschieden
☒ männl. ☐ weiblich

Beruf mit Angabe der derzeitigen Tätigkeit: ANGESTELLTER Branche: CHEMIE
selbständig ☐ ja ☒ nein

Straße/Haus-Nr.: TULLASTRASSE 107
Postleitzahl/Wohnort: 7800 FREIBURG
Postort:

2. Antragsteller/Beitragszahler
Zuname/Vorname:
☐ Antragsteller (Versicherungsnehmer) ☐ Beitragszahler
(Nur ausfüllen, wenn die zu versichernde Person nicht selbst Antragsteller oder Beitragszahler ist) Geburtsdatum:

Straße/Haus-Nr.:
Postleitzahl/Wohnort:

3. Zu versorgendes Kind
Zuname/Vorname: Geburtsdatum: zu Tarif: Eintr.-Alter:

Vereinbarungen
4. ☒ Einzelinkasso oder ☐ Sammelinkasso
Sammelinkasso Nr.: Sammelinkassoträger (Werksbezeichnung mit Lohn-/Gehalt-Zahlstelle):

Personal-Nr. des Beitragszahlers: ☐ Lohnempfänger ☐ Gehaltsempfänger
Der Beitragszahler ist mit dem Einzug/Lohn- bzw. Gehaltsabzug des rabattierten Beitrages durch den Sammelinkassoträger einverstanden.

5. Versicherungssumme: 40.000 DM Tarif (Erkl. s. Rückseite): Z1B Untersuchung: ☐ mit ☒ ohne Versicherungsbeginn*): 1. 6. 1983 Zahlungsweise: 1/12 jährlich

Eintrittsalter: 34 Jahre Beitragszahlungs-: 31 Jahre Versicherungsdauer: 31 Jahre Unfall-Zusatzversicherung: ☒ mit ☐ ohne 1/12 jährl. Tarifbeitrag: 2,68 ‰ UZ-Beitrag: 0.12 ‰ Berufszuschl.: — Gesamtbeitrag: 112.— DM

Rechnungsgebühr -,30 DM (entfällt bei Lastschrift, Dauerauftrag oder Sammelinkasso)
*) bei Sammelinkasso: Vers. Beginn nicht eintragen; er wird so festgelegt, daß der erste Einbehalt nur eine Versicherungsperiode umfaßt.

6. Beitragszahlung durch Lastschrift (nicht bei Sammelinkasso) Ermächtigung: Die Beiträge sind bis auf Widerruf bei Fälligkeit von meinem Konto einzuziehen.
Konto-Nr. (kein Sparkonto): 5064824 bei SPARKASSE FREIBURG Bankleitzahl: 68050101

7. Bezugsrechtsverfügung des Antragstellers für die Versicherungsleistungen einschließlich der Leistung aus der Gewinnbeteiligung (bei Firmen-Direktvers. gelten die Angaben im)
Im Erlebensfall der versicherten Person
a) ☒ an den Versicherungsnehmer b) ☐ _____ (nur ausfüllen, wenn a) nicht gewünscht wird)

Im Ablebensfall der versicherten Person
c) ☒ an den dann mit der versicherten Person in gültiger Ehe lebenden Ehegatten d) ☐ _____ (nur ausfüllen, wenn c) nicht gewünscht wird)

Zu Tarif: Soweit in Ziffer 7a-d kein Bezugsrecht verfügt wird, so ist das zu versorgende Kind begünstigt. Der Bezugsberechtigte wird beim Ableben der versicherten Person zugleich Versicherungsnehmer, wenn die versicherte Person zugleich Versicherungsnehmer war.
Die Unfall-Zusatzleistung, falls mitversichert, soll - sofern sie nicht dem zu versorgenden Kind zustehen soll - gezahlt werden:

e) ☐ an den mit der versicherten Person in gültiger Ehe lebenden Ehegatten f) ☐ _____ (nur ausfüllen, wenn e) nicht gewünscht wird)

8. a) Sollen für den Zuwachs der neuen Versicherung Beiträge aus Vorversicherungen berücksichtigt werden? ☐ ja ☒ nein Wenn ja, Versicherungs-Nr. unter besonderen Vereinbarungen angeben.
(Nur möglich, wenn die restliche Laufzeit der Vorversicherung noch mindestens 12 Jahre beträgt.)
b) Sicherheitsplan für junge Leute? ☐ ja ☒ nein Wenn ja, Vereinbarung siehe Rückseite.
c) Firmen-Direktversicherung? ☐ ja ☒ nein Wenn ja, Zusatzantrag erforderlich.
d) Unfallversicherung für Invalidität, Übergangsentschädigung, Tod und Tagegeld? ☒ ja ☐ nein Wenn ja, besonderer Antrag erforderlich.

9. a) Werden besondere Vereinbarungen gewünscht? (z. B. zu Ziffer 8a) Mündliche Abreden sind für den Versicherer nicht verbindlich.
KEINE

b) Sofern der Versicherungsnehmer nichts anderes bestimmt, wird beim Ableben des Versicherungsnehmers die versicherte Person Versicherungsnehmer.

Der Rücktritt erfolgt durch Erklärung gegenüber dem Versicherungsnehmer, bzw. nach dem Tod des VN ist der Rücktritt den Erben gegenüber zu erklären.

Erklärung der zu versichernden Person (Bitte jede Frage einzeln beantworten und Zutreffendes ankreuzen)

10. a) Welchen besonderen Gefahren im Beruf oder beim Sport sind Sie ausgesetzt? (Wettfahrten, Privat- oder Sportflüge, energiereiche Strahlen usw.) **KEINEN**
    b) Steht in den nächsten 12 Monaten eine länger als 6 Monate dauernde Reise nach außereuropäischen Ländern bevor? Wann? Wohin? Wie lange? **NEIN**
11. Bei welchen Versicherungsunternehmen wurden für Versicherungen auf Ihr Leben Beitragszuschläge oder Leistungseinschränkungen verlangt oder kam eine Versicherung nicht zustande? Wann? Name des Unternehmens? **KEINE**
12. Welcher Arzt (Name, Adresse) wird Sie untersuchen? **ENTFAELLT**

Die Fragen 13-20 sind nur zu Versicherungen ohne ärztliche Untersuchung zu beantworten

13. Körpergröße/Körpergewicht **178 cm 85 kg**
14. Leiden oder litten Sie bisher an Krankheiten, Störungen oder Beschwerden? (z. B. Herz oder Kreislauf, Atmungs-, Verdauungs-, Harn- oder Geschlechtsorgane, Gehirn, Rückenmark, Nerven, Augen, Ohren, Haut, Knochen, Gelenke, Drüsen, Milz, Blut, Gicht, Diabetes, Fettstoffwechselstörungen, Geschwülste, Rheumatismus, Wirbelsäule, Infektionskrankheiten) ⊠ ja ○ nein
15. Sind Sie in den letzten 5 Jahren untersucht, beraten oder behandelt worden? ○ ja ⊠ nein
16. Haben Sie Unfälle, Verletzungen, Vergiftungen erlitten? ○ ja ⊠ nein
17. Bestehen körperliche oder geistige Schäden? (z. B. Amputation, Versteifung, Bandscheibenschädigung, Rückgratverkrümmung, geistige Schwäche, Hörigkeit, Fehlsichtigkeit) ○ ja ⊠ nein
18. Bezogen, beziehen oder beantragen Sie eine Rente oder Pension aus gesundheitlichen Gründen? Bitte Rentenbescheid einsenden! ○ ja ⊠ nein
19. Wenn Sie eine oder mehrere Fragen der Ziff. 14-18 bejaht haben, benötigen wir noch folgende Angaben: (ggf. gesond. Blatt beifügen)

Art und Verlauf der Krankheit, Verletzung usw.	Wann? Wie oft? Wie lange?	Behandelnde Ärzte, Krankenhäuser, Heilstätten, Kuranstalten mit genauer Anschrift
LUNGENENT-ZUENDUNG	1980 1 × 2 WO.	DR. HANS MELLERT ROSA STRASSE 6 7800 FREIBURG

20. Wer ist Ihr Hausarzt bzw. welcher Arzt ist über Ihre Gesundheitsverhältnisse am besten orientiert? (Bitte Namen und Anschrift angeben)
DR. W. BULLINGER, SCHWARZWALDSTR. 8, 7800 FREIBURG

Angaben, die Sie hier nicht machen möchten, sind unmittelbar und unverzüglich an den Versicherer schriftlich nachzuholen.

Wichtig für den Antragsteller und die zu versichernde Person

Die Antragsfragen sind nach bestem Wissen richtig und vollständig beantwortet. Jede bis zur Annahme des Antrags noch eintretende sowie jede vor Antragstellung eingetretene, aber erst bis zur Annahme des Antrags bekanntwerdende nicht unerhebliche Verschlechterung des Gesundheitszustands der zu versichernden Person (Gefahrerhöhung) werde ich unverzüglich dem Versicherer schriftlich anzeigen. Versicherungsvermittler sind zur Entgegennahme von Anzeigen nicht bevollmächtigt. Ich weiß, daß der Versicherer bei Verletzung dieser Pflichten vom Vertrag zurücktreten bzw. die Leistung verweigern kann; für die Richtigkeit der Angaben bin ich allein verantwortlich, auch wenn ich den Antrag nicht selbst ausgefüllt habe.

Der Vermittler darf über die Erheblichkeit von Antragsfragen oder Erkrankungen keine verbindlichen Erklärungen abgeben.

Ich ermächtige den Versicherer, zur Nachprüfung und Verwertung der von mir über meine Gesundheitsverhältnisse gemachten Angaben alle Ärzte, Krankenhäuser und sonstigen Krankenanstalten, bei denen ich in Behandlung war oder sein werde, sowie andere Personenversicherer und Behörden über meine Gesundheitsverhältnisse zu befragen. Dies gilt nur für die Zeit vor der Antragsannahme und die nächsten 3 Jahre nach der Antragsannahme. Der Versicherer darf auch die Ärzte, die Todesursachen feststellen, und die Ärzte, die mich im letzten Jahr vor meinem Tod untersuchen oder behandeln werden, über die Todesursachen oder die Krankheiten, die zum Tode geführt haben, befragen. Insoweit entbinde ich alle, die hiernach befragt werden, von der Schweigepflicht auch über meinen Tod hinaus.

Ich willige ferner ein, daß der Versicherer im erforderlichen Umfang Daten, die sich aus den Antragsunterlagen oder der Vertragsdurchführung (Beiträge, Versicherungsfälle, Risiko-/Vertragsänderungen) ergeben, an Rückversicherer zur Beurteilung des Risikos und zur Abwicklung der Rückversicherung sowie an den Verband der Lebensversicherungsunternehmen e.V. und andere Versicherer zur Beurteilung des Risikos und der Ansprüche übermittelt.

Ich willige ferner ein, daß die Versicherer soweit dies der ordnungsgemäßen Durchführung meiner Versicherungsangelegenheiten dient, allgemeine Vertrags-, Abrechnungs- und Leistungsdaten in gemeinsamen Datensammlungen führen und an ihre Vertreter weitergeben.

Gesundheitsdaten dürfen nur an Personen- und Rückversicherer übermittelt werden; an Vertreter dürfen sie nur weitergegeben werden, soweit es zur Vertragsgestaltung erforderlich ist.

Auf Wunsch werden mir zusätzliche Informationen zur Datenübermittlung zugesandt.

An meinen Antrag halte ich mich sechs Wochen gebunden. Die Frist beginnt am Tag der Antragstellung, bei einer Versicherung mit ärztlicher Untersuchung jedoch erst mit dem Tag der Untersuchung.

Für die Versicherung gelten die Versicherungsbedingungen, die zusammen mit dem Versicherungsschein - auf Wunsch jedoch früher - übersandt werden, und der jeweilige von der Aufsichtsbehörde genehmigte Geschäftsplan des Versicherers.

Mir ist bekannt, daß die Beiträge bei kapitalbildenden Lebensversicherungen zunächst zur Deckung der vorzeitigen Versicherungsfälle, der Abschlußkosten und der Verwaltungskosten verbraucht werden. Deshalb fällt bei Kündigung der Lebensversicherung in den ersten Jahren kein oder nur ein niedriger Rückkaufswert an. Über die Entwicklung der Rückkaufswerte gibt eine dem Versicherungsschein beigefügte Tabelle Auskunft.

Eine bestehende Versicherung aufzugeben und dafür eine neue Versicherung abzuschließen, ist für den Versicherungsnehmer im allgemeinen unzweckmäßig und den Lebensversicherungsunternehmen daher unerwünscht.

Eine Durchschrift des Versicherungsantrages habe ich erhalten.

Unterschriften (Bitte mit Vor- und Zunamen, ggf. mit Geburtsnamen, bei Firmen mit Firmenstempel)

Ort/Datum: **FREIBURG DEN 14.05.83**

Unterschrift des Mitarbeiters (Bitte Telefon-Nr. angeben): *Franz Huber* 0761/46780

Unterschrift des Antragstellers (Versicherungsnehmers): *Georg Polke*

Unterschrift der zu versichernden Person

Unterschrift des Beitragszahlers, wenn dieser weder Antragsteller noch zu versichernde Person ist

Unterschrift der gesetzlichen Vertreter

In der Lebensversicherung gilt nach dem Tode des Versicherungsnehmers der Bezugsberechtigte bzw. Inhaber des Versicherungsscheines als Erklärungsempfänger des Versicherers.

BGB §§ 327, 346

Die Wirkung des Rücktritts ist dieselbe wie nach bürgerlichem Recht. Das Vertragsverhältnis wird mit dem Zugehen der Rücktrittserklärung rückwirkend aufgelöst. Da empfangene Leistungen zurückzugewähren sind, kann die Gesellschaft auch bereits früher ohne Kenntnis des Rücktrittsgrundes geleistete Entschädigungen mit Zinsen zurückfordern. Dies gilt aber nur soweit zwischen dem verschwiegenen Umstand und den schon eingetretenen Versicherungsfällen ein **Kausalzusammenhang** besteht.

VVG § 20 Abs. 2 Satz 2

VVG § 40

Aus dem Grundsatz der Unteilbarkeit der Prämie und dem Wesen der Versicherungsleistung als Gefahrtragung folgt, daß dem Versicherer gleichwohl die Prämie bis zum Schluß der Versicherungsperiode gebührt, in der er von der Verletzung der Anzeigepflicht Kenntnis erlangt hat.

VVG §§ 173, 176

Bei einer rückkaufsfähigen Versicherung (Lebensversicherung) muß der Versicherer die Prämienreserve herausgeben.

Prüfung der Kausalität

VVG § 21

Die Prüfung der Kausalität, die nach Eintritt des Versicherungsfalles zu erfolgen hat, ist auch hier ein Schutz für den Versicherungsnehmer; denn er soll seinen Entschädigungsanspruch nicht verlieren, wenn sich durch den tatsächlichen Verlauf gezeigt hat, daß der nicht oder unrichtig angezeigte Gefahrenumstand auf den Eintritt und Umfang des Schadens keinen Einfluß gehabt hat.

Daher bestimmt § 21 VVG: „Tritt die Gesellschaft zurück, nachdem der Schadensfall eingetreten ist, so bleibt ihre Verpflichtung zur Leistung gleichwohl bestehen, wenn der Umstand, in Ansehung dessen die Anzeigepflicht verletzt ist keinen Einfluß auf den Eintritt des Schadensfalles und den Umfang der Leistung der Gesellschaft gehabt hat."

Es kommt nicht darauf an, ob die Gesellschaft bei Kenntnis des verschwiegenen oder falsch mitgeteilten Umstandes das Risiko überhaupt übernommen hätte, sondern vielmehr darauf, daß ein **ursächlicher** Zusammenhang zwischen dem Gefahrenumstand und dem Eintritt und Umfang des Schadens besteht.

Demnach besteht keine Leistungspflicht des Versicherer, wenn der Versicherungsfall ursächlich auf den infolge der Verletzung der Anzeigepflicht unbekannt gebliebenen Umstand zurückzuführen ist. Den Versicherungsnehmer trifft die Beweislast dafür, daß der Umstand ohne Einfluß auf den Schaden geblieben ist.

Beispiel:

Ein Versicherungsnehmer schließt am 10. 10. 80 eine Lebensversicherung ab. Die Frage nach Vorerkrankungen wird vom Versicherungsnehmer mit einem nein beantwortet, obwohl er weiß, daß er an Tuberkulose leidet. Am 10. 10. 85 stirbt der Versicherte an dieser Krankheit.

Prüfung:
- Vorvertragliche Anzeigepflicht verletzt? = ja
- Verschulden des Versicherungsnehmers? = ja
- Kausalität = besteht
  (In diesem Fall hat der nicht angezeigte Umstand – die Tuberkuloseerkrankung – den Eintritt des Versicherungsfalles verursacht.)
- Versicherer = muß nicht leisten

Beispiel:

Fall wie vorstehend, jedoch stirbt der Versicherungsnehmer nicht an Tbc. Er fällt einem Verkehrsunfall zum Opfer.

Prüfung:
- Vorvertragliche Anzeigepflicht verletzt? = ja
- Verschulden des Versicherungsnehmers? = ja
- Kausalität = besteht nicht
- Versicherer = muß leisten

b) Bei **nicht schuldhafter** Verletzung sind folgende Bestimmungen zu beachten:
- **Kein Rücktrittsrecht**

   Der Versicherungsnehmer hat zu beweisen, daß die Anzeige ohne sein Verschulden und ohne Verschulden seines Vertreters oder solcher dritten Personen, für deren Verschulden er einzustehen hat, unterblieben oder unrichtig gemacht sei.

   Wenn dem Versicherungsnehmer der Gefahrenumstand nicht bekannt war oder wenn ihn **kein Verschulden** trifft, so hat die Gesellschaft kein Rücktrittsrecht.

- **Höhere Prämien**

   Es kann der Gesellschaft aber nicht zugemutet werden, das Risiko in allen Fällen zu der ohne Kenntnis des Gefahrenumstandes festgesetzten Prämie weiter zu tragen. Daher ist gesetzlich geregelt, daß der Versicherer eine höhere Prämie von dem Beginn der laufenden Versicherungsperiode fordern kann, falls diese im Hinblick auf die höhere Gefahr angemessen ist. VVG § 41

   Wird die höhere Gefahr nach den für den Geschäftsbetrieb des Versicherers maßgebenden Grundsätzen (Geschäftsplan) auch gegen eine höhere Prämie nicht übernommen, so kann der Versicherer das Versicherungsverhältnis unter Einhaltung einer Kündigungsfrist von einem Monat kündigen.

   Der Anspruch auf die höhere Prämie erlischt, wenn er nicht innerhalb eines Monats von dem Zeitpunkt an geltend gemacht wird, in welchem der Versicherer von der Verletzung der Anzeigepflicht oder von dem nicht angezeigten Umständen Kenntnis erlangt.

   Beispiel:

   > Der Versicherungsnehmer V hat sich nach Prospekt in Bayern ein Landhaus gekauft, welches lt. Katalog ein Hartdach haben sollte. Im Antrag auf Abschluß einer Feuerversicherung gibt der Versicherungsnehmer dies nicht an. Die Prämie berechnet sich nach dem Risiko, also auch nach dem Hartdach. Bei einem persönlichen Besuch in Bayern stellt V fest, daß das Haus mit Stroh gedeckt ist.

   Eine Obliegenheitsverletzung hat V begangen, da er falsch angezeigt hat. Man kann aber annehmen, daß V nicht schuldhaft gehandelt hat. Wenn kein Verschulden vorliegt, dann ist das Rücktrittsrecht ausgeschlossen. Im vorliegenden Fall ist der Versicherer berechtigt, die angemessene Prämie zu fordern, weil diese mit Rücksicht auf die höhere Gefahr (hier Strohdach statt Hartdach) zu vertreten ist. VVG § 16 Abs. 3 § 41

   Umgekehrt hat der Versicherungsnehmer ein Recht auf Herabsetzung der Prämie, wenn infolge irrtümlicher Angaben seinerseits eine zu hohe Prämie festgesetzt worden ist. VVG § 41 a

3.12.4 Sonderfälle

a) **Rechtsfolgen bei arglistiger Täuschung**

   Arglist liegt vor, wenn zum Vorsatz noch die Täuschungs- und Bereicherungsabsicht tritt. Der Versicherungsnehmer muß mit der Möglichkeit gerechnet haben, daß die unrichtige Angabe, die Entschließung der Gesellschaft zum Vertragsabschluß beeinflussen werde. Liegt Arglist vor, so hat der Versicherer das Recht, den Vertrag wegen arglistiger Täuschung über Gefahrumstände anzufechten. Die Anfechtung kann innerhalb eines Jahres seit Entdeckung der Täuschung und ihrer Arglist erklärt werden. VVG § 22 BGB § 123 § 124

   Die Anfechtung vernichtet den Versicherungsvertrag von Anfang an, d.h. der Versicherer kann **unabhängig von Kausalität** die erbrachten Leistungen zurückfordern. BGB § 142

   Beispiel:

   > Ein Versicherungsnehmer schließt am 01.01.70 eine Lebensversicherung ab. Die Frage nach der Vorerkrankung beantwortet er mit „Nein", obwohl er weiß, daß er an Tuberkulose leidet. Der Versicherungsnehmer hat bewußt diese Frage verneint, weil er mit Recht befürchtete, daß bei Bejahung der Frage ein Vertrag nicht zustande kommt. Er täuscht absichtlich den Versicherer, um sich oder seine Erben zu bereichern.
   > Der Versicherte stirbt am 11.05.75 bei einem Verkehrsunfall.

Prüfung:
- Vorvertragliche Anzeigepflicht verletzt? = ja
- Verschulden (Arglist) gegeben? = ja
- Anfechtung nach § 123 Abs. 1 BGB gegeben? = ja
- Versicherer = wird leistungsfrei

Die BGB-Anfechtung bei „**arglistiger Täuschung**" gelingt dem Versicherer in der Praxis allerdings recht selten, da hier in der Verschuldensfrage nicht der Versicherungsnehmer – wie üblich – die **Beweislast** hat, sondern der **Versicherer**. Dieser hat den Nachweis zu führen, daß der Versicherungsnehmer nicht nur wissentlich, sondern sogar arglistig einen gefahrenerheblichen Umstand verschwiegen oder unrichtig angezeigt hat. Gelingt ihm dieser Nachweis nicht, bleibt dem Versicherer nur der Rücktritt. Im oben angeführten Fall hätte das für den Versicherer allerdings die Konsequenz, daß er mangels Kausalität leistungspflichtig wäre.

b) Sonderregelung in der Lebensversicherung

In der Lebensversicherung ist der Rücktritt
- bei Tod des Versicherungsnehmers auch gegenüber dem Bezugsberechtigten bzw. Policeninhaber (Erklärungsempfänger) möglich.
- Dagegen ausgeschlossen
  - bei falscher Altersangabe und
  - nach Ablauf von 10 Jahren (VVG) bzw. 3 Jahren (ALB) seit Vertragsabschluß.

§§ 162
163 VVG
§ 6 ALB

§§ 173, 176 VVG

Das Recht auf Anfechtung wegen Arglist bleibt jedoch bestehen.

Wegen der Rückkaufsfähigkeit der Lebensversicherung muß der Versicherer mit Rücktritt das Deckungskapital herausgeben.

Zusammenfassung und Übersicht: Verletzung der vorvertraglichen Anzeigepflicht

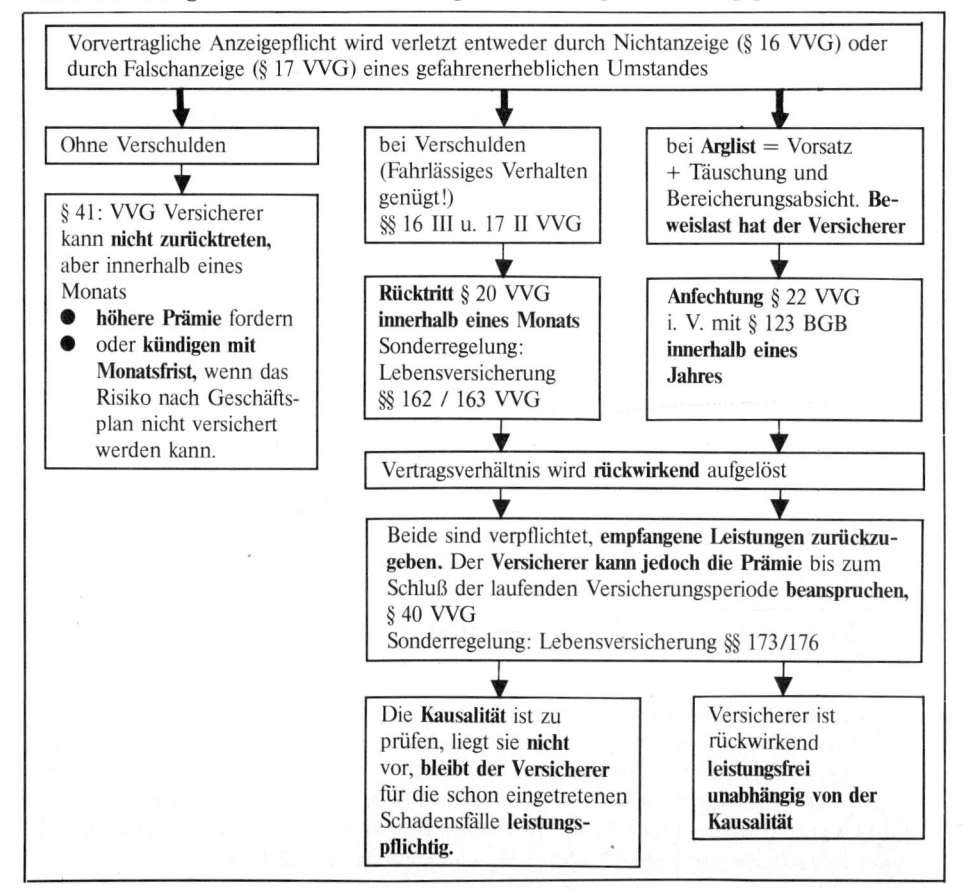

Vorvertragliche Anzeigepflicht wird verletzt entweder durch Nichtanzeige (§ 16 VVG) oder durch Falschanzeige (§ 17 VVG) eines gefahrenerheblichen Umstandes

Ohne Verschulden	bei Verschulden (Fahrlässiges Verhalten genügt!) §§ 16 III u. 17 II VVG	bei **Arglist** = Vorsatz + Täuschung und Bereicherungsabsicht. **Beweislast hat der Versicherer**
§ 41: VVG Versicherer kann **nicht zurücktreten**, aber innerhalb eines Monats • **höhere Prämie** fordern • oder **kündigen mit Monatsfrist,** wenn das Risiko nach Geschäftsplan nicht versichert werden kann.	**Rücktritt § 20 VVG innerhalb eines Monats** Sonderregelung: Lebensversicherung §§ 162 / 163 VVG	**Anfechtung § 22 VVG** i. V. mit § 123 BGB **innerhalb eines Jahres**

Vertragsverhältnis wird **rückwirkend** aufgelöst

Beide sind verpflichtet, **empfangene Leistungen zurückzugeben**. Der **Versicherer kann jedoch die Prämie** bis zum Schluß der laufenden Versicherungsperiode **beanspruchen,** § 40 VVG
Sonderregelung: Lebensversicherung §§ 173/176

Die **Kausalität** ist zu prüfen, liegt sie **nicht** vor, **bleibt der Versicherer** für die schon eingetretenen Schadensfälle **leistungspflichtig.**	Versicherer ist rückwirkend **leistungsfrei unabhängig von der Kausalität**

3.13 Gefahrenerhöhung

3.13.1 Inhalt

Nach Vertragsabschluß **darf die Gefahr** (Risiko) **ohne Einwilligung des Versicherers nicht erhöht werden.** (Gefahrstandspflicht)

VVG
§ 23 Abs. 1

Das erhöhte Risiko ist vertragswidrig, außerdem erhält der Versicherer dafür keine adäquate Prämie. Soweit das erhöhte Risiko für den Versicherer überhaupt tragbar ist, wird er nur unter der Bedingung einer erneuten Prämienkalkulation seine Einwilligung erteilen.

Erlangt der Versicherungsnehmer **Kenntnis von einer Gefahrenerhöhung, so hat er sie dem Versicherer unverzüglich anzuzeigen.** (Anzeigepflicht).

VVG
§ 23 Abs. 2

Grundsätzlich setzen die Vorschriften über die Gefahrenerhöhung mit dem **formellen** Beginn der Versicherung ein, da vorherige Umstände noch von der vorvertraglichen Anzeigepflicht erfaßt werden. Die Anwendbarkeit der Vorschriften der Gefahrenerhöhung wird jedoch auf die Zeit zwischen Stellung und Annahme des Versicherungsantrags ausgedehnt.

VVG
§ 29 a

3.13.2 Voraussetzungen

Nicht jede Gefahrensteigerung ist eine Gefahrenerhöhung im Sinne des § 23 ff VVG.

a) **Die Gefahrenerhöhung muß „erheblich" sein:**

   Eine Gefahrenerhöhung liegt vor, wenn sich die Gefahrenlage, die dem Versicherer aus dem Vertrag bekannt ist, in einer für ihn ungünstigen Weise ändert. Bei der Frage der Erheblichkeit entscheiden objektive Gesichtspunkte.

   VVG
   § 29

   Dagegen ist eine erhöhte Gefahr immer dann unerheblich, wenn sie der Versicherer zu den gleichen Bedingungen und Prämien versichert hätte, wie sie im Versicherungsvertrag bereits vorgesehen sind.

   Als unerheblich gelten vor allem solche Gefahrenerhöhungen, die **unvermeidlich** bzw. **den Umständen nach als vereinbart anzusehen sind,** wie z.B. in der Krankenversicherung die Verschlechterung des Risikos mit zunehmendem Alter.

   Die Gefahrenerhöhung kann auch nach der **Verkehrsauffassung** als mitversichert gelten, wie z.B. die Laternengarage in der Fahrzeugversicherung oder das Leitungswasserrisiko in der Gebäudeversicherung, wenn während einer längeren Auslandsreise das Haus unbewohnt ist. Die Erheblichkeit einer Gefahrenerhöhung ist häufig Gegenstand von Streitfällen. Grundsätzlich hat der **Versicherungsnehmer die Beweislast für die Unerheblichkeit** der Gefahrenerhöhung, während der **Versicherer die Gefahrenerhöhung als solche** zu beweisen hat.

b) **Die Gefahrenerhöhung muß dem Versicherungsnehmer subjektiv bekannt sein.** Für die Anwendung des § 23 VVG verlangt die Rechtssprechung, daß der Versicherungsnehmer die Tatsachen kennt, die eine Veränderung der Gefahrenlage bedingen.

   VVG
   § 23

   Beispiel:

   Nutzt ein Versicherungsnehmer seinen PKW mit nicht verkehrssicherer Bereifung, ohne dies zu erkennen, so liegt in der Weiterbenutzung keine „Vornahme" einer Gefahrenerhöhung. Vielmehr handelt es sich hier um eine ungewollte Gefahrenerhöhung im Sinne des § 27 VVG, und der Versicherer müßte beweisen, daß der Versicherungsnehmer **schuldhaft** die erforderliche Anzeige nicht erstattet hat.

   BGH
   14.07.71

   Selbst bei grobfahrlässiger Unkenntnis ist eine Gefahrenerhöhung nach § 23 VVG nicht gegeben; anders nur wenn der Versicherungsnehmer sich der Kenntnis von der Gefahrenerhöhung arglistig entzieht (i.o.a. Beispiel weiß der VN, daß von der km-Leistung her ein Reifenwechsel fällig wäre, da es ihm aber an Geld fehlt, zieht er die Ungewißheit vor und untersucht erst gar nicht die Reifen).

c) **Die Gefahrenerhöhung muß objektiv von „gewisser Dauer" sein.** Bei der Gefahrenerhöhung bewegt sich das Risiko **zunächst auf einer höheren Gefahrenebene,** d.h. sie darf nicht **unmittelbar** zum Eintritt des Versicherungsfalles führen. Andernfalls würde es sich um die **Herbeiführung des Versicherungsfalles** handeln, was von § 61 bzw. § 152 VVG erfaßt wird.

   VVG
   §§ 61, 152

   Es kommt nicht darauf an, wie lange der neue Gefahrenzustand tatsächlich anhält, er muß nur solange andauern, daß er Grundlage eines neuen Gefahrenverlaufs sein kann, der den Eintritt von Versicherungsfällen generell wahrscheinlicher macht.

Beispiel:

> Weil die Reparaturwerkstatt die Reparatur aus terminlichen Gründen nicht sofort durchführen konnte, sollte ein LKW mit schadhaften Bremsen bis zur Reparaturannahme noch weiter im normalen Fuhrbetrieb gefahren werden, obwohl er eigentlich auf dem kürzesten Wege hätte aus dem Verkehr gezogen werden müssen. Schon nach 2 Tagen trat der Versicherungsfall ein.
> Der BGH nahm hier eine Gefahrenerhöhung an, weil noch eine Vielzahl Fahrten geplant waren.

Das Erfordernis einer „gewissen Dauer" könnte auch deshalb von Belang sein, weil die dem Versicherungsnehmer auferlegte Pflicht zur Anzeige einer Gefahrenerhöhung nicht schon aus zeitlichen Gründen sinnlos sein darf. Daher stellt auch die Trunkenheit am Steuer keine Gefahrenerhöhung dar, wohl aber eine „grob-fahrlässige Herbeiführung" des Versicherungsfalls mit der Rechtsfolge, daß der Versicherer in der Kasko-Versicherung leistungsfrei wird, nicht dagegen in der KFZ-Haftpflichtversicherung.

3.13.3 Gewollte (subjektive) Gefahrenerhöhungen

a) Regelung nach § 23 Abs. 1 VVG

VVG § 23 Abs. 1

Sie liegt vor, wenn der Versicherungsnehmer nach Abschluß des Vertrages die Gefahrenerhöhung selbst vornimmt oder Dritten die Vornahme gestattet, ohne daß der Versicherer eingewilligt hat.

Beispiel:

> Der Versicherungsnehmer Schulz geht mit einer brennenden Kerze um 20 Uhr in seine Scheune, beim Verlassen der Scheune vergißt er die Kerze mitzunehmen, um 24 Uhr fällt die Kerze um und setzt das Stroh in Brand, die Scheune brennt nieder.

– **Kündigungsrecht**

§ 24 Abs. 1 Satz 1

Bei der gewollten Gefahrenerhöhung kann der Versicherer **fristlos** kündigen, wenn ein **Verschulden des Versicherungsnehmers** vorliegt. Kann dagegen der Versicherungsnehmer mangelndes Verschulden nachweisen, so wird die Kündigung des Versicherers **erst einen Monat nach ihrem Ausspruch wirksam,** damit dem Versicherungsnehmer die Möglichkeit gegeben ist, sich anderweitig zu versichern (Kündigungsfrist).

Das Kündigungsrecht erlischt

VVG § 24 Abs. 2

- wenn es nicht innerhalb eines Monats von dem Zeitpunkt ausgeübt wird, in welchem der Versicherer von der Erhöhung der Gefahr Kenntnis erlangt (**Klarstellungsprinzip**).
- wenn die Gefahrenerhöhung wieder rückgängig gemacht wurde, bevor die Kündigung wirksam wird.

– **Leistungsfreiheit**

War ein Versicherungsfall nach Vornahme der Gefahrenerhöhung schon eingetreten, so kommt für den Versicherer Leistungsfreiheit in Betracht. Er kann sich auf Leistungsfreiheit nur dann nicht berufen:

§ 25 Abs. 3

- wenn die Gefahrenerhöhung für den Eintritt des Versicherungsfalles und für die Höhe des Schadens nicht kausal gewesen ist (**Kausalitätsprinzip**), was allerdings der Versicherungsnehmer zu beweisen hat.

Beispiel:

> Ein Haus wird, anstelle des bisher vorhandenen Ziegeldachs, mit einem Schilfdach versehen. Trotz der erhöhten Feuergefahr unterbleibt eine Anzeige. Wird das Haus danach durch eine Gasexplosion im Keller vollständig zerstört, so hat die Gefahrenerhöhung den Schaden weder verursacht noch vergrößert. Der Versicherer ist leistungspflichtig. Leistungsfrei wäre er dagegen, wenn das Haus bei einem Brand infolge der weichen Dachung restlos ausbrennen würde.

- wenn die Gefahrenerhöhung durch den Versicherungsnehmer nicht verschuldet wurde und er seiner Anzeigepflicht gemäß § 23 Abs. 2 unverzüglich nachgekommen ist **(Verschuldungsprinzip).** VVG § 25 Abs. 2
- wenn die Wahrnehmungsfrist für die Kündigung des Versicherungsvertrages durch den Versicherer zur Zeit des Eintritts des Versicherungsfalles bereits abgelaufen ist und die Kündigung nicht erfolgt ist **(Klarstellungsprinzip).** VVG § 25 Abs. 3

Die Vorschriften über die Gefahrenerhöhung finden keine Anwendung, wenn der Versicherungsnehmer zu der Erhöhung, z.B. durch ein Gebot der Menschlichkeit, veranlaßt wurde. VVG § 26

Beispiel:

> Während des Bügelns wird eine Hausfrau durch einen Hilfeschrei veranlaßt, auf die Straße zu eilen. Da sie vergessen hat, das Bügeleisen abzustellen, entsteht ein Brand, der das ganze Haus vernichtet.

b) Regelung nach § 23 Abs. 2 (Anzeigepflicht)

Der Versicherungsnehmer hat dem Versicherer unverzüglich Anzeige zu machen, wenn er Kenntnis davon erlangt, daß durch eine von ihm ohne Einwilligung des Versicherers vorgenommene oder gestattete Änderung die Gefahr erhöht ist. VVG § 23 Abs. 2

Es ist jedoch anzumerken, daß diese Regelung praktisch bedeutungslos ist. Sie gilt nur für den sehr seltenen Fall, daß eine willentlich aber schuldlos vorgenommene Gefahrenänderung in ihrem Charakter als Gefahrenerhöhung nachträglich erkannt, aber dann nicht unverzüglich angezeigt wird. § 25 Abs. 2

Die Verletzungsfolgen sind die gleichen, wie bei der ungewollten Gefahrenerhöhung.

Macht der Versicherungsnehmer die Anzeige nicht unverzüglich, so ist der Versicherer von der Verpflichtung zur Leistung frei, wenn der Versicherungsfall später als einen Monat nach dem Zeitpunkt eintritt, in welchem die Anzeige dem Versicherer hätte zugehen müssen. Außerdem muß natürlich auch hier wieder das Klarstellungs- und Kausalitätsprinzip erfüllt sein.

3.13.4 Ungewollte (objektive) Gefahrenerhöhung

Eine Gefahrenerhöhung kann auch unabhängig vom Willen des Versicherungsnehmers eingetreten sein; er kann sie auch nicht verhindern. VVG § 27 Abs. 1

Beispiel:

> Naturereignisse rufen eine Gefahrenerhöhung hervor
> Auf dem Nachbargrundstück einer Schreinerei wird ein explosionsgefährdeter Betrieb errichtet (Dritte nehmen eine Gefahrenerhöhung vor).

Der Versicherungsnehmer ist auch hier zur Anzeige der Gefahrenerhöhung verpflichtet, und zwar **unverzüglich** nachdem er Kenntnis von ihr erhält. VVG § 27 Abs. 2

Rechtsfolgen können sein:

- **Kündigungsrecht**
  Der Versicherer kann nur unter Einhaltung einer einmonatigen Kündigungsfrist kündigen (Wahrnehmungsfrist ebenfalls 1 Monat) § 27 Abs. 1

- **Leistungsfreiheit**
  Darauf kann sich der Versicherer nur dann berufen, wenn der Versicherungsnehmer seine Anzeigepflicht **schuldhaft** verletzt hat und der Versicherungsfall, für den Leistungsfreiheit geltend gemacht wird, später als einen Monat nach dem Zeitpunkt eintritt, in welchem dem Versicherer die Anzeige hätte zugehen müssen. VVG § 28 Abs. 1

Die Leistungs**pflicht bleibt** dagegen **bestehen,** wenn:
- dem Versicherer die Gefahrenerhöhung auf andere Weise rechtzeitig bekannt war,
- der Versicherer nicht rechtzeitig gekündigt hat (Klarstellungserfordernis) oder
- das Kausalitätserfordernis nicht erfüllt ist (Kausalitätsprinzip). VVG § 28 Abs. 2

Zusammenfassung und Übersicht: Gefahrenerhöhung

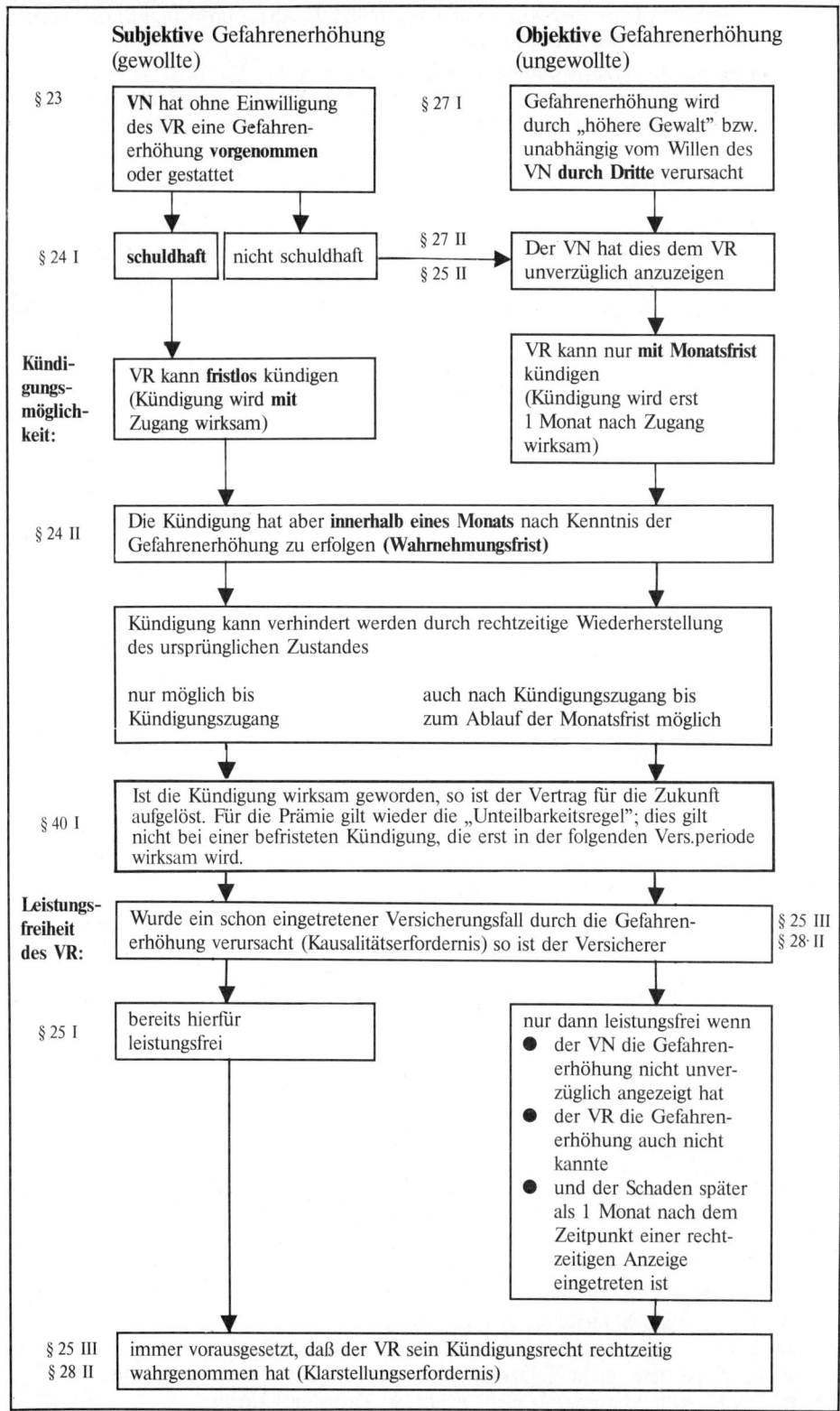

	Subjektive Gefahrenerhöhung (gewollte)		**Objektive** Gefahrenerhöhung (ungewollte)
§ 23	VN hat ohne Einwilligung des VR eine Gefahrenerhöhung **vorgenommen** oder gestattet	§ 27 I	Gefahrenerhöhung wird durch „höhere Gewalt" bzw. unabhängig vom Willen des VN **durch Dritte** verursacht
§ 24 I	**schuldhaft** / nicht schuldhaft	§ 27 II § 25 II	Der VN hat dies dem VR unverzüglich anzuzeigen

Kündigungsmöglichkeit:

	VR kann **fristlos** kündigen (Kündigung wird mit Zugang wirksam)	VR kann nur **mit Monatsfrist** kündigen (Kündigung wird erst 1 Monat nach Zugang wirksam)

§ 24 II — Die Kündigung hat aber **innerhalb eines Monats** nach Kenntnis der Gefahrenerhöhung zu erfolgen (**Wahrnehmungsfrist**)

Kündigung kann verhindert werden durch rechtzeitige Wiederherstellung des ursprünglichen Zustandes

nur möglich bis Kündigungszugang	auch nach Kündigungszugang bis zum Ablauf der Monatsfrist möglich

§ 40 I — Ist die Kündigung wirksam geworden, so ist der Vertrag für die Zukunft aufgelöst. Für die Prämie gilt wieder die „Unteilbarkeitsregel"; dies gilt nicht bei einer befristeten Kündigung, die erst in der folgenden Vers.periode wirksam wird.

Leistungsfreiheit des VR:

§ 25 III / § 28 II — Wurde ein schon eingetretener Versicherungsfall durch die Gefahrenerhöhung verursacht (Kausalitätserfordernis) so ist der Versicherer

§ 25 I	
bereits hierfür leistungsfrei	nur dann leistungsfrei wenn • der VN die Gefahrenerhöhung nicht unverzüglich angezeigt hat • der VR die Gefahrenerhöhung auch nicht kannte • und der Schaden später als 1 Monat nach dem Zeitpunkt einer rechtzeitigen Anzeige eingetreten ist

§ 25 III / § 28 II — immer vorausgesetzt, daß der VR sein Kündigungsrecht rechtzeitig wahrgenommen hat (Klarstellungserfordernis)

Gefahr lauert in der Drosselspule
Auch „kaltes Licht" kann feuergefährlich werden

Das Oberlandesgericht Hamm hatte sich unlängst mit der Frage auseinanderzusetzen, ob es als grob fahrlässig im versicherungsrechtlichen Sinne anzusehen ist, wenn ein Landwirt es zuläßt, daß Heu und Stroh zu nahe an in einer Scheune installierten Neonleuchten gelagert wird.

Mehr als 100 000 DM Schaden an Erntevorräten und landwirtschaftlichen Maschinen war bei einem Brand in der dem Kläger gehörenden Scheune entstanden. Zwar waren Scheune, Ernte und Maschinen bei der Beklagten versichert, doch hatte diese die Regulierung des Schadens abgelehnt.

Sie sei leistungsfrei – hatte sie eingewandt – da sie eine anzeigepflichtige Gefahrerhöhung vorgenommen und zudem der Brand grob fahrlässig verursacht worden sei. Brandursache seien die Beleuchtungskörper gewesen.

Der Kläger habe Heu und Stroh bis an die Neonleuchten herangepackt und diese teilweise damit bedeckt. Deshalb habe die von den Drosselspulen ausgehende Wärme nicht abgeführt werden können. Der dann entstehende Hitzestau habe den Brand verursacht.

Entgegen dem Landgericht hat sich das Berufungsgericht auf den Standpunkt gestellt, daß der Kläger nicht grob fahrlässig gehandelt habe, und die Beklagte ihm deshalb den Schaden ersetzen müsse.

Zwar – so heißt es in der Urteilsbegründung – sei davon auszugehen, daß eine überhitzte Drosselspule den Brand verursacht habe. Wenigstens eine Leuchte sei mit Heu und Stroh so zugepackt worden, daß die Wärme nicht habe abgeführt werden können und sich ein Hitzestau entwickelt habe, der zum Brand geführt habe. Dies begründe aber nicht den Vorwurf grober Fahrlässigkeit für den Kläger.

Vor allem sei dem Kläger nicht zu widerlegen, daß ihm die Brandgefahr nicht bekannt gewesen sei, die schon daraus entstanden sei, daß Heu und Stroh auch nur an einzelne Leuchten zu nah herangepackt worden seien. Daß der Kläger die Gefahr nicht erkannt habe, rechtfertige den Vorwurf grober Fahrlässigkeit nicht.

Es sei allgemein bekannt, daß Neonleuchten – anders als übliche Glühbirnen – „kaltes Licht" abgäben und allenfalls handwarm würden. Von den Röhren selbst gehe keine Brandgefahr aus.

Die Wärmeentwicklung der Drosselspule sei für einen Laien, der zunächst an die Leuchtkörper selbst denke, nicht spürbar, wenn er nicht zufällig an den Teil der Fassung fasse, hinter dem die Drosselspule liege. Hinzu komme, und beinahe irreführend sei, daß diese Leuchten im Fachhandel als „feuergeschützt" bezeichnet würden.

Daß dieser „Feuerschutz" nur bedeute, daß eine solche Lampe auch auf Holz montiert werden dürfe, brauche ein Laie nicht zu wissen. Die Kenntnis von der Gefährlichkeit der Leuchten könne deshalb von ihm nicht erwartet werden. Zwar spreche viel dafür, daß diese Art Leuchten in Scheunen, in denen Erntevorräte gelagert werden sollten, nicht hätten installiert werden dürfen.

Es fehlten Schutzgitter und Schutzglas, doch sei dies dem Kläger nicht anzulasten. Er habe die Beleuchtung durch Fachleute installieren lassen und habe sich darauf verlassen dürfen, daß dies ordnungsgemäß durchgeführt worden sei. Da die Lampen von einer Fachfirma installiert worden seien, habe der Kläger ohne grobes Verschulden darauf vertrauen dürfen, daß diese Beleuchtungskörper gewählt habe, die nicht schon dann die Entstehung eines Brandes befürchten ließe, wenn vereinzelt Heu und Stroh zu nahe an sie herangepackt würden oder wenn sie zustaubten.

Darum sei das Verhalten des Klägers keine schlechthin unentschuldbare Pflichtverletzung. Er habe nicht so unbesonnen und leichtsinnig gehandelt, daß dies als grob fahrlässig eingestuft werden müsse.

Die Installation vielleicht ungeeigneter Beleuchtungskörper – heißt es schließlich – habe auch nicht zu einer nachträglichen Gefahrerhöhung geführt. Insoweit habe sich der tatsächliche Zustand nach Vertragsbeginn nicht geändert.

Die Halle sei auch von Anfang an zur Lagerung von Heu und Stroh, also leicht brennbaren Materialien vorgesehen gewesen. Damit habe von vornherein ein erhebliches Risiko bestanden. Daß an eine Leuchte Heu und Stroh zu nah herangepackt worden seien, habe das Risiko nicht so weit erhöht, daß eine gesteigerte Gefahrenlage angenommen werden könne.

Es halte sich noch im Rahmen des von Anfang an versicherten Risikos, da dazu auch gelegentliche falsche Verhaltensweisen zu zählen seien.

Karl W. Nielson

3.14 Obliegenheiten bei oder nach Eintritt des Versicherungsfalles

Weitere Obliegenheiten – gesetzliche und vertragliche – hat der VN **bei** bzw. **nach** Eintritt des Versicherungsfalles zu beachten. Bei Verstoß droht auch hier **Leistungsfreiheit** des Versicherers, allerdings nur im Rahmen des **halbzwingenden § 6 Abs. 3 VVG**, d.h. dem Versicherungsnehmer stehen die schon an früherer Stelle erörterten Entlastungsmöglichkeiten zur Verfügung:

VVG
§ 6
§ 15a

- das Verschulden liegt nur im Bereich der „leichten Fahrlässigkeit",
- das Verschulden liegt zwar im Bereich der „groben Fahrlässigkeit", war aber für die Regulierung des Versicherungsfalls ohne Einfluß (fehlende Kausalität).

3.14.1 Schadensminderungspflicht

BGB
§ 254
Abs. 2

VVG
§ 62

Ebenso wie der Geschädigte – im Rahmen seines Haftpflichtanspruchs – den Schaden abzuwenden bzw. zu mindern hat, trifft auch den Versicherungsnehmer eine grundsätzliche Pflicht zur Abwendung und Minderung des Schadens. Der Versicherungsnehmer hat sich dabei **so zu verhalten, als ob er nicht versichert wäre** und zwar **unverzüglich** mit der im Verkehr erforderlichen Sorgfalt. Dies gilt auch dann, wenn der Erfolg zweifelhaft ist.

Der Versicherungsnehmer hat auch **Weisungen** des Versicherers **zu befolgen** und – soweit möglich – solche Weisungen auch **einzuholen.**

Beispiel für die Abwendungspflicht:

> Der Waldbrand nähert sich dem versicherten Forsthaus, es werden Gräben ausgehoben und Bäume gefällt, um so das Feuer vom Haus fernzuhalten.

Beispiele für die Minderungspflicht:

AFB 87, § 13
(VHB, VGB)

> – In der Sachversicherung kann nach einem Sturm- oder Feuerschaden z.B. durch Notverglasung, Errichtung eines Notdaches bzw. Vorkehrungen gegen die Entwendung versicherter Sachen der Schaden so gering wie möglich gehalten werden.

AHB § 5
AKB § 7

> – In der Haftpflichtversicherung hat der VN für die Sicherung von Beweisen zu sorgen, und dem Versicherer die Führung eines Prozesses zu überlassen. Außerdem darf er grundsätzlich keine Haftpflichtansprüche anerkennen.

AHB 88
§ 9

> – In der Unfallversicherung ist nach einem Unfall unverzüglich ein Arzt hinzuzuziehen und den ärztlichen Anordnungen nachzukommen.

VVG
§ 63

Rettungskosten im gebotenen Umfang muß der Versicherer ersetzen. Soweit er entsprechende Weisungen erteilt hatte, auch insoweit, als sie zusammen mit der „übrigen Entschädigung" die Versicherungssumme in der Schadensversicherung übersteigen, was insbesondere bei erfolglosen Rettungsversuchen eine Rolle spielen kann. War allerdings schon bei der „übrige Entschädigung" eine Unterversicherung anzurechnen, so geschieht das Gleiche auch bei den Rettungskosten.

3.14.2 Anzeige des Versicherungsfalles

§ 33
Abs. 1
BGB
§ 121

Nach der **abdingbaren** Norm des § 33 Abs.1 VVG hat die Anzeige grundsätzlich **unverzüglich** zu erfolgen, d.h. ohne schuldhaftes Zögern, nachdem Anhaltspunkte dafür gegeben sind, daß ein die Leistungspflicht des Versicherers begründendes Ereignis vorliegt. Im Rahmen der speziellen Regelungen für die **einzelnen Versicherungszweige** wurden allerdings **bestimmte Fristen** festgelegt, die i.d.R. 3 Tage oder 1 Woche betragen und die besonders in der Haftpflichtversicherung stark erweitert wurden.

In der Regel wird die Frist durch rechtzeitige Absendung der Anzeige gewahrt.
Die Fristen sind deshalb vergleichsweise so kurz, weil der Versicherer in der Lage sein soll, so schnell wie möglich den Versicherungsfall festzustellen, um einerseits eine Ausweitung des Umfangs der Leistungspflicht infolge Beweismittelverlust zu verhindern und andererseits eine kostengünstige Bearbeitung und Regulierung zu ermöglichen. Die zeitliche Nähe zu den Umständen des Versicherungsfalles spielt daher für den Versicherer eine wesentliche Rolle.

Manche AVB (Feuer, Einbruch-Diebstahl, Reisegepäck) fordern auch eine entsprechende Anzeige an die Polizei. Dadurch soll zum einen der Schaden gemindert werden, indem etwa die Täter möglichst schnell verfolgt und eventuell gefaßt werden können, zum anderen will sich der Versicherer davor absichern, daß er durch einen vorgetäuschten Versichrungsfall in Anspruch genommen wird. AFB 87
§ 13
Abs. 1

Während das **Gesetz** für die Anzeige **keine Form** vorschreibt, verlangen die AVBen häufig Schriftform oder sogar telegraphische Mitteilung. Allerdings ist der Mangel der Form unschädlich, wenn der Versicherer innerhalb der Frist nachweislich anderweitig vom Versicherungsfall erfährt, z.B. durch den Agenten, obwohl dieser nach den AVBen i.d.R. nicht berechtigt ist, Schadensanzeigen für den Versicherer entgegenzunehmen. AHB
AKB
AUB

Übersicht zu den Fristen und Formen der Anzeigepflicht:

Zweig	Fristen
FeuerV.	**unverzüglich** bzw. **binnen 3 Tagen** (§ 13 AFB, § 21 VHB, § 92 VVG)
HaftpflichtV.	**Schriftlich unverzüglich** bzw. **innerhalb 1 Woche** ab Schadensereignis bzw. Erhebung des Anspruchs durch den Geschädigten (§ 5 AHB, § 7 AKB, § 153 VVG) Werden Ansprüche gerichtlich geltend gemacht (Mahnbescheid, Klage), so ist auch dies dem Versicherer unverzüglich anzuzeigen. Das Gleiche gilt für die Einleitung eines staatsanwaltlichen Ermittlungsverfahrens.
TodesfallV.	**binnen 3 Tagen** (§ 171 VVG)
UnfallV.	den Tod als Folge eines Unfalls **innerhalb 48 Stunden telegraphisch,** auch wenn der Unfall schon angezeigt ist (§ 9 VII AUB 88)

3.14.3 Auskunfts- und Belegpflicht

Sie unterscheidet sich von der Anzeigepflicht nur dadurch, daß sie nicht spontan, sondern nur auf Verlangen zu erfüllen ist.

Nach Eintritt des Versicherungsfalles kann der Versicherer (Regulierungsbeauftragter) verlangen:

– daß der Versicherungsnehmer **jede Auskunft** erteilt, die **zur Feststellung** des Versicherungsfalls oder des **Umfangs der Leistungspflicht** des Versicherers **erforderlich** ist. § 34
Abs. 1

Beispiele für auskunftspflichtige Tatsachen:

Ursachen, Hergang, nähere Umstände des Geschehens, Anschaffungspreis und Anschaffungsjahr der beschädigten Sache, frühere Versicherungen, Vorschäden, aber auch Werturteile – auf wessen Schuld das Schadenereignis zurückzuführen ist – fallen unter die Auskunftspflicht.

– daß der Versicherungsnehmer **Belege** – wie z.B. Kaufbelege, aber auch Geschäftsbücher, Bilanzen und Inventuren – **insoweit** beizubringen hat, **als ihm die Beschaffung billigerweise zugemutet werden kann.** § 34
Abs. 2
§ 34a

Die Auskunfts- und Belegpflicht betrifft sowohl den Versicherungsnehmer als auch die versicherte Person (Personenversicherung)
Sie ist regelmäßig in den AVBen unter Bezugnahme auf das angesprochene Risiko näher konkretisiert, u.a. in der KFZ-Haftpflichtversicherung, die als Generalklausel auch eine allgemeine Aufklärungspflicht am Unfallort vorschreibt, d.h., der Versicherungsnehmer hat hier z.B. einer Verwischung oder Vernichtung von Unfallspuren durch dritte Personen entgegenzuwirken, ein „vorzeitiges" Entfernen vom Unfallort und den Genuß von Alkohol nach dem Unfall zu unterlassen. AVB/KK
§ 9, Abs. 3
AKB
§ 7 I
Abs. 2

3.15 Prämienzahlung

VVG
§ 1, Abs. 2

Die Prämie ist die Gegenleistung des Versicherungsnehmers für die Gefahrentragung des Versicherers. Mit ihrer Hilfe vollzieht sich der Risikoausgleich.

Wenn im Folgenden von „Prämie" gesprochen wird, so ist damit auch der „Beitrag" eines Mitgliedes zu einem Versicherungsverein auf Gegenseitigkeit gemeint.

a) Inhalt der Prämienzahlungspflicht

§ 39, Abs. 2

Die vom VN vertraglich geschuldete Geldleistung enthält neben der eigentlichen Prämie auch noch folgende Bestandteile, für die bei Nichtzahlung die gleichen Rechtsfolgen gelten, wie wenn die eigentliche Prämie nicht entrichtet wird:

- Die **vereinbarten Nebengebühren,** und zwar Vertragsabschlußkosten (z.B. Ausfertigungs- und Nachtragsgebühren) oder nach Vertragsabschluß zahlbare Gebühren, wie Mahnkosten oder Inkassogebühren.

VSTG
§ 8

- Die **Versicherungssteuer,** denn abgesehen von der Lebens-, Kranken- und Rückversicherung sind alle Prämienzahlungen incl. der Nebengebühren steuerpflichtig. Daher hat der Versicherungsnehmer zusätzlich zur Prämie **7%** Versicherungssteuer – eine Sonderregelung besteht für die Hagelversicherung – an den Versicherer zu zahlen, der diese Verkehrssteuer an das zuständige Bezirksfinanzamt abzuführen hat und insoweit auch für die Zahlung haftet.

b) Höhe der Prämie

VAG
§ 11
PflVG
§ 8, Abs. 2

Die Prämienhöhe richtet sich nach dem **vereinbarten Tarif,** in dem der Versicherer die Prämien für die verschiedenen Risikogruppen (z.B. in der Lebensversicherung u.a. nach Eintrittsalter und Geschlecht) berechnet hat. In der **KFZ-Haftpflicht-,** der **Lebens-,** der Unfall- und der **Krankenversicherung** muß dieser **aufsichtsbehördlich genehmigt** werden.

§ 9a, AKB
§ 18 MB/KK

Wie wir noch sehen werden, bestimmen einige AVBen (verbundene Hausrat-, Haftpflicht-, Kraftfahrzeughaftpflicht-, Rechtsschutzversicherung), daß eine Anpassung der tariflich bestimmten Prämiensätze an veränderte Aufwandssituationen auch für den laufenden Vertrag gelten soll (Abschnitt 3.15.5)

c) Einmalprämie und laufende Prämie

VVG
§ 38, 39

Die **Einmalprämie** – hier wird für die ganze Versicherungszeit im voraus bezahlt – kommt hauptsächlich bei **kurzfristigen** Verträgen, z.B. Transport- und Reiseversicherung, in Frage; möglich ist die Einmalprämie auch in der Lebensversicherung und bei anderen länger laufenden Versicherungen, z.B. bei der lebenslänglichen Unfallversicherung.

In der Regel werden aber **laufende** Prämien erhoben. Hier ist zwischen **Erst-** und **Folge**prämie zu unterscheiden.

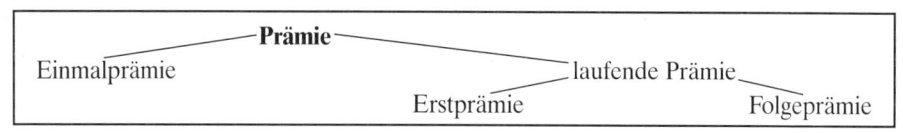

```
                    ┌─ Prämie ─┐
     Einmalprämie           laufende Prämie
                         Erstprämie    Folgeprämie
```

Diese Unterscheidung ist von grundsätzlicher Bedeutung, da bei nicht rechtzeitiger Zahlung einer Folgeprämie die Verzugsfolgen für den VN wesentlich milder sind, als bei nicht rechtzeitiger Zahlung von Einmal- und Erstprämie.

Bei der laufenden Prämie wird die gesamte Versicherungsdauer in Zeitabschnitte unterteilt – man spricht von Versicherungsperioden –. Für diese Zeitabschnitte wird dann die im voraus zu zahlende Prämie berechnet.

VVG
§ 9

Falls die Prämie nicht nach kürzeren Zeitabschnitten berechnet wird, gilt nach VVG der Zeitraum eines Jahres als Versicherungsperiode.

Von der Versicherungsperiode als Berechnungsgrundlage ist die tatsächliche **Zahlungsweise** zu unterscheiden. Auch wenn „halbjährliche" oder „vierteljährliche" Zahlungsweise vereinbart wird, ändert sich dadurch noch nichts an der Versicherungsperiode; d.h. nach dem „Prinzip der Unteilbarkeit der Prämie" behält auch hier der Versicherer im Falle der vorzeitigen Vertragsauflösung z.B. im Zusammenhang mit einer Gefahrenerhöhung (Abschnitt 3.13) bis zum Ende des Versicherungsjahres seinen Prämienanspruch.

§ 40

d) Prämienschuldner

Prämienschuldner ist der **Versicherungsnehmer,** u.a. aber auch der Erwerber der versicherten Sache (Abschnitt 3.8.).

VVG
§ 69/70

Nach VVG kann die Prämie aber auch durch Dritte erbracht werden, wenn diese ein Interesse an der Aufrechterhaltung des Versicherungsvertrages haben. Das ist z.B. der Versicherte in der Schadens- oder Unfallversicherung für fremde Rechnung oder der Bezugsberechtigte in der Lebensversicherung, aber auch der Pfandgläubiger in der Sachversicherung. Sie alle können fällige Prämien mit Wirkung für den Versicherungsnehmer leisten, ohne daß der Versicherer ihre Zahlungen zurückweisen darf.

§ 35a

e) Prämienausgleich durch Aufrechnung mit einer Versicherungsleistung

Der Versicherungsnehmer kann gegen Prämienforderungen mit **anerkannten Entschädigungsansprüchen** aufrechnen. Umgekehrt kann aber auch der Versicherer von der zu zahlenden Entschädigung die fällige Prämie abziehen.

BGB
§ 387 ff

Nach Meinung der Bundesrichter ist der Versicherer sogar zur Aufrechnung **verpflichtet,** denn er darf sich im Schadensfall nicht wegen Prämienverzug auf Leistungsfreiheit berufen, wenn der Versicherungsnehmer eine viel höhere berechtigte Forderung gegen ihn zu einem Zeitpunkt erworben hatte, zu dem noch Versicherungsschutz bestand.

BGH
12. 06. 85

Beispiel:

> A schloß am 04. 01. d.J. beim VR X eine vorläufige Deckung für sein KFZ ab. Die VDZ soll bedingungsmäßig bis zu rechtzeitigen Einlösung der Police gelten. Nachdem der VN die Police am 17. 01. erhalten hatte, wird dem VR schon am 18. 01. ein Kaskoschaden von mehreren Tausend DM aus einem Unfall vom 16. 01. zu Regulierung angezeigt. Obwohl der VN die Prämie nicht innerhalb der magischen 2-Wochenfrist, also bis zum 01. 02. bezahlt, kann sich der VR hier nicht auf die Versicherungsbedingungen berufen, wonach die vorläufige Deckung rückwirkend außer Kraft tritt. Der Versicherer verstößt gegen Treu und Glauben, wenn er in einem solchen Fall nicht die Aufrechnungsmöglichkeit wahrnimmt; d.h. die rückständige Kaskoprämie von der Versicherungsleistung, die der Versicherungsnehmer innerhalb der 2-Wochenfrist geltend gemacht hatte, abzieht.

Der Versicherer ist aber auch dann zur Aufrechnung berechtigt, wenn die Versicherungsleistung an einen Dritten zu erbringen ist. Dritter in diesem Sinne ist wieder der Versicherte oder der Bezugsberechtigte, nicht aber das sogenannte „Verkehrsopfer" nach dem Pflichtversicherungsgesetz. Für den oben angeführten Fall heißt das, daß der Prämienausgleich durch Verrechnung nicht für einen eventuellen Haftpflichtschaden gilt, indem an einen außenstehenden Dritten Schadensersatz zu zahlen ist. Hier ist die Prämie rechtzeitig zu entrichten, andernfalls ist der Versicherer dem Versicherungsnehmer bzw. den mitversicherten Personen gegenüber leistungsfrei.

VVG
§ 35b
BGB
§ 334

3.15.1 Leistungsort

Der Leistungsort ist der jeweilige Wohnsitz bzw. Ort der gewerblichen Niederlassung des Versicherungsnehmers. Die Prämie ist dennoch keine Holschuld sondern eine **Schickschuld,** denn der Versicherungsnehmer hat die Prämie auf:

- seine Kosten (er trägt z.B. die Überweisungsgebühren) und
- seine Gefahr dem Versicherer zu übermitteln.

§ 36

Die Regeln über den Leistungsort sind **abdingbar,** so daß zum Nachteil des VN auch eine **Bringschuld** vereinbart werden könnte.

Beispiel:

> Die Prämie ist an den Sitz der Hauptverwaltung zu überweisen und gilt erst mit Eingang beim Versicherer als rechtzeitig bezahlt.

Allerdings genehmigt die Aufsichtsbehörde solche AVBen nicht mehr. So wurde auch in den Bedingungen zur kapitalbildenden Lebensversicherung der „Beginn des Versicherungsschutzes" der gesetzlichen Regelung inzwischen wieder angepaßt.

Ist die Prämie regelmäßig (mindestens zweimal hintereinander) bei dem Versicherungsnehmer eingezogen worden, so liegt kraft tatsächlicher Übung zum Vorteil des Versicherungsnehmers eine **Holschuld** vor. Die Übung des Einzugs muß der Versicherer gegen sich gelten lassen, sobald er wenigstens zwei Prämien „abgeholt" hat. Der Versicherer kann jederzeit vom Einzugsverfahren abgehen, indem er den Versicherungsnehmer **schriftlich** auffordert, die Prämie zu übermitteln.

VVG
§ 37

3.15.2 Tilgung der Prämienschuld und Rechtzeitigkeit der Prämienzahlung

a) Tilgung der Prämienschuld

Getilgt ist die Prämienschuld erst mit Eingang des Geldes beim Versicherer, d.h. im bargeldlosen Zahlungsverkehr **mit** der **Gutschrift auf dem Konto** des Versicherers und bei Ausstellung eines Schecks mit dessen Einlösung.

Beispiel:

> Der Versicherungsnehmer bezahlt die Prämie per Postanweisung. Hier ist mit der Prämieneinzahlung bei der Post am Leistungsort des VN die Leistungshandlung (rechtzeitige Zahlung) zwar abgeschlossen, getilgt ist die Prämienschuld aber erst mit der Gutschrift des Geldes auf dem Postgirokonto des Versicherers (Gefahrenübergang).

Der VN ist also verantwortlich, daß der Versicherer die Prämie erhält. Geht sie unterwegs verloren, muß der Versicherungsnehmer dafür einstehen **(Erfüllungshandlung).**

b) Rechtzeitigkeit der Prämienzahlung

Von der Erfüllungshandlung des VN (Tilgung der Prämienschuld) ist die **Leistungshandlung** des VN zu trennen. Für den **rechtzeitigen Beginn des Versicherungsschutzes** im Sinne des strengen Einlösungsprinzips (**„materieller"** Beginn) bzw. für das Wiederaufleben des Versicherungsschutzes bei Folgeprämienverzug, kommt es nur darauf an, daß das **Geld den Verfügungsbereich des VN verläßt,** denn dann hat dieser das „Erforderliche" getan und die Leistungshandlung ist abgeschlossen.

Soll die Prämie durch Lastschriftverfahren eingezogen werden, so geht ein verspäteter Prämieneinzug durch den Versicherer nicht zu Lasten des VN. Der Versicherungsnehmer hat hier schon rechtzeitig geleistet, wenn am Fälligkeitstag der geschuldete Betrag von seinem Konto abgebucht werden kann **(Kontodeckung),** d.h. er hat hier keine Übermittlungspflicht.

Übersicht: Zahlungsarten

Zahlungsart	Rechtzeitigkeit der Prämienzahlung	Tilgung der Prämienschuld
Barzahler (Kasse oder Agent)	Zahlung an den Beauftragten	Zahlung an den Beauftragten
Postanweisung, Zahlkarte, telegrafische Überweisung, Wertbrief, Barzahlung b. d. Bank des VR	Einzahlung bei der Post oder Bank bzw. Aushändigung an die Post. Geld muß demnächst beim VR ankommen bzw. ihm gutgeschrieben werden.	erst mit **Gutschrift** auf dem Konto des VR
Bank- oder Postgiroüberweisung	Wenn der Überweisungsauftrag in den Machtbereich der Bank bzw. Post gelangt ist **(Deckung vorausgesetzt),** spätestens mit Abbuchung vom Konto des VN (nicht Gutschrift beim VR).	erst mit **Gutschrift** auf dem Konto des VR
Lastschriftverfahren	Wenn am Fälligkeitstag der geschuldete Betrag vom Konto des VN **abgebucht werden kann.**	erst mit **Lastschrift** auf dem Konto des VN
Scheck und Wechsel (Zahlungshalber, nicht an Erfüllungs-Statt)	Annahme des Schecks bzw. Wechsels; Prämie wird solange gestundet, bis feststeht, ob Einlösung erfolgt oder nicht.	erst mit **Gutschrift** auf dem Konto des VR
Verrechnungsscheck **(gedeckt)**	Gilt lt. BGH als Zahlung! Absendung (Aufgabe der uneingeschränkten Verfügungsgewalt) des Schecks.	erst mit **Gutschrift** auf dem Konto des VR

3.15.3 Erstprämie § 38 VVG

a) Fälligkeit

Die **erste** oder Einmalprämie ist **sofort** nach Abschluß des Vertrages zu zahlen (Einlösungsklausel). Sofortige Zahlung bedeutet, daß unmittelbar **nach** dem **Abschluß des Vertrages** zu leisten ist. Es besteht also eine Vorauszahlungspflicht. — VVG § 35

Der Versicherungsnehmer ist zur Zahlung der Erstprämie jedoch nur **gegen Aushändigung des Versicherungsscheines** verpflichtet (er hat ein Zurückbehaltungsrecht). — BGB § 273

b) Abgrenzung der Erstprämie von der Folgeprämie

Manchmal ist es zweifelhaft, ob eine bestimmte Prämienschuld eine Erstprämie oder Folgeprämie ist. Aber gerade von dieser Unterscheidung hängt es ab, ob ein Versicherungsfall, der sich vor der Zahlung der Prämie ereignet hat, gedeckt oder nicht gedeckt ist.

Neben der für einen Versicherungsvertrag erstmals fälligen Prämie handelt es sich u.a. auch noch in den folgenden Fällen um eine Erstprämie:

- Prämie für eine **vorläufige Deckungszusage**
- die Prämie für eine UnfallV., die äußerlich durch „Nachtrag" mit der bestehenden HaftpflichtV. zusammengefaßt wird.
- die erste Prämie für einen **Vertrag, der einen anderen Vertrag ersetzen soll,** z.B. bei der Umwandlung einer Teilkasko- in eine Vollkaskoversicherung.

Dagegen liegt im Zusammenhang mit einer Vertrags**änderung** keine Erstprämie vor; z.B. wenn die Versicherungssumme erhöht wird.
Ebenso haben versicherungs**technische** Vorgänge in der Regel keinen Einfluß auf versicherungs**rechtliche** Vorgänge, jedenfalls solange die Parteien dies nicht beabsichtigen. Wird z.B. ein teurerer Zweitwagen auf die schon lange bestehende Versicherung eines billigeren Erstwagens umgeschrieben, um in den Genuß des günstigen Rabatts dieser Versicherung zu kommen, so ist die erste Prämie nach Abschluß des „Neuvertrages" dennoch eine ganz normale Folgeprämie und nicht wie es versicherungstechnisch den Anschein hat, Erstprämie. Der Versicherungsnehmer hat im Zweifelsfall mit der Umschreibung keine versicherungs**rechtliche** Änderung beabsichtigt, die ihn im Verzugsfall den strengen Regelungen des Erstprämienverzugs unterwerfen würden.
Bei **Ratenzahlungen** ist schließlich folgendes zu unterscheiden:
Ist der **Gesamtbetrag** – wie im Versicherungsschein ausgewiesen – **sofort fällig,** wird dann **aber** ein Teil der Zahlung **gestundet,** dann sind sämtliche Raten zusammengenommen als Erstprämie anzusehen, mit der Folge, daß bei Nichtzahlung einer Rate die strengen Folgen des Erstprämienverzuges eintreten. — BGH 25. 4. 56 § 38, 39
Ist dagegen im Vertrag **von vornherein generell Zahlung in Raten** (Halb-, Vierteljahres-, Monatsraten) vorgesehen, so ist nur die erste Rate Erstprämie, alle weiteren Raten sind Folgeprämien i.S. von § 39. (Heute übliche Regelung, z.B. in § 8 AFB 87 wird ausdrücklich erklärt, daß sich nur für die erste Rate die Rechtsfolgen aus § 38 ergeben.)

b) Verzug

Verzug setzt Verschulden voraus. Zahlungsunfähigkeit hat ein Schuldner jedoch stets zu vertreten. Kein Verschulden könnte vorliegen bei **schwerer Krankheit, Verkehrssperre** usw. — BGB § 279

Das Versicherungsvertragsgesetz regelt die Folgen des Prämienverzuges abweichend von den Vorschriften im BGB.

Gerät der Versicherungsnehmer mit der Zahlung der Erstprämie in Verzug, dann hat der Versicherer folgende Möglichkeiten: — VVG § 38

- **Prämienzahlungspflicht**

    Zahlt der Versicherungsnehmer nicht, so kann der Versicherer auf Leistungen klagen. Außer dem Prämienbetrag können auch die gesetzlichen Zinsen und nachweisbar entstandener Verzugsschaden geltend gemacht werden.

    Die gesetzlichen Verzugszinsen sind standardisierter Mindestschadensersatz. Sie betragen nach BGB 4% ab Verzug und nach HGB 5% ab Fälligkeit. — BGB § 288 HGB § 352

- **Rücktrittsrecht**

    Der Versicherer kann aber auch den Rücktritt vom Vertrag **erklären,** der dann von Anfang an nichtig wird **(Aktivrücktritt).**

    Der Versicherer muß den Rücktritt nicht ausdrücklich erklären. Es gilt als Rücktritt, wenn er den Anspruch auf die Prämie nicht **innerhalb von drei Monaten** – vom Fälligkeitstag der Prämie an – **gerichtlich** geltend macht **(Passivrücktritt).**

Im Interesse des Versicherungsnehmers läßt der Gesetzgeber den Versicherungsvertrag aufheben, weil sonst der Versicherer die rückständigen Prämien im Rahmen der zweijährigen Verjährungsfrist einklagen könnte, obwohl der Versicherungsnehmer für diese Jahre keinen Versicherungsschutz hatte.

VVG § 40

Der Versicherer hat im Fall des Rücktritts einen Anspruch auf eine **angemessene Geschäftsgebühr.** Ist mit Genehmigung der Aufsichtsbehörde in den AVB ein bestimmter Betrag für die Geschäftsgebühr festgesetzt, gilt dieser als angemessen. Liegt ein fingierter Rücktritt (Passivrücktritt) vor und wird die erste Prämie nach Ablauf der hier erheblichen 3-Monatsfrist gezahlt, so bleibt es bei dem Rücktritt. Der Versicherungsnehmer kann die Prämie abzüglich einer Geschäftsgebühr zurückverlangen.

- **Leistungsfreiheit**

VVG § 38 Abs. 2

Ist die Prämie zur Zeit des Eintritts des Versicherungsfalles noch nicht bezahlt, so ist der Versicherer von der Verpflichtung zur Leistung frei.

Hatte der Versicherer dem Versicherungsnehmer die **Erstprämie gestundet,** so tritt der Verzug nicht sofort ein, wenn z.B. die 2. Rate der lediglich nur gestundeten ersten Jahresprämie nicht rechtzeitig gezahlt wird. Die Rechtssprechung fordert hier zunächst eine warnende Mahnung gegenüber dem Versicherungsnehmer, ohne die er den Versicherungsschutz nicht verlieren soll.

BGH 17. 4. 67

Ein Versicherungsnehmer, der bereits Versicherungsschutz erhält, ist schließlich schutzwürdiger als ein Versicherungsnehmer, der sich nur die Möglichkeit geschaffen hat, Versicherungsschutz zu erhalten, auch wenn die Folgen verspäteter Zahlung aus dem Gesetz bzw. den AVB zu ersehen sind.
In der praktischen Konsequenz ist hier durch diese von der Rechtssprechung verlangte Rechtsbelehrung des VN ein Zustand erreicht, der dem des Folgeprämienverzuges zumindest ähnelt. (Abschnitt 3.15.4)

Zusammenfassung und Übersicht:

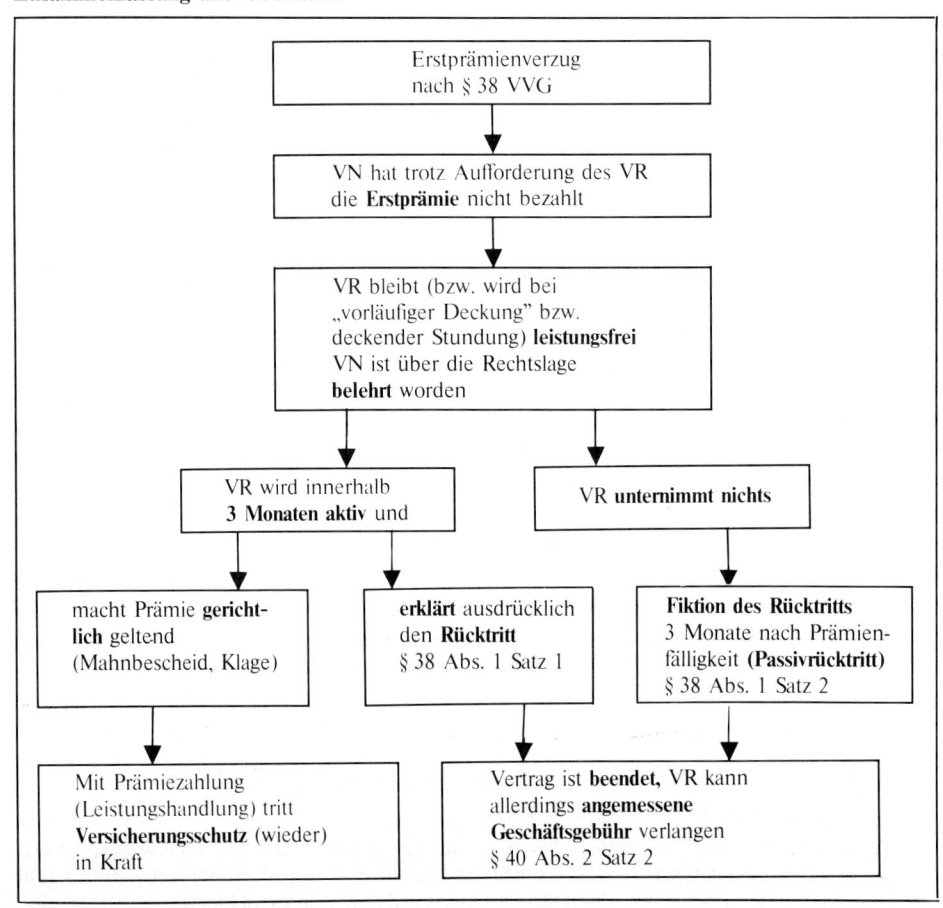

```
                    ┌─────────────────────────┐
                    │   Erstprämienverzug     │
                    │    nach § 38 VVG        │
                    └───────────┬─────────────┘
                                ▼
                    ┌─────────────────────────┐
                    │ VN hat trotz Aufforderung│
                    │ des VR die Erstprämie    │
                    │ nicht bezahlt            │
                    └───────────┬─────────────┘
                                ▼
                    ┌─────────────────────────┐
                    │ VR bleibt (bzw. wird bei │
                    │ „vorläufiger Deckung" bzw│
                    │ deckender Stundung)     │
                    │ leistungsfrei           │
                    │ VN ist über die Rechts- │
                    │ lage belehrt worden     │
                    └──┬──────────────────┬───┘
                       ▼                  ▼
           ┌──────────────────┐  ┌──────────────────┐
           │ VR wird innerhalb│  │ VR unternimmt    │
           │ 3 Monaten aktiv  │  │ nichts           │
           │ und              │  │                  │
           └──┬───────────┬───┘  └────────┬─────────┘
              ▼           ▼               ▼
   ┌──────────────┐ ┌──────────────┐ ┌──────────────┐
   │ macht Prämie │ │ erklärt aus- │ │ Fiktion des  │
   │ gerichtlich  │ │ drücklich den│ │ Rücktritts   │
   │ geltend      │ │ Rücktritt    │ │ 3 Monate nach│
   │ (Mahnbescheid│ │ § 38 Abs. 1  │ │ Prämienfäl-  │
   │ Klage)       │ │ Satz 1       │ │ ligkeit      │
   │              │ │              │ │ (Passiv-     │
   │              │ │              │ │ rücktritt)   │
   │              │ │              │ │ § 38 Abs. 1  │
   │              │ │              │ │ Satz 2       │
   └──────┬───────┘ └──────────────┘ └──────┬───────┘
          ▼                                  ▼
   ┌──────────────┐                ┌──────────────────┐
   │ Mit Prämie-  │                │ Vertrag ist      │
   │ zahlung      │                │ beendet, VR kann │
   │ (Leistungs-  │                │ allerdings       │
   │ handlung)    │                │ angemessene      │
   │ tritt Ver-   │                │ Geschäftsgebühr  │
   │ sicherungs-  │                │ verlangen        │
   │ schutz       │                │ § 40 Abs. 2      │
   │ (wieder)     │                │ Satz 2           │
   │ in Kraft     │                │                  │
   └──────────────┘                └──────────────────┘
```

Auch wenn eine **vorläufige Deckungszusage** besteht, muß der Versicherer den Versicherungsnehmer bei Übersendung der Police darauf hinweisen, daß er nunmehr unverzüglich die Prämie zu überweisen hat, weil er sonst seinen Versicherungsschutz, der durch die vorläufige Deckungszusage gegeben war, verlieren würde.

Ein solche Belehrung ist schließlich nicht mit einem besonderen Aufwand für den Versicherer verbunden, denn nach der Rechtsprechung genügt hier ein entsprechender Hinweis in hervorgehobenem Druck z.B. auf der Rückseite des Versicherungsscheins, wenn auf der Vorderseite in Fett- und Großdruck darauf aufmerksam gemacht wird.

OLG Stuttgart 86

In der Kraftfahrtversicherung wird den Versicherern eine geschäftsplanmäßige Erklärung abverlangt, welche sogar für Erstprämien, die nicht deckend gestundet worden sind, eine Hinweispflicht normiert. Die Erklärung hat folgenden Wortlaut:

VerBAV 1969, S. 79

„Wir werden für den Fall, daß ein Erstbeitrag nicht unverzüglich eingelöst wird, den Versicherungsschutz erst versagen, wenn wir den Versicherungsnehmer schriftlich auf die Folgen einer nicht unverzüglichen Zahlung hingewiesen haben (Beginn des Versicherungsschutzes erst mit Zahlung des Beitrages bzw. rückwirkender Verlust des Versicherungsschutzes bei vorläufiger Deckung)."

3.15.4 Folgeprämie § 39 VVG

Folgeprämien sind alle Prämien, die nicht Prämien nach § 38 VVG sind. Dazu gehören u.a. auch die Zuschlagsprämie nach einer Gefahrenerhöhung, die Nachzahlung bei Prämienregulierung in der Haftpflichtversicherung usw.

a) Fälligkeit

Die Folgeprämien sind jeweils **zu Beginn** der **vertraglich** festgelegten **Versicherungsperioden** zu entrichten.

Beispiel:

> „Die Prämien sind ... Jahresprämien, die zu Beginn jedes Versicherungsjahres fällig werden. Alle Folgeprämien sind innerhalb eines Monats, monatliche Teilbeträge innerhalb zweier Wochen vom Fälligkeitstage an kostenfrei an die Gesellschaft zu zahlen" (§ 3 Nr. 4 u. 5 ALB).

Als Versicherungsperiode gilt, falls nicht die Prämie nach kürzeren Zeitabständen bemessen ist, der **Zeitraum eines Jahres.**

VVG § 9

b) Verzug

Kommt der Versicherungsnehmer mit der Zahlung in Verzug, so kann der Versicherer den Versicherungsnehmer auf Zahlung der Prämie **verklagen** und/oder **qualifiziert mahnen** (Musterbrief u. Mustermahnschreiben).

AFB 87 Abs. 2

Einige AVBen sehen vor, daß bei Teilzahlungen des Jahresbeitrags die noch ausstehenden Raten sofort fällig werden, wenn der Versicherungsnehmer mit der Zahlung einer Rate in Verzug gerät.

Die **Beweislast,** daß der Versicherungsnehmer qualifiziert gemahnt wurde, hat der **Versicherer.** Es besteht **kein Anscheinsbeweis** dafür, daß ein nachweislich abgesandter Brief den Empfänger erreicht hat.

§ 5 AUB 88
BGH vom 27.05.1957

Wünscht der Absender einer Einschreibsendung aus irgendeinem Grunde einen Nachweis darüber, wann und an wen die Einschreibsendung zugestellt wurde, so muß er eine **Empfangsbescheinigung des Empfängers** verlangen. Zu diesem Zweck muß die Einschreibsendung mit den Vermerken „**Einschreiben**" und „**Rückschein**" versehen werden. Der Absender erhält dann die Empfangsbescheinigung des Empfängers mit dem Zustellvermerk des Zustellers; sie gilt rechtlich als Urkunde. Bei einer „normalen" Einschreibsendung können Ersatzempfänger sein: Postbevollmächtigte, Familienangehörige, Hausangestellte, Vermieter.

Bei einer **qualifizierten Mahnung** sind folgende Regelungen **zwingend** zu beachten, da sonst das Mahnverfahren rechtlich wirkungslos bleibt:

- **Fristbestimmung** (muß schriftlich erfolgen).
  Die Frist darf **nicht weniger als zwei Wochen,** bei der Gebäude-Vers. muß sie mit Rücksicht auf den Hypothekengläubiger mindestens einen Monat betragen.
  Ist keine Frist bzw. eine kürzere Frist als im Gesetz angegeben, so ist die Kündigung **unwirksam.** Eine längere Frist ist möglich, da diese von Vorteil (längerer Versicherungsschutz) für den Versicherungsnehmer ist.

VVG § 39 Abs. 2
VVG § 91

Erstreckt sich der Versicherungsvertrag sowohl auf Gebäude als auch auf bewegliche Sachen, so kann die Prämie nicht aufgeteilt werden; es muß dann mit Monatsfrist (zugunsten des Versicherungsnehmers) gemahnt werden.

BGH vom 13. 02. 1967

Der Betrag der Prämie braucht nicht angegeben zu sein, wenn sie fest bestimmt ist. Wird **zuviel Prämie** verlangt oder nicht entsprechend aufgeschlüsselt, z.B. Mahnbetrag DM 3,–, so ist die **Fristsetzung unwirksam**. Ist dagegen der angemahnte Betrag niedriger als die tatsächlich geschuldete Summe, so ist eine solche Mahnung wirksam.

Unrichtige Angaben stehen mißverständlichen Angaben gleich, wenn sie beim Versicherungsnehmer irrige Vorstellungen über sein Recht, die Säumnisfolgen durch Zahlung des Rückstandes abzuwenden, hervorrufen können. Das ist z.B. der Fall, wenn Prämienrückstände aus mehreren selbständigen Versicherungsverhältnissen zusammen so angemahnt werden, daß der irrige Eindruck entsteht, der Versicherungsschutz für das einzelne Versicherungsverhältnis hänge von der Zahlung des gesamten Prämienrückstandes ab, auch soweit dieser auf ein anderes Versicherungsverhältnis entfällt.

Bei gebündelten Versicherungen ist nach Ansicht des BGH daher jede einzelne Teilprämie gesondert in der Mahnung aufzuführen. Es reicht nicht aus, nur den Schlußbetrag des Prämienrückstandes zu nennen. Außerdem ist bei Teilzahlungen ohne Verwendungshinweis im Interesse des Versicherungsnehmers nach dem Prinzip der günstigsten Verrechnung zu verfahren, auch wenn das für den Versicherer mit einem gewissen Aufwand verbunden ist. Beträgt z.B. der Gesamtprämienanspruch DM 400,–, wovon DM 250,– auf die KH-Versicherung, 100,– DM auf die Kaskoversicherung und DM 50,– auf die Insassenunfallversicherung entfallen, und zahlt der VN insgesamt nur 300,– DM, so soll nach Möglichkeit zunächst die „gefährlichste" Sparte abgedeckt werden. In diesem Beispiel würden daher DM 250,– für die KH-Versicherung und 50,– DM für die Insassenunfallversicherung zu verrechnen sein. Bezahlt der VN dagegen nur 200,– DM, so reicht das Geld nicht für die KH-Prämie, wohl aber für die beiden übrigen Versicherungsarten. Würde der Versicherer hier die eingezahlte Summe einfach für die KH-Versicherung anrechnen, hätte der Versicherungsnehmer im Verzugsfall für keine Sparte Versicherungsschutz.

BGH 09. 10. 85

VVG § 39 Abs 2 Satz 1

- **Hinweis auf die Rechtsfolgen**

Die Rechtsfolgen müssen im Mahnschreiben **genau** und **umfassend** angegeben werden. Der Versicherungsnehmer muß erkennen, welche Rechtsfolgen eintreten, wenn die Mahnfrist abgelaufen ist.

Die Wiedergabe des § 39 VVG in einer Anmerkung zu dem Schreiben genügt nicht, ebensowenig die nur mündliche Aufklärung des Versicherungsnehmers über die Verzugsfolgen.

Im einzelnen ist auf folgendes hinzuweisen:

● **Leistungsfreiheit**

Der Versicherer ist von der Verpflichtung zur Leistung frei, wenn **nach Fristablauf** der Schadensfall eintritt und zur Zeit des Eintritts der Versicherungsnehmer mit der Zahlung der Prämie oder der geschuldeten Zinsen oder Kosten im Verzug ist.

VVG § 102

Bei einer Gebäude-Feuerversicherung bleibt die Leistungspflicht des Versicherers gegenüber dem Hypothekengläubiger bis zum Ablauf eines Monats von dem Zeitpunkt an bestehen, zu dem die wegen Zahlungsverzuges gesetzte Zahlungsfrist oder die Erklärung der Kündigung mitgeteilt worden ist.

● **Kündigung bzw. Kündigungsandrohung durch den Versicherer**

Der Versicherer kann nach Ablauf der Zahlungsfrist das Versicherungsverhältnis ohne Einhaltung einer Kündigungsfrist kündigen (**isolierte** Kündigung).

Die Kündigung kann bereits bei der Bestimmung der Zahlungsfrist mit Wirkung zum Fristablauf erklärt werden (**gebundene** Kündigung).

Im Mahnschreiben muß daher entweder **die Kündigung bereits zum Fristablauf** ausgesprochen sein **oder** es genügt, falls der Versicherer nicht gleich kündigen will, daß er die Kündigung „androht", d.h. daß er bereits **auf** die **Kündigungsmöglichkeit** mit sofortiger Wirkung **hinweist**.

● **Reaktivierung des Vertrags durch Nachholung der Zahlung**

Die Auswirkungen der Kündigung fallen fort, wenn der Versicherungsnehmer **innerhalb eines Monats** nach **Wirksamwerden** der Kündigung die Zahlung nachholt.

Bei der fristlosen Kündigung beginnt diese einmonatige Reaktivierungsfrist mit Zugang der Kündigung beim Versicherungsnehmer. Bei der gebundenen Kündigung, die bereits mit dem qualifizierten Mahnschreiben erfolgt, erst mit Ablauf der Zahlungsfrist. Der Versicherungsnehmer kann allerdings das Vertragsverhältnis nicht mehr reaktivieren, wenn bei Zahlung der Prämie bereits ein Versicherungsfall eingetreten ist.

Dennoch steht dem Versicherer die gesamte Jahresprämie zu. Im ungünstigsten Fall muß der Versicherungsnehmer daher den Schaden tragen. Außerdem verliert er wegen der Kündigung den zukünftigen Versicherungsschutz und er muß zusätzlich auch noch die ganze Jahresprämie bezahlen, wobei der über den Kündigungsteil hinausgehende Teil praktisch umsonst bezahlt wird.

Besondere Regelungen bei Lebensversicherungsverträgen: VVG §§ 174-176
Bei der Kündigung der Lebensversicherung durch den Versicherer wandelt sich die Versicherung mit dem Wirksamwerden der Kündigung in eine prämienfreie Police mit herabgesetzter Versicherungssumme um, sofern ein entsprechendes Deckungskapital vorhanden ist. Anderenfalls erlischt die Versicherung. Eine etwa vorhandene Prämienreserve (meist in Höhe des **Rückkaufswertes**) ist an den Versicherungsnehmer auszuzahlen.   VVG § 175

c) **Mahnschreiben beim Wohnungswechsel des Versicherers**   VVG § 10
Hat ein Versicherungsnehmer seine Wohnung geändert, aber die **Änderung dem Versicherer nicht mitgeteilt,** so **genügt** für die Abgabe einer Willenserklärung (Mahnung, Kündigung) dem Versicherungsnehmer gegenüber die **Absendung eines eingeschriebenen Briefes an** die **letzte** dem Versicherer **bekannte Anschrift.** In diesem Falle gilt dann die Willenserklärung als zugegangen und die Fristen beginnen zu laufen bzw. die Rechtsfolgen treten ein (Zugangsfiktion).

In Abweichung von § 10 VVG lassen manche AVBen die Absendung eines einfachen Briefes für die Zugangsfiktion ausreichen. Das verstößt aber nach h.M. gegen § 10 Nr. 6 AGB-Gesetz. Da in solchen Klauseln anstatt des Einschreibezettels der Post der Aktenvermerk des Versicherers die Absendung des Versicherungsschreibens beweisen soll, enthalten sie auch eine Beweislastvereinbarung. Sie ist ebenfalls unzulässig (§ 11 Nr. 15a AGBG).

Musterbrief für Mahn- und Kündigungsschreiben in der Lebensversicherung

EINSCHREIBEN

Herrn
Hans Müller
Landwasserstraße 6

7800 Freiburg

Betrifft:

Versicherungsnummer (Bitte stets angeben)	zu zahlende Prämien von	bis einschl.	DM	eingegangene Zahlung(en) vom	DM	ausstehender Betrag DM
2585 806-18	01.01.	30.06.	1.780.-	–	–	1.780.-

Sehr geehrter Versicherungsnehmer,

bei Ihrem Versicherungsvertrag besteht nach unseren Unterlagen ein Prämienrückstand. Wir sind gemäß § 39 des Versicherungsvertragsgesetzes verpflichtet, Sie auf den Rückstand hinzuweisen, Ihnen eine Nachfrist für die Zahlung zu setzen und die Rechtsfolgen des Verzugs darzulegen. Wir bitten daher um Ihr Verständnis, daß wir Sie höflich ersuchen müssen, den oben genannten Betrag innerhalb der gesetzlichen Nachfrist von zwei Wochen nach Eingang dieses Schreibens zu begleichen. Wenn Sie diese Frist nicht einhalten, so treten die auf der Rückseite dieses Briefes dargelegten Rechtsfolgen ein. Für diesen Fall kündigen wir außerdem bereits hiermit vorsorglich das Versicherungsverhältnis gemäß § 39 Absatz III des Versicherungsvertragsgesetzes mit der Maßgabe, daß die Kündigung mit Ablauf der Nachfrist wirksam wird.

Sie ersehen daraus, daß eine nicht rechtzeitige Zahlung Ihnen große Nachteile bringt, die Sie sicher nicht gern in Kauf nehmen wollen. Deshalb bitten wir Sie, in Ihrem eigenen Interesse die Angelegenheit möglichst bald zu ordnen, damit der Versicherungsschutz ununterbrochen erhalten bleibt. Ist Ihnen aus irgendwelchen Gründen die Zahlung nicht möglich, werden wir Ihnen auf eine kurze Nachricht hin gerne Vorschläge unterbreiten, die Ihnen die Fortsetzung Ihrer Versicherung ermöglichen sollen.

Sollte bei Eingang dieses Schreibens der gesamte Prämienrückstand bereits an uns gezahlt worden sein, so bitten wir, unsere vorstehenden Ausführungen als gegenstandslos zu betrachten.

Hochachtungsvoll

Auf der Rückseite des Briefes ist aufgedruckt:

Rechtsfolgen
(gem. §§ 39, 173, 175, 176 des Versicherungsvertragsgesetzes)

I. Sollte der Prämienrückstand einschließlich Zinsen und Kosten nicht innerhalb einer Frist von 2 Wochen ab Zugang dieses Schreibens beglichen werden, so ergeben sich folgende Wirkungen:
1. Die Gesellschaft hat das Recht zur fristlosen Kündigung des Versicherungsvertrags. Macht sie von diesem Kündigungsrecht Gebrauch, so wandelt sich die Versicherung in eine prämienfreie Versicherung mit entsprechend herabgesetzter Versicherungssumme um, sofern die bedingungsgemäßen Voraussetzungen dafür gegeben sind; andernfalls erlischt die Versicherung. Ein etwa vorhandener Rückkaufswert wird erstattet.
Sämtliche Ansprüche aus einer eingeschlossenen Unfallversicherung oder Invaliditäts- bzw. Berufsunfähigkeitsversicherung erlöschen mit der Kündigung der Hauptversicherung bzw. ermäßigen sich — bei Erfüllung der geschäftsplanmäßigen Voraussetzungen — auf die prämienfreie Versicherungsleistung.
2. Tritt während des Zahlungsverzugs nach Ablauf dieser Nachfrist der Versicherungsfall ein, so besteht eine Leistungspflicht der Gesellschaft nur in dem Umfang, der sich bei einer Kündigung des Versicherungsvertrages gemäß Ziffer 1 ergeben hätte.
Die Verzugsfolgen können, solange der Vertrag von der Gesellschaft noch nicht gekündigt und der Versicherungsfall noch nicht eingetreten ist, jederzeit durch Zahlung des gesamten Prämienrückstands samt Zinsen und Kosten aufgehoben werden.

II. Die Wirkungen einer Kündigung des Versicherungsvertrags entfallen, wenn der Prämienrückstand samt Zinsen und Kosten innerhalb eines Monats nach der Kündigung beglichen wird, sofern bei der Zahlung des Gesamtbetrags der Versicherungsfall noch nicht eingetreten ist.
Auch nach Ablauf dieser Monatsfrist kann die Zahlung unter den genannten Voraussetzungen mit gleicher Wirkung nachgeholt werden, wenn sechs Monate seit Fälligkeit der ersten rückständigen Prämie noch nicht verstrichen sind. Ist auch diese Frist abgelaufen, so ist für die Wiederinkraftsetzung der Versicherung eine neue Gesundheitsprüfung erforderlich.

Mustermahnschreiben

EINSCHREIBEN

Herrn
Walter Bayer
Schreinerei
Ebertstraße 15

7500 Karlsruhe

Unser Zeichen	Tag
KO / PO	28.10...

G.-St.-Nr.	Agentur-Nr.	Versicherungs-zweig	Versicherungs-schein.-Nr.	Prämie fällig seit	Mahnkosten DM	Gesamtbetrag DM (Prämie + Mahnkosten)
0087	2K64	Gebäude-vers.	24/328032-06	20.07.	3.-	3.803.- DM

Sehr geehrter Versicherungsnehmer!

Wir dürfen Sie nochmals darauf aufmerksam machen, daß die Prämie für diese Versicherung(en) fällig ist. Bitte überweisen Sie uns den obengenannten Gesamtbetrag innerhalb von zwei Wochen – bei Gebäudeversicherungen gegen Feuer-, Leitungswasser- und Sturmschäden innerhalb eines Monats –. Es liegt auch in Ihrem eigenen Interesse, diese Frist einzuhalten. Sollten Sie nämlich nach Ablauf dieser Frist mit der Zahlung noch im Verzug sein, sind wir nach § 39 des Versicherungsvertragsgesetzes

1. von der Verpflichtung zur Leistung frei, wenn der Versicherungsfall nach Ablauf der Frist eintritt und Sie zu diesem Zeitpunkt mit der Zahlung noch im Verzug sind;
2. zur fristlosen Kündigung der Versicherung(en) berechtigt, wobei aber unser Anspruch auf die Prämie für die laufende Versicherungsperiode bestehen bleibt. Die Wirkungen der Kündigung fallen fort, wenn Sie innerhalb eines Monats nach der Kündigung die Zahlung nachholen, sofern nicht der Versicherungsfall bereits eingetreten ist.

Sollten Sie inzwischen gezahlt haben, teilen Sie uns bitte mit, wann und an wen die Zahlung erfolgt ist. In diesem Falle betrachten Sie bitte dieses Schreiben als gegenstandslos.

Wichtige Hinweise für Kraftfahrt-Versicherungsnehmer:

a) Das Pflichtversicherungsgesetz für Kraftfahrzeughalter macht es Ihnen zur Pflicht, eine Haftpflichtversicherung für Ihr Fahrzeug ununterbrochen aufrechtzuerhalten. Ist das Fahrzeug im Verkehr, ohne daß Haftpflichtversicherungsschutz besteht, so haben Sie erhebliche Strafen zu erwarten (§ 6 des Pflichtversicherungsgesetzes). Außerdem werden Ihnen gemäß § 2 der Allgemeinen Verwaltungsvorschrift zu § 15b der Straßenverkehrs-Zulassungs-Ordnung beim Kraftfahrt-Bundesamt (KBA) 6 Punkte eingetragen. Diese strafrechtlichen Folgen entfallen auch dann nicht, wenn Sie im Falle einer Kündigung die Zahlung innerhalb der Monatsfrist nachholen.
b) Wir sind verpflichtet, der Zulassungsstelle bei Beendigung des Versicherungsverhältnisses die gesetzlich vorgeschriebene Anzeige über den Wegfall des Versicherungsschutzes zuzusenden. Sobald der Zulassungsstelle diese Anzeige zugegangen ist, wird nach den geltenden Bestimmungen von der Polizei sofort der Erlaubnisschein (Kraftfahrzeugschein oder Anhängerschein) eingezogen und das amtliche Kennzeichen entstempelt bzw. abgenommen. Sie selbst sind sogar verpflichtet, von sich aus das amtliche Kennzeichen Ihres Fahrzeugs entstempeln zu lassen, sobald kein Haftpflichtversicherungsschutz mehr besteht.
c) Wenn wir während der Zeit, in der wir Ihnen gegenüber von der Verpflichtung zur Leistung frei sind, auf Grund gesetzlicher Vorschriften einen geschädigten Dritten befriedigen müssen, so steht uns ein gesetzliches Rückgriffsrecht zu, d. h. wir können in diesem Falle unsere Aufwendungen von Ihnen zurückverlangen.

Mit freundlichen Grüßen

Übersicht: Folgeprämienverzug

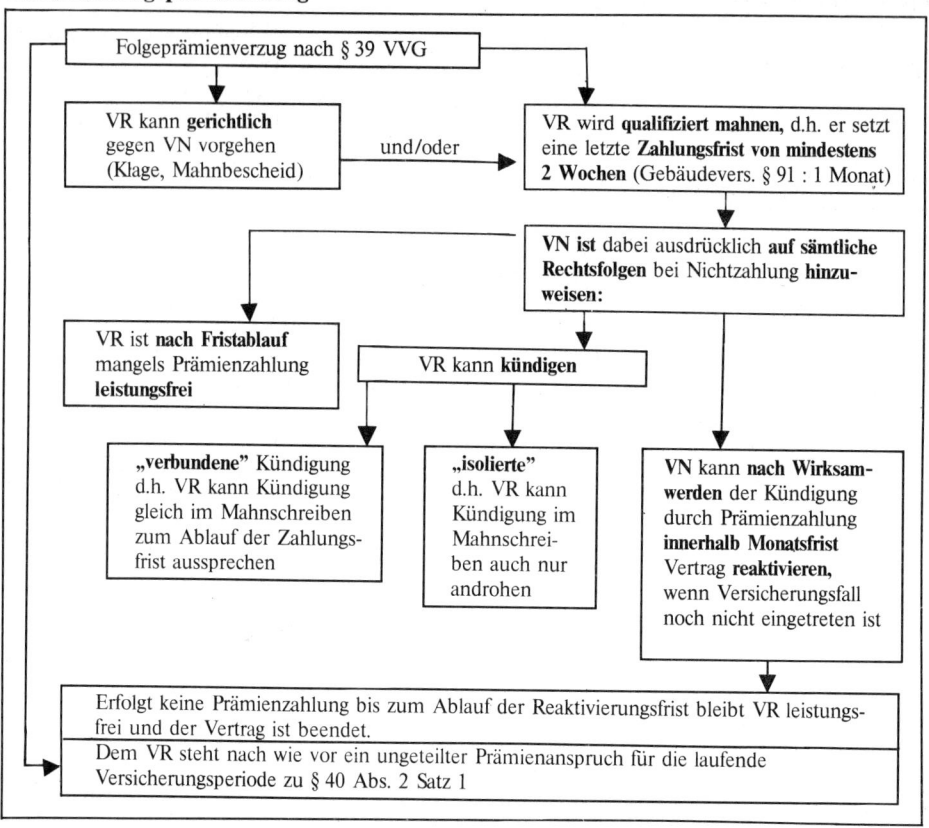

```
┌─────────────────────────────────────────────┐
│         Folgeprämienverzug nach § 39 VVG     │
└─────────────────────────────────────────────┘
```

- **VR kann gerichtlich** gegen VN vorgehen (Klage, Mahnbescheid)

und/oder

- **VR wird qualifiziert mahnen,** d.h. er setzt eine letzte **Zahlungsfrist von mindestens 2 Wochen** (Gebäudevers. § 91 : 1 Monat)

VN ist dabei ausdrücklich **auf sämtliche Rechtsfolgen** bei Nichtzahlung **hinzuweisen:**

- **VR ist nach Fristablauf** mangels Prämienzahlung **leistungsfrei**
- **VR kann kündigen**

- **„verbundene" Kündigung** d.h. VR kann Kündigung gleich im Mahnschreiben zum Ablauf der Zahlungsfrist aussprechen
- **„isolierte"** d.h. VR kann Kündigung im Mahnschreiben auch nur androhen
- VN kann **nach Wirksamwerden** der Kündigung durch Prämienzahlung **innerhalb Monatsfrist** Vertrag **reaktivieren,** wenn Versicherungsfall noch nicht eingetreten ist

Erfolgt keine Prämienzahlung bis zum Ablauf der Reaktivierungsfrist bleibt VR leistungsfrei und der Vertrag ist beendet.
Dem VR steht nach wie vor ein ungeteilter Prämienanspruch für die laufende Versicherungsperiode zu § 40 Abs. 2 Satz 1

Vergleich der Verzugsfolgen nach §§ 38 u. 39 VVG		
Vergleich der der Verzugsfolgen	**Erstprämie** § 38 VVG	**Folgeprämie** § 39 VVG
Versicherungsschutz	beginnt erst m. Zahlung der Erstprämie **(Einlösungsprinzip/** Hauptvertrag)	bleibt vorerst bestehen, **entfällt** dann aber, **soweit** 1) **qualifiziert gemahnt** und eine Mindestfrist von 14 Tagen gesetzt wurde **und** 2) **keine Zahlung bis Fristablauf** erfolgt
Bestand des Vertrages wenn Zahlung auch weiterhin ausbleibt	sofortige **Rücktrittsmöglichkeit** bzw. Rücktrittsfiktion mit Ablauf von drei Monaten nach Prämienfälligkeit	**Kündigungsmöglichkeit** zum Ablauf bzw. fristlos nach Ablauf der Mindestzahlungsfrist
	Vertrag **rückwirkend unwirksam**	Vertrag **für die Zukunft aufgelöst,** VN kann aber durch Prämienzahlung innerhalb Monatsfrist Vertrag **reaktivieren**
Prämienschicksal § 40 Abs. 2	Bei Rücktritt nur **Geschäftsgebühr**	**Anspruch auf ungeteilte Prämie** für die laufende Versicherungsperiode

3.15.5 Prämienangleichungsklauseln

Preissteigerungen sind seit Jahren in fast allen Bereichen der Wirtschaft zu einer alltäglichen Erscheinung geworden. Da der Preis für das einzelne Wirtschaftsgut von Fall zu Fall ausgehandelt wird, besteht, falls die veränderten Verhältnisse dies notwendig machen, kurzfristig die Möglichkeit, einen höheren Preis für das neue Angebot zu fordern. Selbstverständlich setzt der Wettbewerb hier Grenzen.

In der Versicherungswirtschaft ist es erheblich schwieriger, gestiegene Produktionskosten sogleich im Preis weiterzugeben. Dies liegt einmal in der besonderen Art des unsichtbaren Wirtschaftsguts, Versicherungsschutz, zum anderen aber daran, daß Versicherungsverhältnisse sich grundsätzlich über einen längeren Zeitraum erstrecken, der viele Jahre betragen kann. Während der Laufzeit des Versicherungsvertrages ist es dem Versicherer ohne besondere Vereinbarung nicht möglich, eine Beitragserhöhung durchzusetzen. Bei rasch steigenden Produktionskosten kann dies zu ernsten Schwierigkeiten führen. Die Versicherungswirtschaft und auch die Aufsichtsbehörde haben daher immer wieder nach Wegen gesucht, um aus dieser Klemme herauszukommen. In der Vergangenheit wurden in verschiedenen Versicherungszweigen besondere Klauseln in die Allgemeinen Versicherungsbedingungen aufgenommen, die es dem Versicherer unter bestimmten Voraussetzungen erlauben, unter Aufrechterhaltung des bestehenden Vertrages künftig höhere Beiträge zu verlangen. In der Praxis haben diese Klauseln allerdings, wenn es dann tatsächlich zu Beitragserhöhungen gekommen ist, nicht selten Kritik ausgelöst. Richtungsweisend für die Einführung einer Prämienangleichungsklausel in der Rechtschutzversicherung war das Urteil des Bundesverwaltungsgerichtes vom 14.10. 80. Danach wurde die Notwendigkeit der Prämienangleichung vom Grundsatz her nicht bestritten. Es ging ausschließlich darum, dem Versicherungsnehmer ein verbessertes Kündigungsrecht nach einer durchgeführten Prämienangleichung zuzugestehen. Nach Ansicht der Bundesrichter kann eine AVB, die erst ab einer Prämienerhöhung von mehr als 15% bzw. von mehr als 30% innerhalb von 3 aufeinanderfolgenden Jahren ein außerordentliches Kündigungsrecht vorsieht, dem Verbraucher durchaus zugemutet werden. Demgegenüber sieht der Entwurf zur 15. VAG-Novelle eine prinzipielle Kündigungsmöglichkeit bei Prämienanpassung vor und setzt damit einen strengeren Maßstab an als die Rechtsprechung zum AGB-Gesetz.

AHB, AKB
VHB, VGB
ARB

In diesem Zusammenhang ist auch ein Urteil des Amtsgerichts Osnabrück beachtenwert:

Das Amtsgericht hat einem Versicherungsunternehmen das Recht abgesprochen, eine Prämienerhöhung, die sich auf § 8 III Allgemeine Haftpflichtbedingungen stützte, durchzusetzen.

Das Amtsgericht Osnabrück war der Meinung, daß die Prämienangleichungsklausel nicht vereinbar ist mit den Bestimmungen des § 9, Absatz 2 des Gesetzes zur Regelung des Rechts der Allgemeinen Geschäftsbedingungen. Das Amtsgericht Osnabrück sieht in dem § 8 Ziffer III AHB, die im Sinne des AGB-Gesetzes den Allgemeinen Geschäftsbedingungen entsprechen, eine unangemessene Benachteiligung des Versicherungsnehmers.

AG v. 04.07.83

Dieser Argumentation kann aus vielerlei Gründen nicht zugestimmt werden: Es bleibt beispielsweise nicht den Versicherern überlassen, die Prämie beliebig zu erhöhen. Sie sind auf die Ermittlungen eines unabhängigen Treuhänders angewiesen. Ganz davon abgesehen bestimmt § 8, Ziffer III AHB nicht nur, daß die Prämie erhöht werden kann; er verpflichtet auch den Versicherer ggf. die Prämie zu ermäßigen. Aus wettbewerbsrechtlichen Gründen sollte die Klausel allerdings unternehmensindividuell gestaltet sein, d.h. die Anpassungsbefugnis sollte nicht – wie bis vor kurzem noch in der KFZ-Versicherung – aus der Entwicklung der Branchendurchschnittswerte hergeleitet werden; die Meßgröße sollte vielmehr unternehmensbezogen sein.

3.16 Gerichtliches Mahnverfahren mit Übergang in das Klageverfahren bzw. Zwangsvollstreckung

3.16.1 Gerichtliches Mahnverfahren

a) **Mahnbescheid**

Beispiel:

> Der Versicherungsnehmer Walter Bayer, wohnhaft in Karlsruhe hat seinen Gewerbebetrieb bei der Saturn-Feuerversicherung in Stuttgart versichert. Die fällige Jahresprämie in Höhe von DM 3.800,– wurde trotz qualifizierter Mahnung nicht bezahlt. Der Versicherer besteht aber auf Prämienzahlung.

Kartellamt will mehr Wettbewerb bei Versicherungen

Berlin/West (Reuter) - Das Bundeskartellamt wird nach dem inzwischen abgeschlossenen Verfahren gegen die Praxis bei Beitragsanpassungen in der Fahrzeugkaskoversicherung jetzt auch die Klauseln für die Beitragsanpassung in der Allgemeinen Haftpflicht-, Rechtsschutz- und Hausratversicherung beanstanden. Dies teilte das Amt in Westberlin mit. Mit seinen Schritten will das Kartellamt mehr Raum für Wettbewerb schaffen.

Im Verfahren gegen den HUK-Verband und 99 Versicherer hatte das Kartellamt beanstandet, daß bisher nahezu alle Kraftfahrzeug-Versicherer die jährliche Beitragsanpassung in der Kaskoversicherung einheitlich nach dem von einem Treuhänder ermittelten durchschnittlichen Schadensverlauf der Branche erhöht hatten. Das Verfahren wegen verbotenen abgestimmten Verhaltens konnte abgeschlossen werden, weil der HUK-Verband neue Beitragsangleichungsklauseln anmeldete. Danach werden die Versicherer laut Kartellamt künftig Beitragserhöhungen nach dem eigenen Schadensbedarf kalkulieren. Außerdem erhielten die Versicherten bei jeder Beitragserhöhung ein Sonderkündigungsrecht.

Wie Kartellamt-Sprecher Hubertus Schön sagte, erhoffte man sich von der Neuregelung mehr Wettbewerb. Wenn die Verbraucher mobil seien und unter den nun unterschiedlichen Angeboten der Versicherer ein günstiges wählten, was durch das Sonderkündigungsrecht möglich sei, könnte die Fahrzeugkaskoversicherung billiger werden. Das Amt befasse sich jetzt mit den Beitragsanpassungen in der Allgemeinen Haftpflicht-, Rechtsschutz- und Hausratsversicherung, die ähnlich wie früher in der Fahrzeugkaskoversicherung - auf Basis eines Marktdurchschnitts ermittelt werden.

In Bonn sagte ein Sprecher des Verbandes der Haftpflichtversicherer, Unfallversicherer, Autoversicherer und Rechtsschutzversicherer (HUK-Verband), die neue Anpassungsklausel für die Kaskoversicherung werde für den Kunden im wesentlichen nicht viel ändern. Überrascht zeigte er sich von der Ankündigung des Kartellamtes, nun auch die Beitragsanpassungsklauseln in anderen Versicherungssparten zu beanstanden.

Als **Gläubiger**, auch Antragsteller genannt, wird nun der Versicherer das gerichtliche Mahnverfahren einleiten. Führt dieses Verfahren zum Ziel, ist es schneller und kostengünstiger als ein Klageverfahren.

ZPO
§ 692

Der Antrag auf Erlaß eines Mahnbescheides ist ohne Rücksicht auf den Streitwert beim **Amtsgericht** zu stellen, in dessen Bezirk der Antragsteller (VR) seinen allgemeinen Gerichtsstand, also seinen Wohn- bzw. Geschäftssitz hat (**örtliche Zuständigkeit**).

§ 689

Das Mahngesuch wird auf einem Formularsatz beantragt. Zur Vereinfachung des gesamten Verfahrensablaufs wird darin der Mahnbescheid gleich fünffach eingereicht. Der Antrag muß u.a. enthalten:
- Bezeichnung der Parteien und der Prozeßbevollmächtigten.
- Bezeichnung des Amtsgerichts bei dem der Antrag gestellt wird.
- Genaue Bezeichnung des Anspruchs, wie z.B. „Versicherungsprämien für die Zeit vom ... bis ..." Der Anspruch ist im einzelnen nicht zu begründen.
- Erklärung, daß der Anspruch nicht von einer Gegenleistung abhängt, oder daß die Gegenleistung bereits erbracht ist (z.B. Versicherungsschutz).
- Bezeichnung des Gerichts, das für ein streitiges Verfahren sachlich und örtlich zuständig ist.
- Genaue Bezifferung des verlangten Geldbetrages.

§ 690
§ 696

Der Antrag muß handschriftlich unterzeichnet sein.

Nach formeller Prüfung erläßt das Amtsgericht den Mahnbescheid. Dieser enthält u.a.:
- Hinweis, daß Anspruchsberechtigung nicht geprüft wurde.
- Aufforderung innerhalb 2 Wochen nach Zustellung des Mahnbescheids zu zahlen oder zu widersprechen.
- Hinweis auf möglichen Vollstreckungsbescheid, wenn weder Zahlung noch Widerspruch erfolgt.

Nach Zustellung des Mahnbescheids an den **Schuldner** (Antragsgegner) **hat** dieser **3 Handlungsmöglichkeiten:**

§ 693

① **Er zahlt** an den Gläubiger; das **Verfahren ist beendet**.

② **Er erhebt Widerspruch,** was, solange der Vollstreckungsbescheid nicht verfügt wurde, möglich ist.

§ 694

Beispiel:
Der Versicherungsnehmer Bayer ist der Meinung, daß ein Folgeprämienanspruch nicht besteht, da er zuvor den Versicherungsvertrag rechtzeitig gekündigt hatte.

Wie der Anspruch selbst ist auch der Widerspruch im Mahnverfahren nicht zu begründen. Mit dem Widerspruch des Schuldners ist das **Mahnverfahren beendet**. Liegt ein **Antrag auf ein streitiges Verfahren** (Klageantrag) vor, gibt das Mahngericht den Rechtsstreit an das zuständige Zivilprozeßgericht weiter. Der Klageantrag kann vorsorglich schon im Antrag auf Erlaß eines Mahnbescheides gestellt werden.

ZPO
§ 696
§ 697

③ **Er unternimmt nichts.** Nach Ablauf der 14-tägigen Widerspruchsfrist kann nun der Gläubiger den Erlaß eines **Vollstreckungsbescheides beantragen**.

§ 701

Wird dieser Antrag nicht binnen 6 Monaten nach Zustellung des Mahnbescheides gestellt, verliert der Mahnbescheid seine Wirkung.

b) **Vollstreckungsbescheid**

Der Vollstreckungsbescheid ist ein **Vollstreckungstitel**, der den Gläubiger zur Zwangsvollstreckung gegen den Schuldner berechtigt. **Mit seiner Zustellung beginnt eine zweiwöchige Einspruchsfrist, die dem Schuldner wieder 3 Möglichkeiten eröffnet:**

① **Er zahlt;** das **Verfahren ist beendet**.

§ 699

② **Er erhebt** innerhalb 14 Tagen nach Zustellung des Vollstreckungsbescheids **Einspruch.** Auf Antrag wird das Verfahren jetzt wieder in das streitige Verfahren übergeleitet. **Das Mahnverfahren ist beendet.**

§ 700

③ **Er unternimmt nichts.** Nach Ablauf der Einspruchsfrist hat der Gläubiger das Recht, den Gerichtsvollzieher mit der **Pfändung** zu beauftragen, falls diese nicht bereits bei der Zustellung des Vollstreckungsbescheids erfolgt war. Erst jetzt können die gepfändeten Gegenstände versteigert werden.

Entwurfsblatt

B 4 387 / 19..
Geschäftsnummer des Amtsgerichts
Bei Schreiben an das Gericht stets angeben

Der Antrag wird gerichtet an das
Amtsgericht
Plz, Ort
① 7ooo Stuttgart-1

② Antragsgegner/ges. Vertreter

Walter Bayer
Schreinerei
Ebertstraße 15

7500 Karlsruhe
Plz   Ort

Mahnbescheid   12.07.19.. ◄ Datum des Mahnbescheids

③ Antragsteller, ges. Vertreter, Prozeßbevollmächtigte(r); Bankverbindung

SATURN-Feuerversicherungs AG   Kontonummer 2o1 5o o 46
Leonberger Straße 1o   Deutsche Bank Suttgart

7ooo Stuttgart-1

④ macht gegen –Sie–   ☐ als Gesamtschuldner

⑤ folgenden Anspruch geltend (genaue Bezeichnung, insbes. mit Zeitangabe):   Geschäftszeichen des Antragstellers:

Versicherungsprämie für das Jahr 19..
fällig am 15.o1.19..

⑥ Hauptforderung DM 3.800.-	Zinsen 5 von Hundert seit 15.o1.19..				
⑦ Vorgerichtliche Kosten DM 3.-					
⑧ Kosten dieses Verfahrens (Summe ①bis⑤) DM 55.-	①Gerichtskosten 53.- DM	②Auslagen d. Antragst. 2.- DM	③Gebühr d. Prozeßbev. -- DM	④Auslagen d. Prozeßbev. -- DM	⑤MWSt. d. Prozeßbev. -- DM
⑨ Gesamtbetrag DM 3.858.- zuzügl. der Zinsen	Der Anspruch ist nach Erklärung des Antragstellers von einer Gegenleistung ☐ nicht abhängig. ☒ abhängig; diese ist aber bereits erbracht.				

Das Gericht hat nicht geprüft, ob dem Antragsteller der Anspruch zusteht. Es fordert Sie hiermit auf, innerhalb von **zwei Wochen** seit der Zustellung dieses Bescheids **entweder** die vorstehend bezeichneten Beträge, soweit Sie den geltend gemachten Anspruch als begründet ansehen, zu begleichen **oder** dem (oben bezeichneten) Gericht auf einem Vordruck der beigefügten Art (s. Hinweis dazu auf der Rückseite) mitzuteilen, ob und in welchem Umfang Sie dem Anspruch widersprechen.

Werden die geforderten Beträge nicht beglichen und wird auch nicht Widerspruch erhoben, kann der Antragsteller nach Ablauf der Frist einen Vollstreckungsbescheid erwirken, aus dem er die Zwangsvollstreckung betreiben kann. Ein streitiges Verfahren in Ihrem allgemeinen Gerichtsstand wäre nach Angabe des Antragstellers durchzuführen vor dem

⑩ ☒ Amtsgericht ☐ Landgericht ☐ Landgericht -Kammer für Handelssachen   Plz, Ort in 7500 Karlsruhe

An dieses Gericht, dem eine Prüfung seiner Zuständigkeit vorbehalten bleibt, wird die Sache im Falle Ihres Widerspruchs abgegeben.

Marx
Rechtspfleger

Antrag
Ort, Datum
Stuttgart, 11.o7.19..

⑪ Anschrift des Antragstellers/Vertreters/Prozeßbevollmächtigten   Eingangsstempel des Gerichts

SATURN-Feuerversicherungs AG
Leonberger Straße 1o

7ooo Stuttgart-1

Es wird beantragt, aufgrund der vorstehenden Angaben einen Mahnbescheid zu erlassen.

⑫ ☒ Im Falle des Widerspruchs wird die Durchführung des streitigen Verfahrens vor dem vorstehend bezeichneten Gericht beantragt.

⑬ ☒ Ordnungsgemäße Bevollmächtigung wird versichert.

⑭ Hier die Zahl der ausgefüllten Vordrucke angeben, falls sich der Antrag gegen mehrere Antragsgegner richtet.

SATURN-Feuerversicherungs AG
i.A. Franz Meyr
Unterschrift des Antragstellers/Vertreters/Prozeßbevollmächtigten

Amtsgericht

Plz, Ort

Antragsgegner/ges. Vertreter

Plz Ort

Geschäftsnummer des Amtsgerichts
Bei Schreiben an das Gericht stets angeben

Datum des Vollstreckungsbescheids

Zustellungsnachricht an den Antragsteller.

In Ihrer Mahnsache ist dem Antragsgegner der Mahnbescheid an dem aus dem folgenden Vordruckteil ersichtlichen Tag zugestellt worden.
Prüfen Sie, nachdem die mit dem darauffolgenden Tag beginnende Zwei-Wochen-Frist abgelaufen ist, ob der Antragsgegner die Schuld beglichen hat.
Sollte das nicht der Fall sein und sollte auch nicht Widerspruch eingelegt sein, können Sie den Erlaß des Vollstreckungsbescheids beantragen.
Verwenden Sie dazu bitte nur diesen Vordruck und beachten Sie die Hinweise auf der Rückseite.

Die Geschäftsstelle des Amtsgerichts

Vollstreckungsbescheid zum Mahnbescheid vom

zugestellt am

Antragsteller, ges. Vertreter, Prozeßbevollmächtigte(r); Bankverbindung

macht gegen –Sie–

☐ als Gesamtschuldner

folgenden Anspruch geltend:

Geschäftszeichen des Antragstellers:

Hauptforderung DM	Zinsen				
Vorgerichtliche Kosten DM					
Bisherige Kosten des Verfahrens (Summe ① bis ⑤) DM	① Gerichtskosten DM	② Auslagen d. Antragst. DM	③ Gebühr d. Prozeßbev. DM	④ Auslagen d. Prozeßbev. DM	⑤ MWSt. d. Prozeßbev. DM
Gesamtbetrag DM	zuzügl. der Zinsen	Der Anspruch ist nach Erklärung des Antragstellers von einer Gegenleistung ☐ nicht abhängig. ☐ abhängig; diese ist aber bereits erbracht.			

Auf der Grundlage des Mahnbescheids ergeht Vollstreckungsbescheid

☐ ② wegen vorstehender Beträge | wegen ③

abzüglich gezahlter ④

Hinzu kommen folgende weitere Kostenbeträge ⑤					insgesamt (Summe von ① bis ④)	Die Kosten des Verfahrens sind ab Erlaß dieses Bescheids mit 4% zu verzinsen.	Dieser Bescheid wurde dem Antragsgegner zugestellt am:
① Gerichtskost., Auslag. DM	② Gebühr d. Prozeßbev. DM	③ Auslagen d. Prozeßbev. DM	④ MWSt. d. Prozeßbev. DM	DM	DM		

Rechtspfleger

☐ Antragst. ☐ ges. Vertr ☐ Prozeßbev.
wurde VB-Ausf. erteilt am:

Antrag ①

Ort, Datum

Eingangsstempel des Gerichts

Es wird beantragt, aufgrund der vorstehenden Angaben Vollstreckungsbescheid zu erlassen.
Der Antragsgegner hat geleistet
⑥ ☐ keine Zahlungen. ☐ nur die oben angegebenen Zahlungen.

⑦ Die Auslagen für die Zustellung von Amts wegen habe ich vorausentrichtet.

⑧ Ich beantrage, mir den Bescheid in Ausfertigung zur Zustellung im Parteibetrieb zu übergeben.

Blatt 3: Zustellungsnachricht, Antrag und Urschrift

Unterschrift des Antragstellers/Vertreters/Prozeßbevollmächtigten

An das
Amtsgericht

Plz   Ort

Von der Vorauszahlung
der Auslagen gemäß
§ 65 Abs. 7 GKG befreit.

Ausfüllhinweise

Der Vordruck kann **handschriftlich** ausgefüllt werden. Auszufüllen sind die mit den Nummern ① bis ⑧ bezeichneten Felder. **Die dunkleren** (mit Raster unterlegten) **Felder bitte nicht beschriften.**

① **Der Antrag darf erst nach Ablauf der im Mahnbescheid bestimmten Zwei-Wochen-Frist gestellt werden.** Die Wirkung des Mahnbescheids fällt weg, wenn Sie den Antrag nicht innerhalb von sechs Monaten seit Zustellung des Mahnbescheids stellen.

② Hat der **Antragsgegner nichts gezahlt**, sind das Kästchen bei ② und das erste Kästchen bei ⑥ anzukreuzen.

③ Hier kann in anderen Fällen als Teilzahlung (vgl. dazu ④), insbesondere bei **Teilwiderspruch** und **Aufrechnung** durch den Antragsgegner, der Teil des Anspruchs bezeichnet werden, für den der Vollstreckungsbescheid beantragt wird.

④ Hat der **Antragsgegner Teilzahlungen geleistet**, sind die Zahlungen in dieser Zeile nach Betrag und Datum ihres Eingangs einzeln (..... DM am....., ... DM am....., ... DM am..... usw.) zu bezeichnen. Bei ⑥ ist in diesem Falle das zweite Kästchen anzukreuzen.

⑤ **Weitere Kosten des Verfahrens**

① In dieses Feld, falls das Gericht die Zustellung des Vollstreckungsbescheids veranlassen soll (s. dazu unten zu ⑦), bitte den vorauszuentrichtenden **Auslagenbetrag von 5 DM** für die Zustellung eintragen. Etwaige andere Auslagen (z. B. Porto für die Übersendung dieses Antrags an das Gericht) kön Sie hinzurechnen. Soll gegen **mehrere Antragsgegner** (vgl. dazu die Erläuterung im Vorblatt zu ④) Vollstreckungsbescheid ergehen, können Sie in jedes Vordruckblatt den Gesamtbetrag der für die Zustellung vorauszuentrichtenden Auslagenbeträge eintragen.

② bis ④ Nur von Rechtsanwälten oder Rechtsbeiständen auszufüllen.

⑥ Vgl. die Erläuterung zu ② und zu ④.

⑦ Wenn Sie wünschen, daß die **Zustellung des Vollstreckungsbescheids** an den Antragsgegner **durch das Gericht** veranlaßt wird, ist dieses Feld anzukreuzen und der **Auslagenbetrag von 5 DM** für die Zustellung **vorauszuentrichten**. Sie können den Betrag hierneben auf der Rückseite in Kostenmarken aufkleben. Der Betrag kann auch in anderer Weise vorausentrichtet werden, wenn dem Gericht die Zahlung rechtzeitig nachgewiesen wird. Wird der Nachweis nicht geführt, übermittelt Ihnen das Gericht den Vollstreckungsbescheid zur Zustellung im Parteibetrieb (s. dazu den folgenden Hinweis zu ⑧).

⑧ In diesem Falle bleibt es Ihrer Entscheidung vorbehalten, ob Sie die **Zustellung durch einen** dann gegebenenfalls **von Ihnen zu beauftragenden Gerichtsvollzieher** vornehmen lassen.

3.16.2 Klageverfahren

Erhebt der Schuldner Widerspruch gegen den Mahnbescheid oder Einspruch gegen den Vollstreckungsbescheid, so muß der Gläubiger zur Durchsetzung seines Anspruchs klagen. Er wird dies von vornherein tun, wenn ein solches Verhalten des Schuldners von Anfang an feststand.

a) **Zuständigkeit**
   - **Sachlich** zuständig für die Klageerhebung ist bei vermögensrechtlichen Streitigkeiten in der Regel das **Amtsgericht**, sofern der Streitwert nicht mehr als DM 5.000,- beträgt, andernfalls das **Landgericht** (Zivilkammer oder Kammer für Handelsrecht). *(GVG §§ 23, 71)*
   - **Örtlich** zuständig ist in der Regel das Prozeßgericht, in dessen Bezirk der **Beklagte seinen Geschäfts- bzw. Wohnsitz** hat (allgemeiner Gerichtsstand), d.h. das für den Versicherungsnehmer zuständige Amtsgericht. *(§§ 12, 13)*

     Gerichtsstand der Agentur
     Hat ein Versicherungsagent den Vertrag vermittelt oder abgeschlossen, so ist für Klagen, die aus dem Versicherungsverhältnis **gegen den Versicherer** erhoben werden, das Gericht des Ortes zuständig, wo der Agent zur Zeit der Vermittlung oder Schließung seine gewerbliche Niederlassung oder in Ermanglung einer gewerblichen Niederlassung seinen Wohnsitz hatte. Diese Zuständigkeit kann durch Vereinbarung nicht ausgeschlossen werden. *(VVG § 48)*

b) **Durchführung des streitigen Verfahrens**
   - Das Gericht **prüft** den **Klageantrag,** der jetzt eine Anspruchsbegründung enthalten muß, **setzt einen Termin** für die mündliche Verhandlung fest und stellt dem Beklagten die Klageschrift zu. Die Frist zwischen Zustellungs- und Verhandlungstermin (Einlassungsfrist) beträgt mindestens 2 Wochen, damit der Beklagte u.a. seine Verteidigung (Sammeln von Gegenbeweisen) aufbauen kann. *(ZPO § 496, § 274 Abs. 2)*
   - Die **mündliche Verhandlung** soll den Streit der Parteien tatbestandsmäßig klären, dazu ist in der Regel auch eine Beweisaufnahme notwendig. *(ZPO §§ 371 ff)*

     Beweismittel sind Urkunden (z.B. Versicherungspolice), Zeugen (ggf. vereidigt), Sachverständige (z.B. Arzt), Augenschein (Besichtigung eines Schadens) und schließlich die Parteienvernehmung.

     Dem VN, der die Entwendung seines versicherten Kfz behauptet, kommt eine Beweiserleichterung in der Weise zugute, daß der Eintritt des Versicherungsfalls schon bei hinreichender Wahrscheinlichkeit als nachgewiesen anzusehen ist. *(BGH 16. 10. 85)*

     Es reicht aus, wenn Anzeichen feststehen, die mit hinreichender Wahrscheinlichkeit das äußere Bild eines versicherten Diebstahls ergeben. Die Voraussetzungen eines Anscheinsbeweises brauchen nicht vorzuliegen. *(BGH 21. 1. 87)*

     Nicht jede bewußt falsche Angabe des Versicherungsnehmers zur Schadenshöhe rechtfertigt bereits den Schluß, es bestehe eine erhebliche Wahrscheinlichkeit für eine Vortäuschung des behaupten Einbruchdiebstahls. *(BGH 18. 11. 86)*

   - Der Zivilprozeß endigt u.a. durch:
     - **Parteiurteil:** Vergleich (die Parteien einigen sich), Verzichtsurteil (Der Kläger verzichtet auf seinen Anspruch), Anerkenntnisurteil (der Beklagte erkennt den Anspruch schließlich an).
     - **Streitiges Urteil:** Die Parteien einigen sich nicht, das Gericht muß ein Urteil fällen.

c) **Berufung und Revision**
   Ist die unterlegene Partei mit dem Urteil nicht einverstanden, kann sie **Rechtsmittel** einlegen, d.h. das Urteil durch ein höheres Gericht nachprüfen lassen.
   - Im **Berufungsverfahren** vor dem Land- bzw. Oberlandesgericht wird der Rechtsstreit in **tatsächlicher** und **rechtlicher** Hinsicht neu verhandelt. *(ZPO § 546)*
   - Dagegen werden im **Revisionsverfahren** vor dem Bundesgerichtshof Berufungsurteile eines Oberlandesgerichts **nur** noch **in rechtlicher** Hinsicht überprüft, d.h. neue Tatsachen und Beweismittel können nicht vorgetragen werden.

3.16.3 Zwangsvollstreckung

ZPO §§ 704 ff

Verweigert der Schuldner trotz des Vollstreckungsbescheides oder des gerichtlichen Urteils die Zahlung, kann die Forderung zwangsweise mit Hilfe des Gerichtsvollziehers eingetrieben werden. Dazu wird das Vermögen des Schuldners soweit in Bargeld umgewandelt, daß die Forderung und die angefallenen Kosten beglichen werden können.

Voraussetzungen für die Zwangsvollstreckung sind:
- Ein **Vollstreckungsantrag** des Gläubigers,
- ein **vollstreckbarer Titel** aufgrund eines Vollstreckungsbescheides oder eines rechtskräftigen Gerichtsurteils usw.,
- die **Vollstreckungsklausel**
  d.h. ein besonderes Zeugnis darüber, daß die Ausfertigung des Titels zum Zwecke der Zwangsvollstreckung erteilt ist,
- die vorherige oder gleichzeitige **Zustellung** des Titels.

ZPO §§ 808 ff

a) **Vollstreckung in das bewegliche Vermögen (körperliche Sachen)**

Sie besteht in der Pfändung und - frühestens eine Woche danach - in der Versteigerung der gepfändeten Sachen. Zu diesem Zweck begibt sich der Gerichtsvollzieher in die Wohnung bzw. Geschäftsräume des Schuldners und

§ 811

- **nimmt Geld, Wertpapiere und Kostbarkeiten** wie Schmuck **in seinen Besitz** (Faustpfand).
- **Klebt Pfändungsmarken** (Pfandsiegel) an schwer transportable Gegenstände, wie z.B. Büromöbel und Maschinen, da sie zur sofortigen Mitnahme nicht geeignet sind. Bei Pfändung in der Wohnung des Schuldners ist der gesetzliche Pfändungsschutz zu beachten.

Unpfändbar sind u.a.:
- die dem persönlichen Gebrauch oder dem Haushalt dienenden Sachen (einfache Kleidung, Möbel usw.),
- die zur Fortsetzung der Erwerbstätigkeit notwendigen Sachen (Berufsbekleidung, Fahrzeug).

Bei einem Luxusfahrzeug kommt eine **Austauschpfändung** in Frage, wenn ein Fahrzeug zur Berufsausübung benötigt wird. Der Pfändungsschutz soll nur eine bescheidene Lebensführung sicherstellen.

b) **Vollstreckung in das bewegliche Vermögen (Forderungen und sonstige Rechte)**

ZPO §§ 828 ff

Dem Schuldner können auch **Forderungen** gegenüber Dritten (Kunden) zustehen. Zur Pfändung von Forderungen muß der Gläubiger einen **Pfändungs- und Überweisungsbeschluß** beim Vollstreckungsgericht (Amtsgericht am Sitz des Schuldners) **beantragen**. Mit der **Zustellung des Beschlusses an den Drittschuldner wird die Forderung** für den Gläubiger **beschlagnahmt** und muß an ihn überwiesen werden.

Beispiel:

> Walter Bayer hat im Rahmen seines Gewerbebetriebs auch eine Forderung gegen den Kunden Müller über DM 2.500,-. Beantragt jetzt die Saturnversicherung einen Pfändungs- und Überweisungsbeschluß und wird dieser Beschluß dem Müller zugestellt, so kann Müller, soweit nicht Ansprüche anderer Gläubiger vorgehen, befreiend nur noch an den Versicherer bezahlen, auf jeden Fall nicht mehr an den Gläubiger Bayer.

ZPO § 850

Auf die gleiche Weise können auch Bankguthaben, Löhne und Gehälter gepfändet werden; letztere allerdings nur, soweit sie über den **pfändungsfreien Grenzen** liegen, die von den jeweiligen Unterhaltsverpflichtungen des Schuldners abhängen.

Fruchtlose Pfändung

ZPO § 807

Verfügt der Schuldner über keine pfändbaren Gegenstände, Forderungen usw., so stellt der Gerichtsvollzieher dem Gläubiger eine **Unpfändbarkeitserklärung** zu.

Der Schuldner kann jetzt gezwungen werden, ein **Vermögensverzeichnis** (Vordruck des Gerichts) aufzustellen und dessen Richtigkeit und Vollständigkeit **an Eides statt zu versichern**. Jeder Schuldner, der eine eidesstattliche Versicherung abgegeben hat, wird beim Amtsgericht in ein öffentliches Schuldnerverzeichnis eingetragen (schwarze Liste).

ZPO §§ 901 ff

Wer diese Erklärung falsch abgibt, wird mit Freiheitsstrafe bis zu 3 Jahren oder mit Geldstrafe bestraft. Bei einer grundlosen Verweigerung der eidesstattlichen Versicherung hat das Gericht auf Antrag und Kosten des Gläubigers die Haft anzuordnen (bis zu 6 Monaten).

c) **Vollstreckung in das unbewegliche Vermögen (Grundstücke)** §§ 864 ff

Die Zwangsvollstreckung in das unbewegliche Vermögen erfolgt durch:

- Eintragung einer **Sicherungshypothek** in das Grundbuch (zuständig ist das Grundbuchamt).
- **Zwangsversteigerung** des Grundstücks (zuständig ist das Vollstreckungsgericht und der Gerichtsvollzieher). Aus dem Erlös werden die Gläubiger befriedigt. Ein Überschuß gehört dem bisherigen Grundstückseigentümer. Droht ein Mindererlös, so können Gläubiger das Grundstück selbst ersteigern, in der Hoffnung, es später günstiger zu verkaufen.

```
                  Antrag auf Pfändungs- und Überweisungsbeschluß
SATURN-Versicherungs AG
Leonberger Straße 1o

7ooo Stuttgart

An das
Amtsgericht
Stadtstraße 2                              Karlsruhe, den 25.08.19..

75oo Karlsruhe

In der Zwangsvollstreckung gegen Walter Bayer überreichen wir an-
liegend vollstreckbare Ausfertigung des Vollstreckungsbescheides des
Amtsgerichts Stuttgart. Der Schuldtitel ist dem Schuldner zugestellt
worden.
Wir beabsichtigen gegen den Schuldner eine Pfändung von Geldforderung
auszubringen. Diese Forderungsansprüche stehen dem Schuldner gegen-
       ür der Firma Heinrich Müller KG, Rheinufer 1o, 755o Rastatt zu.
Wir beantragen diese Forderung für unsere Ansprüche und für die Ge-
richts- und Zustellungskosten dieses Antrags zu pfänden und uns zur
Einziehung zu überweisen.
Wir bitten, die Zustellung des Beschlusses an die D r i t t -
s c h u l d n e r i n  gem. § 84o ZPO zu vermitteln.
Mit freundlichen Grüßen
SATURN-Versicherungs AG

     ppa. Maier
( ppa. Maier )

Der Pfändungs- und Überweisungsbeschluß hat folgenden Wortlaut :


Amtsgericht                                Karlsruhe, den .............
             P F Ä N D U N G S - Ü B E R W E I S U N G S B E S C H L U S S
In der Zwangsvollstreckungssache der SATURN-Versicherungs AG in
Stuttgart, Leonberger Straße 1o, Gläubigerin
                       gegen
den Schreinermeister Walter Bayer in Karlsruhe, Ebertstraße 15,
Schuldner
Nach dem vollstreckbaren Schuldtitel des Amtsgerichts Stuttgart vom
12.o8.19.. Geschäftsnummer B 4387 / 19.. steht der Gläubigerin gegen
den Schuldner ein Anspruch auf 3.8o3.- DM ( in Buchstaben : dreitausend-
achthundertunddrei Deutsche Mark ) nebst 5 vom Hundert Zinsen seit dem
15.o1.19.. zu.
Wegen und bis zu Höhe dieses Anspruchs und der unten zu I. berechneten
Kosten für diesen Beschluß sowie wegen der unten zu II. berechneten
Kosten für die Zustellung dieses Beschlusses wird die angebliche
Forderung des Schuldners gegenüber der Firma Heinrich Müller KG, Rhein-
ufer 1o in 755o Rastatt aus Lieferung eines Einbauschrankes vom 2o.o1.19..
gepfändet.
Der Drittschuldner darf soweit die Forderung gepfändet ist, an den
Schuldner nicht mehr zahlen.

Der Schuldner hat sich insoweit jeder Verfügung über die Forderung
insbesondere ihrer Einziehung zu enthalten.
Zugleich wird dem Gläubiger die bezeichnete Forderung in Höhe des
erwähnten Betrages zur Einziehung überwiesen.

    Schneider
( Schneider )
Rechtspfleger
```

- **Zwangsverwaltung** des Grundstücks

    Der Eigentümer behält sein Eigentumsrecht, die Verfügung wird ihm aber so lange entzogen, bis die Gläubiger befriedigt sind. Zuständig ist das Gericht, das einen Zwangsverwalter bestellt, der aus den Erträgen die Kosten bestreitet und einen Überschuß an die Gläubiger abführt.

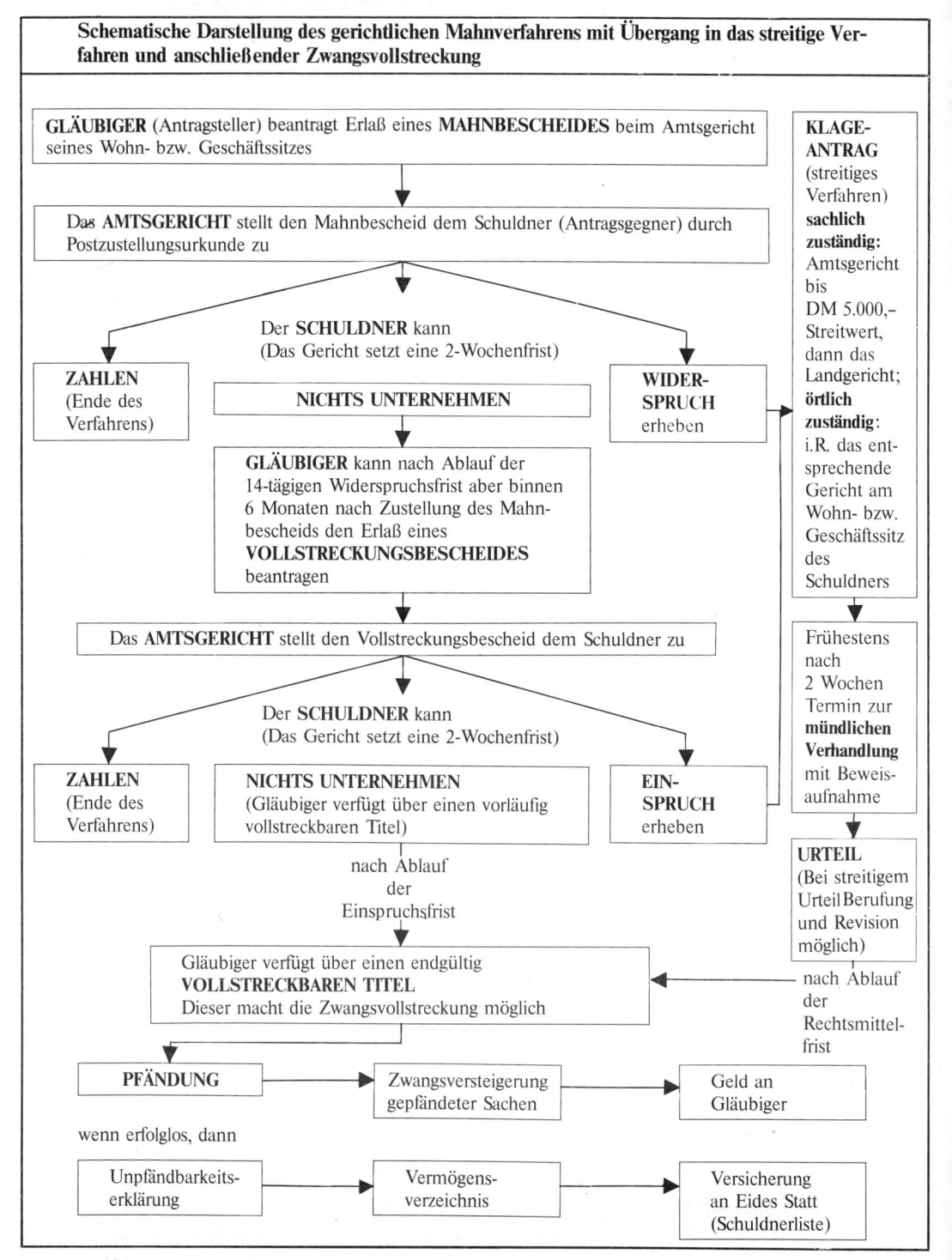

Schematische Darstellung des gerichtlichen Mahnverfahrens mit Übergang in das streitige Verfahren und anschließender Zwangsvollstreckung

GLÄUBIGER (Antragsteller) beantragt Erlaß eines MAHNBESCHEIDES beim Amtsgericht seines Wohn- bzw. Geschäftssitzes

↓

Das AMTSGERICHT stellt den Mahnbescheid dem Schuldner (Antragsgegner) durch Postzustellungsurkunde zu

↓

Der SCHULDNER kann (Das Gericht setzt eine 2-Wochenfrist)

- ZAHLEN (Ende des Verfahrens)
- NICHTS UNTERNEHMEN
- WIDERSPRUCH erheben

GLÄUBIGER kann nach Ablauf der 14-tägigen Widerspruchsfrist aber binnen 6 Monaten nach Zustellung des Mahnbescheids den Erlaß eines VOLLSTRECKUNGSBESCHEIDES beantragen

↓

Das AMTSGERICHT stellt den Vollstreckungsbescheid dem Schuldner zu

↓

Der SCHULDNER kann (Das Gericht setzt eine 2-Wochenfrist)

- ZAHLEN (Ende des Verfahrens)
- NICHTS UNTERNEHMEN (Gläubiger verfügt über einen vorläufig vollstreckbaren Titel)
- EINSPRUCH erheben

nach Ablauf der Einspruchsfrist

Gläubiger verfügt über einen endgültig VOLLSTRECKBAREN TITEL
Dieser macht die Zwangsvollstreckung möglich

↓

PFÄNDUNG → Zwangsversteigerung gepfändeter Sachen → Geld an Gläubiger

wenn erfolglos, dann

Unpfändbarkeitserklärung → Vermögensverzeichnis → Versicherung an Eides Statt (Schuldnerliste)

KLAGEANTRAG (streitiges Verfahren) **sachlich zuständig:** Amtsgericht bis DM 5.000,- Streitwert, dann das Landgericht; **örtlich zuständig:** i.R. das entsprechende Gericht am Wohn- bzw. Geschäftssitz des Schuldners

↓

Frühestens nach 2 Wochen Termin zur **mündlichen Verhandlung** mit Beweisaufnahme

↓

URTEIL (Bei streitigem Urteil Berufung und Revision möglich)

nach Ablauf der Rechtsmittelfrist

124

3.16.4 Rechtsbehelfe

Besondere Rechtsbehelfe geben dem **Schuldner,** dem **Gläubiger** oder einem von der Vollstreckung betroffenen **Dritten** die Möglichkeit, gegen einen sie beeinträchtigenden Zwangsvollstreckungsakt vorzugehen.

- **Erinnerung**   ZPO § 766

    Mit der Erinnerung kann die **Art und Weise der Zwangsvollstreckung,** also der Verletzung von Verfahrensvorschriften genügt werden. (Gegen die Maßnahmen des Gerichtsvollziehers und des Vollstreckungsgerichtes, z.B. der Gerichtsvollzieher hat eine unpfändbare Sache gepfändet).
    Die Erinnerung ist an keine Frist gebunden; sie ist also vom Beginn bis zum Ende der Zwangsvollstreckung möglich.

- **Sofortige Beschwerde**   ZPO § 793

    Sie ist gegen gerichtliche Entscheidungen im Vollstreckungsverfahren gegeben. (z.B. gegen die aufgrund der Erinnerung ergangene Entscheidung des Vollstreckungsgerichtes).

- **Vollstreckungsgegenklage** (Vollstreckungsabwehrklage)   ZPO § 767

    Sie betrifft nicht das Verfahren der Zwangsvollstreckung, sondern den Anspruch selbst, so daß die Klage des Schuldners gegen den Gläubiger zu richten ist.

    Beispiel:
    > Schuldner A trägt vor, daß er mit einer Gegenforderung, die er gegen den B hat, aufgerechnet habe.

- **Drittwiderspruchsklage**   ZPO §§ 771

    Bei der Vollstreckung prüfen die Vollstreckungsorgane nicht nach, ob der gepfändete Gegenstand dem Schuldner auch gehört (Eigentümer); daher muß es dem Dritten, dessen Vermögen durch die Vollstreckungsmaßnahme betroffen wird, überlassen bleiben, seinerseits gegen den Vollstreckungsakt vorzugehen.

3.17 Verjährung von Ansprüchen aus Versicherungsverhältnissen

Das VVG enthält eine besondere Bestimmung über die Verjährung, welche die Vorschriften des BGB zum Teil abändert.   VVG § 12

a) Begriff der Verjährung

Der Anspruch, d.h. das Recht von einem anderen ein Tun oder Unterlassen zu verlangen, verjährt. Die **Verjährung bedeutet nicht, daß der Anspruch erlischt.** Vielmehr hat der Schuldner nur das Recht, die Erfüllung zu verweigern. Da der verjährte Anspruch noch besteht, kann er noch erfüllt werden. Das zur Erfüllung eines verjährten Anspruchs Geleistete kann nicht deshalb zurückverlangt werden, weil die Leistung in Unkenntnis der Verjährung bewirkt wurde. Die Verjährung kann durch ein Rechtsgeschäft nur verkürzt, nicht aber verlängert werden.   BGB § 194 / BGB § 222, Abs. 2 § 225

b) Beginn und Fristen

Ansprüche aus Versicherungsverträgen verjähren in **zwei Jahren,** bei der Lebensversicherung in fünf Jahren. Dies gilt sowohl für Ansprüche des Versicherungsnehmers auf Entschädigung oder Auszahlung der Versicherungssumme als auch für Forderungen des Versicherers, wie z.B. auf Folgeprämien, Zinsen, Kosten.

In einigen AVBen bestehen hierzu besondere Regelungen. Danach können rückständige Folgeprämien nur innerhalb eines Jahres seit Ablauf der gesetzten Zahlungsfrist (§ 39 VVG) gerichtlich geltend gemacht werden. In der Haftpflichtversicherung ist der Versicherer sogar an eine Ausschlußfrist von 6 Monaten gebunden.   VHB 84 / AFB 87 / AUB 88

Die gesetzliche Verjährungsfrist beginnt mit dem **Schluß des Jahres,** in welchem die Leistung verlangt werden kann.   VVG § 12 Abs. 2

Beispiel:
> Entsteht die Versicherungsforderung am 05. 01. 84, dann beginnt die Verjährungsfrist von zwei oder fünf Jahren mit dem 01. 01. 85 zu laufen.

BGH v. 10.5.83	Der Bundesgerichtshof führte in seinen Entscheidungsgründen aus, die Verjährung eines Anspruches aus dem Versicherungsverhältnis beginne nach § 12 Abs. 1 des Versicherungsvertragsgesetzes mit dem Ende des Jahres, in dem die Leistung verlangt werden kann. Diese Regelung sei zu unterscheiden von der in § 198 BGB, die auf die Entstehung des Anspruches, aber auch von der des § 852 BGB, die auf die Kenntnis des Schadens und der Person des Ersatzpflichtigen abstelle. Im Rahmen des § 12 Abs. 1 VVG komme es demnach nicht auf die Entstehung, sondern auf die Fälligkeit des Anspruches an. Es müsse also Klage auf sofortige Leistung erhoben werden können. Maßgeblich sei dabei diejenige Leistung, die vom Gläubiger gefordert und vom Schuldner mit der Verjährungseinrede verweigert werde. Soweit die Leistungen, die ein Versicherer aus Anlaß eines bestimmten Versicherungsfalles schuldet, zu unterschiedlichen Zeiten fällig werden, laufen für die einzelnen Teilleistungen auch unterschiedliche Verjährungsfristen.

c) Hemmung und Unterbrechung

– Im Falle der **Hemmung** „ruht die Verjährung"; d.h. es wird die Zeit der Hemmung in die Verjährungsfrist nicht eingerechnet.

§ 12 Abs. 2 VVG BGB § 202 ff	Das Versicherungsrecht hat in § 12 VVG einen besonderen Hemmungsgrund geschaffen, der neben die im BGB aufgezählten Gründe – z.B. die Stundungsbitte – tritt. So sind mit einer Schadensanzeige die Ansprüche des Versicherungsnehmers bis zur schriftlichen Entscheidung des Versicherers gehemmt. Ob die Entscheidung dabei eine Begründung enthält, ist für die Beendigung der Verjährungsfrist ohne Belang. Als „Entscheidung" ist aber nur eine abschließende Stellungnahme zu Grund und Höhe des Anspruchs anzusehen, nicht dagegen ein Vergleichsangebot.
	Erfolgt die Anmeldung des Anspruchs nicht durch den Versicherungsnehmer, sondern durch den Versicherten oder Bezugsberechtigten, so hat der Versicherer seine Entscheidung diesem Anmelder bekannt zu geben.

– Durch eine **Unterbrechung** hört die Verjährung auf weiter zu laufen.

Beispiel:

A kauft von B ein Auto für DM 3.000,–. Der Kaufpreis soll am 01. 08. 84 fällig sein. Da A seiner Verpflichtung trotz wiederholter Mahnungen nicht nachgekommen ist, wird ihm am 01. 09. 84 der Mahnbescheid zugestellt.

BGB § 209 ff	Durch die Zustellung eines Mahnbescheides oder die Einreichung bei Gericht wird die Verjährung unterbrochen. Erst nach Wegfall des unterbrechenden Ereignisses beginnt die Verjährung von vorn zu laufen. Die Zeit der Unterbrechung wird nicht gezählt.

d) Rechtzeitige Geltendmachung des Anspruchs

VVG § 12 Abs. 3	Ansprüche des Versicherungsnehmers, die vom Versicherer **schriftlich abgelehnt** sind, erlöschen, wenn sie nicht innerhalb von **6 Monaten** gerichtlich geltend gemacht werden.
§ 187 Abs. 1 § 188 BGB § 10 VVG	Bei der Berechnung der Ausschlußfrist wird der hier maßgebliche Tag des Zugangs des Ablehnungsschreibens nicht mitgerechnet. Die Frist endet 6 Monate später mit Ablauf des Tages, der durch seine Zahl dem Zugangstag entspricht. Fällt dieser Tag auf einen Sonnabend, Sonntag oder Feiertag, so tritt an seine Stelle der nächste Werktag. Hat der Versicherungsnehmer eine Wohnungsänderung nicht angezeigt, so genügt der Versicherer seiner Mitteilungspflicht durch Absendung eines eingeschriebenen Briefes an die letzte ihm bekannte Adresse (Abschnitt 3.14.4c).

Die Geltendmachung des Anspruchs kann durch Einreichung einer Leistungs- bzw. Feststellungsklage aber auch durch Beantragung eines Mahnbescheides erfolgen.

Die Voraussetzungen für die Leistungsfreiheit des Versicherers (mit Ablauf dieser 6-Monatsfrist) sind:
– Der **Versicherungsnehmer** hat den Anspruch gegenüber dem Versicherer **erhoben**.
– Der **Versicherer** hat den Anspruch **abgelehnt**.
– Der **Versicherer** hat in der Ablehnungserklärung **auf** die mit dem Ablauf der Sechsmonatsfrist verbundenen **Rechtsfolgen hingewiesen**.

§ 12 Abs. 2 VVG	Hat der Versicherer nicht auf die Rechtsfolgen hingewiesen, so kann der Anspruch des Versicherungsnehmers nach § 12 Abs. 2 VVG nur verjähren.
BGH v. 25.01.1978	Belehrt der Versicherer den Versicherungsnehmer bei der Ablehnung des erhobenen Versicherungsanspruchs dahin, daß er von der Verpflichtung zur Leistung endgültig frei werde, wenn der Versicherungsnehmer den Anspruch nicht binnen 6 Monaten „bei dem zuständigen Gericht" geltend mache, so wird die Frist des § 12, Abs. 3, VVG in Lauf gesetzt.

Klagt der Versicherungsnehmer daraufhin nicht gegen den Versicherer, so steht mit dem Ablauf der Klagefrist endgültig fest, daß der Versicherer nicht zu leisten braucht, auch wenn die Ablehnung durch den Versicherer unbegründet gewesen sein sollte.

Im Falle einer entschuldbaren Fristversäumnis des Versicherungsnehmers kann der Versicherer sich nach der Rechtsprechung auf den Ablauf der Klagefrist nicht berufen; es wird der sog. Entschuldigungsbeweis zugelassen. Ein Verschulden des Versicherungsnehmers kann aus verschiedenen Gründen entfallen, etwa infolge schwerer Erkrankung oder weil er mit einem rechtzeitigen Bescheid auf ein eingebrachtes Armenrechtsgesuch rechnen durfte. BGH v. 08.02.65

3.18 Möglichkeiten der Vertragsbeendigung
3.18.1 Zeitablauf

Bei Verträgen mit einem vereinbarten Ablauftermin endet der Vertrag mit diesem Zeitraum.
- So gibt es Verträge, deren **Laufzeit weniger als ein Jahr** beträgt.
  Beispiel:
  > Für die Dauer einer Auslandsreise war eine Reisegepäckversicherung vom 01. 07. bis 0.1 08. abgeschlossen worden. Am 01. 08. endet der Vertrag und der Versicherungsschutz.
- Bei **Jahres- und Mehrjahresverträgen,** z.B. 2 oder 5 Jahre, enthalten die meisten AVB dagegen eine sogenannte **Verlängerungsklausel,** wonach das Versicherungsverhältnis als stillschweigend verlängert gilt, wenn es nicht innerhalb einer bestimmten Frist vor dem Ablauf gekündigt wird.

Eine solche Vereinbarung schütz den Versicherungsnehmer davor, den Versicherungsschutz zu verlieren, weil er den Versicherungsablauf außer Acht läßt. Die vom VVG **zwingend vorgeschriebene Einschränkung der Verlängerung auf ein Jahr** verhütet andererseits überlange Bindungen. VVG § 8

Laufzeit der Versicherungsverträge
Versicherungsverträge sind von der 2-Jahresgrenze (Abschnitt 3.1.4) nach §11 Nr.12 AGBG ausgenommen. Allerdings hat die Aufsichtsbehörde in ihrer Genehmigungspraxis unterschiedliche Höchstlaufzeiten festgesetzt:
In der Schadensversicherung – insbesondere aus dem Sach- und Haftpflichtbereich im allgemeinen 10 Jahre;
In der Kraftfahrtversicherung allerdings nur 1 Jahr;
Lebenslängliche Verträge und zwar nur aus der Sicht des Versicherers gibt es regelmäßig in der Lebens- und Krankenversicherung.
Die langfristige Bindung erschwert zwar den Versicherungswechsel und damit den Wettbewerb, dennoch liegt sie in der Regel im Interesse beider Vertragspartner:
- Schließlich kann der Versicherungsnehmer bei Überschreiten der Höchstlaufzeiten durch einen entsprechenden Hinweis beim BAV erreichen, daß der Versicherer die Überschreitung zurücknimmt und auf die zulässige Höchstzeit reduziert.
- Der Versicherer kann bei einer Laufzeit von zehn Jahren kostengünstiger kalkulieren; dieser Vorteil kommt auch dem Kunden zugute. Für ihn ist die Beitragsbelastung für die vollen zehn Jahre überschaubar.
- Soweit Prämienanpassung- bzw. Beitragsangleichungsklauseln vereinbart sind, ist hinsichtlich der möglichen Erhöhungen eine absolute Tranzparenz gegeben; zumal auch das Bundesaufsichtsamt für das Versicherungswesen (BAV) die Versicherer verpflichtet, die Allgemeinen Versicherungsbedingungen so umzuformulieren, daß dem Kunden ein erweitertes Kündigungsrecht bei möglichen Angleichungen eingeräumt wird.

Auf EG-Ebene geht die Tendenz dahin, dem Versicherungsnehmer unbeschadet der dem Vertrag zugrundeliegenden Grundlaufzeit und unabhängig von einer automatischen Prämienanpassung spätestens nach 3 Jahren, ein Kündigungsrecht einzuräumen. Mit der Angleichung des deutschen Rechts an die EG-Normen würde die verbraucherschutzpolitische Kritik an langfristigen Versicherungsverträgen wesentlich entschärft.
Aus diesem Grund sieht daher auch ein Diskussionsentwurf zum geplanten neuen Versicherungs-Aufsichtsgesetz eine Begrenzung der Vertragslaufzeiten auf 3 Jahre vor, was aber in der Versicherungswirtschaft unter Hinweis auf eine mögliche Verteuerung des Versicherungsschutzes, weil z.B. die Kosten des Vertragsabschlusses auf kürzere Laufzeiten verteilt werden müßten, im Augenblick noch auf erheblichen Widerstand stößt.

Bundesverfassungsgericht bestätigt Zulässigkeit von mehrjährigen Versicherungsverträgen

Das Bundesverfassungsgericht hat mit Beschluß vom 4. 6. 1985 – 1 BvL 12/84 – auf Vorlage eines Amtsrichters aus Bremen, der die Bestimmung des § 23 Abs. 2 Nr. 6 AGB-Gesetz wegen der darin enthaltenen Möglichkeit, mehrjährige Versicherungsverträge zu vereinbaren, für verfassungswidrig hält, diese Auffassung als offensichtlich unbegründet zurückgewiesen.

Nach Ansicht des Ersten Senats verstößt § 23 Abs. 2 Nr. 6 AGB-Gesetz, soweit er sich auf Versicherungsverträge bezieht, nicht gegen das Grundgesetz. Das Gericht führte hierzu im wesentlichen aus, § 23 Abs. 2 Nr. 6 AGB-Gesetz enthalte keinen Eingriff in die von Art. 2 Abs. 1 Grundgesetz geschützte Vertragsfreiheit, da das Recht der Beteiligten, die Laufzeit eines Versicherungsvertrages entsprechend ihrem Willen festzulegen, nicht berührt werde. Die Gesetzesbestimmung verstoße auch nicht gegen Art. 3 Abs. 1 des Grundgesetzes. Der Ausnahme von § 11 Nr. 12 AGB-Gesetz mit seiner Beschränkung auf 2 Jahre bei Dauerschuldverhältnissen liegt – sachlich begründet – die Annahme des Gesetzgebers zugrunde, daß eine längerfristige Bindung im Bereich der Versicherungsverträge im Interesse beider Vertragsteile liegen könne. Versicherungsverträge seien vielfach ihrer Natur nach auf eine mehrjährige Laufzeit hin angelegt. Das Bundesverfassungsgericht verweist dabei ausdrücklich auf die Stellungnahme des Bundesgerichtshofes, wonach sich im Versicherungsvertragsrecht ohnehin eine einheitliche für alle bestehenden und denkbaren Versicherungsarten interessengerechte Vertragsdauer kaum feststellen ließe. Im übrigen sei durch § 23 Abs. 2 Nr. 6 AGB-Gesetz eine inhaltliche Kontrolle der Laufzeit nach § 9 AGB-Gesetz nicht ausgeschlossen.

3.18.2 Kündigung

a) Allgemeine Grundsätze (Art und Form der Kündigung)

BGB
§ 130 Abs. 1

- Die Kündigung ist eine **empfangsbedürftige Willenserklärung**, d.h. sie wird erst rechtswirksam, wenn sie in den Empfangsbereich des Vertragspartners bzw. seines Vertreters gelangt.

  Die Kündigung gilt grundsätzlich als zugegangen, wenn der Empfänger unter normalen Umständen die Möglichkeit hat von ihr Kenntnis zu nehmen, d.h. wenn sie so in den **Machtbereich** (Briefkasten) des **Empfängers gelangt** ist, daß dieser darüber verfügen kann.

- Eine Kündigung ist wie alle einseitigen Rechtsgeschäfte **bedingungsfeindlich** und darf nicht von einem zukünftigen ungewissen Ereignis abhängen, d.h. sie muß im Grundsatz klar und eindeutig sein. Eine bedingte Kündigung ist nur dann wirksam, wenn der Eintritt der Bedingung ausschließlich vom Willen des Kündigungs**empfängers** abhängt. Das ist z.B. der Fall, wenn der Kündigende schreibt: „Sollten Sie nicht mit der Herabsetzung der Prämie (oder mit der Herabsetzung der Versicherungssumme) einverstanden sein, so bitte ich, diesen Brief als Kündigung aufzufassen." Auch eine vorsorgliche Kündigung zum Zwecke der Vertragsänderung (sog. **Änderungskündigung**) ist zulässig. Ausnahmsweise gestattet auch § 39 Abs. 3 Satz 2 VVG die Verbindung von Mahnung und Kündigung durch den Versicherer.

- Im Gegensatz zu BGB und VVG, die in der Regel keine bestimmten Formvorschriften vorsehen, verlangen die meisten AVB **Schriftform;** in Ausnahmefällen sogar in der Form des Einschreibebriefes (z.B. die AHB). Bei formunwirksamer Kündigung des Versicherungsnehmers ist der Versicherer informationspflichtig, d.h. er hat eine solche Kündigung unverzüglich zurückzuweisen. Andernfalls muß er sich so behandeln lassen, als sei wirksam gekündigt worden.

VerBAV
1970

  Das Gleiche gilt für unvollständige, verspätete oder nicht zu einem möglichen Aufhebungszeitpunkt ausgesprochene Kündigungen.

  In dem Schweigen des Versicherers auf unvollständige bzw. nicht zulässige Kündigungsbegehren ist nach Ansicht des BAV ein Verstoß gegen die guten Sitten und ein Mißstand zu erblicken, der geeignet ist, die Interessen der Versicherungsnehmer zu gefährden. Erkennt der Versicherer bei ordnungsgemäßer Prüfung einer Kündigung, daß diese mangelhaft bzw. unzulässig ist, und schweigt er gleichwohl, so versetzt er den Versicherungsnehmer in den Irrtum, daß sein Kündigungsschreiben wirksam sei. Damit hindert er ihn aber auch den Mangel rechtzeitig zu beheben bzw. er verleitet ihn dazu, sich anderweitig zu versichern, was zu einer ungewollten Doppelversicherung, zu Unsicherheiten und Mehrkosten führen kann.

Beispiel:

> Ein Versicherungsvertrag war für den Zeitraum vom 01. 01. 86 bis zum 01. 01. 96 abgeschlossen. Später kündigt der VN zum 01. 01. 90, ohne daß ein außerordentliches Kündigungsrecht etwa aufgrund eines Schadensfalls – vorliegt. Das Kündigungsschreiben wird durch den Versicherer nicht unverzüglich zurückgewiesen, was zur Folge hat, daß sich der Kunde anderweitig versichert. Der Versicherer muß in diesem Fall die Kündigung gegen sich gelten lassen d.h. den Vertrag zum 01. 01. 90 aufheben.

Nach Ansicht des BAV ist der Versicherer dagegen nicht berechtigt, eine „verfrühte" Kündigung zurückzuweisen.

Beispiel:

> Ein Versicherungsnehmer kündigt eine auf 5 Jahre abgeschlossene Versicherung vorsorglich schon im 2. Jahre fristgerecht zum Ablauf, obwohl der Vertrag eine 3-Monatsfrist dafür als ausreichend vorsieht.

Eine Kündigung von Versicherungsverträgen kann von einem vollgeschäftsfähigen Versicherungsnehmer vorgenommen werden; dagegen nicht von einem Minderjährigen, wenn sie ohne die erforderliche Einwilligung des gesetzlichen Vertreters ausgesprochen wird. Nimmt der Minderjährige mit dieser Kündigung ein einseitiges Rechtsgeschäft einem anderen gegenüber vor, so kommt es nicht zu der angestrebten Rechtswirkung, wenn der Minderjährige die Einwilligung nicht in schriftlicher Form vorlegt und der andere das Rechtsgeschäft aus diesem Grund unverzüglich zurückweist.
Die Zurückweisung ist ausgeschlossen, wenn der gesetzliche Vertreter den anderen von der Einwilligung in Kenntnis gesetzt hat.

BGB
§ 111

b) Ordentliche Kündigung

Ist ein Versicherungsvertrag auf **unbestimmte Zeit** eingegangen worden, so kann er von beiden Partnern ohne Angabe von Gründen **zum Schluß der laufenden Versicherungsperiode** gekündigt werden.

VVG § 8 Abs. 2

Das gleiche gilt für die o.a. Verträge, die nach Ablauf der ursprünglichen Vertragsdauer aufgrund einer Verlängerungsklausel fortdauern. Die **Kündigungsfrist** muß für beide Vertragspartner **gleich lang** sein und **mindestens** einen Monat und **höchstens** 3 Monate betragen. Da diese Vorschrift halbzwingend ist, wäre eine Vereinbarung, nach der der Versicherer mit einer Frist von 3 Monaten und der Versicherungsnehmer mit einer Frist von einem Monat zu kündigen hätte, durchaus zulässig, nicht dagegen umgekehrt.

VVG § 15 a

Eingeschränktes Kündigungsrecht

Wegen der Vorausberücksichtigung der altersbedingten Risikoverschlechterung durch Prämienkalkulation nach Eintrittsaltern kann in der Krankenversicherung **für den Versicherer** nur ein sehr eingeschränktes Kündigungsrecht bestehen, insbesondere dann, wenn sie alternativ zur Sozialversicherung einen lebenslang umfassenden Versicherungsschutz bieten soll.

BGH 15.6.1983

c) Außerordentliche Kündigung

Das Versicherungsverhältnis kann aus besonderen Anlässen auch vorzeitig aufgelöst werden. Das VVG und die jeweiligen AVB regeln hierzu zahlreiche Fälle, die in den vorangegangenen Kapiteln größtenteils schon erörtert wurden. Die folgende Darstellung soll daher als Zusammenfassung dienen. Der **Versicherer** ist zur a.o. Kündigung berechtigt:

- Bei **Konkurs** des Versicherungsnehmers
- Bei **Nichtzahlung** der **Folgeprämie**
- Bei einer **Obliegenheitsverletzung** des Versicherungsnehmers innerhalb eines Monats nach deren Kenntnis (Klarstellungerfordernis) und zwar einerseits fristlos in den Fällen einer gewollten Gefahrenerhöhung oder der Verletzung einer vertraglichen Obliegenheit, die vor Eintritt des Versicherungsfalles zu erfüllen war; andererseits nur mit Monatsfrist, soweit die Gefahrenerhöhung durch den Versicherungsnehmer nicht gewollt bzw. verschuldet wurde. Das gleiche gilt für eine unverschuldete, vorvertragliche Anzeigepflichtverletzung, wenn das erhöhte Risiko auch gegen eine höhere Prämie geschäftsplanmäßig nicht versicherbar ist.

VVG § 14 § 39

VVG §§ 6, 23 ff

AGB-GESETZ / BGH zum Krankentagegeld

In den ersten drei Jahren darf Versicherer kündigen

HANDELSBLATT, Dienstag, 25.2.1986

eb KARLSRUHE. Die Musterbedingungen 1978 für die Krankentagegeldversicherung, die der Verband privater Krankenversicherungen aufgestellt hat, verstoßen mit ihrem § 14 Abs. 1 über das Kündigungsrecht des Versicherers innerhalb der ersten drei Jahre nach einem Urteil des IV a Zivilsenats beim Bundesgerichtshof nicht gegen § 9 des AGB-Gesetzes (AktZ. IV a ZR 81/84 vom 18.12.85).

Die nunmehr höchstgerichtlich bestätigte Regelung lautet: „Der Versicherer kann das Versicherungsverhältnis zum Ende eines jeden der ersten drei Versicherungsjahre mit einer Frist von drei Monaten kündigen." Unberührt bleiben die gesetzlichen Bestimmungen über das außerordentliche Kündigungsrecht.

In einem früheren Urteil hatte der BGH die soziale Funktion der privaten Krankenversicherung für beruflich Selbständige unterstrichen und ein zeitlich unbegrenztes Kündigungsrecht der Versicherer beim Krankentagegeld für unwirksam erklärt (BGHZ Bd. 88 S. 78, AktZ. IV a ZR 206/81 vom 6.7.83). Nunmehr sagt der BGH, daß die ersten drei Jahre einer Krankentagegeldversicherung als eine Art Probezeit betrachtet werden dürften.

Deshalb werde man den Krankenversicherern ein ordentliches Kündigungsrecht grundsätzlich nicht verwehren können. Dieses dürfe allerdings in seiner Ausgestaltung nicht den Schutzzweck der Krankenversicherung gefährden. Eine solche Gefährdung liege nicht vor, wenn das Kündigungsrecht des Versicherers auf die ersten drei Jahre beschränkt werde.

Die gerichtliche Inhaltskontrolle von AGB dient nach dem neuen Urteil des BGH nicht dzau, eine vom Standpunkt des Verbrauchers optimale Gestaltung der Bedingungen zu erreichen. Lediglich Mißbräuchen solle begegnet werden.

Im Streitfall hatte ein Versicherter 20 Monate lang täglich 150 DM Krankentagegeld wegen einer Beinverletzung bezogen, nachdem er vorher sieben Monate lang versichert gewesen war. Der BGH hat im Gegensatz zum OLG Hamburg die Vertragskündigung noch während der Krankheit durch den Versicherer nach zwei Jahren anerkannt.

VVG §§ 69 ff
- Wird eine versicherte Sache **veräußert,** so kann sowohl der **Versicherer** (mit Monatsfrist) als auch der **Erwerber** (fristlos oder zum Schluß der Versicherungsperiode) kündigen. Auch hier ist eine einmonatige Ausübungsfrist von beiden Parteien zu beachten.

VVG §96, 158
AFB § 18
AHB
AKB § 4
- Im **Schadensfall** besteht in den Sach- und Haftpflichtversicherungen für **beide Parteien** ein Kündigungsrecht, das wieder innerhalb eines Monats nach Abschluß der Entschädigungsverhandlungen auszuüben ist.

Der Versicherer hat dabei eine einmonatige Wirkungsfrist zu gewähren, damit der Versicherungsnehmer eine Anschlußversicherung suchen kann. Dem Versicherungsnehmer dagegen ist die Fristsetzung freigestellt, die aber nicht über das Ende der Versicherungsperiode hinausgehen darf. In der Regel wird der Versicherungsnehmer diesen späten Termin wahrnehmen, da mit **seiner** Kündigung ein Rückprämienanspruch nicht besteht (Unteilbarkeit der Jahresprämie).

Das Kündigungsrecht im Schadensfall wurde eingeführt, weil bei der Schadensabwicklung Erfahrungen gemacht werden können, die eine Vertragsfortsetzung für die eine oder andere Partei nicht erwünscht erscheinen lassen. Für den Versicherer kommt die Schadenshäufigkeit noch als Kündigungsgrund hinzu.

Prämienanpassungen ab einer bestimmten Höhe lösen regelmäßig bedingungsgemäß ein Kündigungsrecht des **Versicherungsnehmers** aus. (Abschnitt 3.15.5)

AHB
AKB
§ 9

3.18.3 Rücktritt und Anfechtung

Auch sie sind empfangsbedürftige Willenserklärungen. Doch während die Kündigung den Vertrag für die Zukunft auflöst, vernichten ihn Rücktritt und Anfechtung von Anfang an.

BGB
§ 142
§ 346

a) **Anlässe für Rücktritt und Anfechtung**
   Das Versicherungsrecht gewährt
   - ein **Rücktrittsrecht** beim Erstprämienverzug und bei der schuldhaften vorvertraglichen Anzeigepflichtverletzung,
   - alternativ auch ein **Anfechtungsrecht,** wenn die vorvertragliche Anzeigepflicht in sehr schwerwiegender Weise durch eine arglistige Täuschung verletzt wurde. Allerdings hat der Versicherer die Arglist des Versicherungsnehmers zu beweisen.

VVG
§ 38 Abs. 1
§ 16 Abs. 2
§ 22
BGB
§ 123

b) **Ausübungsfristen**
   - Wird die **Erstprämie** innerhalb **3 Monaten** nach Fälligkeit weder bezahlt noch vom Versicherer gerichtlich geltend gemacht, fingiert das VVG den Rücktritt, soweit der Versicherer ihn nicht schon vorher dem Versicherungsnehmer erklärt hat.
   - Eine andere Fristenregelung ist für die **vorvertragliche Anzeigepflichtverletzung** vorgesehen. Sie beginnt mit dem Zeitpunkt, in welchem der Versicherer von der Verletzung der Anzeigepflicht Kenntnis erlangt:
     Für den Rücktritt beträgt die Ausübungsfrist **einen Monat.**
     Die Anfechtung kann **nur binnen Jahresfrist** erfolgen. Die Frist beginnt mit dem Zeitpunkt, in welchem der Anfechtungsberechtigte die Täuschung entdeckt.

VVG
§ 38 Abs. 1

VVG
§ 20 Abs. 1

BGB
§ 124 Abs. 1

3.18.4 Sonstige Beendigungsgründe

a) **Tod der versicherten Person** in den **Personenversicherungen**
   In der **Lebens-** und **Unfallversicherung** bedeutet der Tod nicht nur den Wegfall des Risikos, sondern auch den Eintritt des Versicherungsfalles.

b) **Wagniswegfall** in den **Nichtpersonenversicherungen**
   - Auch in der **rein personengebundenen** Haftpflichtversicherung endet die Versicherung mit dem **Tod** des Versicherungsnehmers. Dies gilt grundsätzlich für die **Berufshaftpflicht**versicherung z.B. eines Arztes oder Lehrers, aber auch für die Privathaftpflichtversicherung, dort allerdings nur mit der Einschränkung, daß für den mitversicherten Ehegatten bzw. die unverheirateten Kinder die Versicherung bedingungsgemäß bis zum nächsten Prämienfälligkeitstermin fortbesteht.
     Handelt es sich dagegen um eine rein sachgebundene Haftpflichtversicherung, z.B. Tierhalterhaftpflichtversicherung usw., so geht diese beim Tod auf die Erben über. Ein außerordentliches Kündigungsrecht aus Anlaß des Todes des VN besteht nicht.
   - Ebenso kann die Veräußerung in der Haftpflichtversicherung Wagniswegfall bedeuten. Dies trifft z.B. bei der **Veräußerung eines Grundstücks** in der **Grundbesitzerhaftpflichtversicherung** zu.
     Hier geht also die Haftpflichtversicherung nicht nach § 69 VVG auf den Erwerber über, außer es handelt sich um die Veräußerung eines gesamten Betriebes in der Betriebshaftpflichtversicherung.
   - **Prämienschicksal beim Wagniswegfall**
     Hier ist danach zu unterscheiden, ob gleichzeitig auch der Versicherungsfall eingetreten ist.

VVG
§ 68

AHB
§ 9 III

BGB
§ 1922
Abs. 1

VVG
§ 151
Abs. 2

§ 68
Abs. 2

> **Beispiel 1:** Wagniswegfall, weil der Versicherungsfall eingetreten ist.
> Der gesamte Hausrat, für den eine Hausratversicherung besteht, wird durch einen Brand vernichtet und nicht wiederbeschafft. Dem Versicherer gebührt hier die Prämie für die gesamte Versicherungsperiode.

§ 68
Abs. 4

> **Beispiel 2:** Wagniswegfall, obwohl der Versicherungsfall nicht eingetreten ist.
> Nach dem Tod des Versicherungsnehmers wird der gesamte Hausrat aufgelöst bzw. unter den Erben aufgeteilt. (Abschnitt 3.8)
> Verschrottung eines Kraftfahrzeugs.
> Dem Versicherer gebührt die Prämie, die er bis zur Kenntnis des Wagniswegfalls hätte anteilig (pro rata temporis) berechnen können. Die Abrechnung erfolgt entweder nach Kurztarif oder nach tatsächlicher Laufzeit.

VVG
§ 13

c) **Konkurs des Versicherers**

In der Sachversicherung endigt der Versicherungsvertrag mit dem Ablauf eines Monats seit Konkurseröffnung.

d) **Aufhebungsvertrag**

BGB
§ 305

Schließlich kann ein Versicherungsvertrag auch im gegenseitigen Einvernehmen aufgelöst werden. („Freigabe der Versicherung")

Zusammenfassung

```
VN | Angebot (Antrag)                                    VR | Annahme
   Wille | Erklärung | Zugehen                              Wille | Erklärung | Zugehen
```

Willenserklärung

Zugehen

Definition: so in den **Machtbereich** des Empfängers gelangt, daß dieser darüber verfügen kann.
- § 10 VVG
- § 130 BGB (**Widerruf**)
- §§ 145-148 BGB
- § 81 VVG (**Gebundenheit**)
- (**Annahmefrist**) beim Agenten § 43 VVG

Nach BGB
- **Formfreiheit**
  Schriftform
  Beglaubigung
  Beurkundung
  bei Verstoß (Nichtigkeit § 125 BGB)

Nach VVG
- §§ 3, 39 VVG (Schriftform)

Nach Vers.-Bedingungen
- Schriftform

- Durch Vers.-Schein o. Annahmebestätigung;
- **verspätete Annahme** § 150 BGB;
- Annahme unter Erweiterungen § 150 II BGB; im § 5 VVG (geht als spezielle Regelung vor!) **sog. Billigungsklausel.**

= Vertrag
- Unterwerfungsvertrag
- Schuldrechtl. **gegenseitiger** Vertrag
- **Gefahrtragungs-** und Geldleistungstheorie
  - Beginn der Versicherung
  - Rückwärtsversicherung
  - Rückdatierung
  - Verjährung

Rechte und Pflichten

1. Für den VN

a) **Obliegenheiten i.e.S.**
   Verschuldensprinzip
   Kausalität
   Klarstellung
   - § 6 VVG (**vertragliche Obliegenheiten**)
   - §§ 16 ff (**vorvertragliche Anzeigepflichten**)
   - § 23 ff VVG (**Gefahrerhöhung**) in Abgrenzung zu § 61 VVG grobfahrlässige Herbeiführung)

b) **Rechtspflichten**
   - **Prämienzahlung** (§ 1 II, § 35 ff)
   - Deklarationspflicht (z.B. § 8 II AHB)

2. Für den VR
- Ausstellung der Police
- Abschriften von Erklärungen (§ 3 VVG)
- **Gefahrtragung** und **Leistung im Versicherungsfall** (§ 1 I VVG)
- Vers.-Summe § 50 VVG
- Übervers. § 51 VVG
- Vers.-Wert § 52 VVG
- Schaden § 55 VVG
- Untervers. § 56 VVG
- Doppelvers. § 59 ff VVG (im Versicherungsfall grundsätzlich Geldersatz aber Naturalersatz in Glas- und Rechtsschutzversicherung)

3. Sonstige Rechte/Pflichten
- Übergang v. Ersatzansprüchen § 67 VVG
- **Veräußerung §§ 69 ff** VVG
- Vers. f. Fremde Rechnung §§ 74 ff

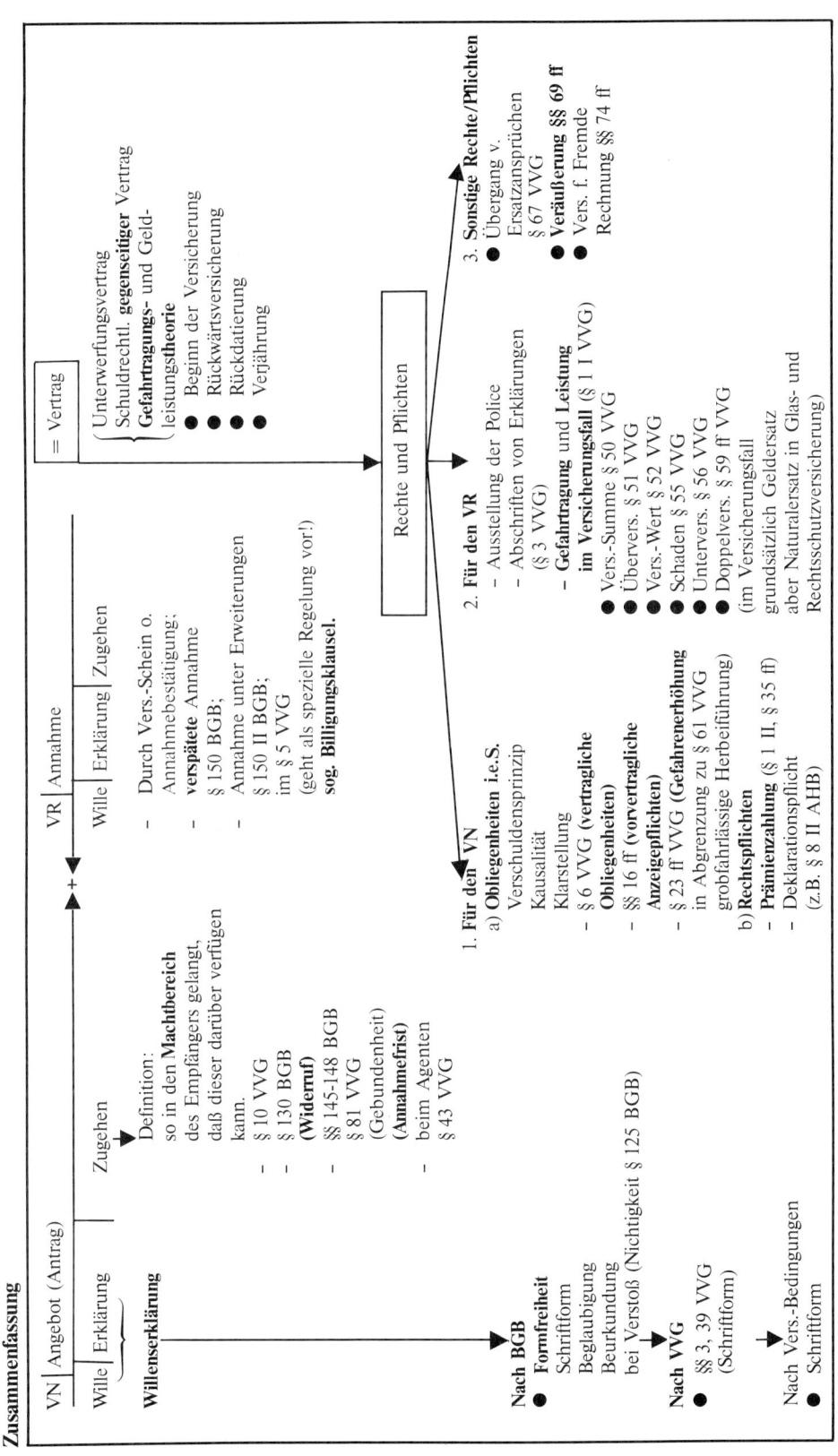

133

3.18 Lernkontrollen zu Kapitel 3

Abschnitt 3.1–3.3 Buch S. 46–62

1. a) Welche Arten der Vorschriften unterscheidet man im VVG unter dem Gesichtspunkt der „Vertragsfreiheit"?
   b) Wodurch unterscheiden sich diese Vorschriften?
   c) Ordnen Sie die §§ 7, 8 Abs. 1 und 8 Abs. 2 dieser Einteilung entsprechend zu!
   d) In den Bedingungen eines Versicherungsvertrages wird gegen eine zwingende VVG-Norm verstoßen. Welche Rechtsfolgen hat das?
   e) Für welche Versicherungszweige sind die VVG-Normen
      (1) „unanwendbar" (Begründung!)?
      (2) zwar anwendbar aber durch entsprechende AVBen abdingbar (keine Beschränkung der „Vertragsfreiheit" (Begründung!)?
   f) In welche drei Abschnitte gliedert sich das VVG?

2. a) Erklären Sie die unterschiedliche Aufgabenstellung des VVG im Vergleich zum VAG!
   * b) Welche grundsätzliche Bedeutung hat das AGB-Gesetz bei der Verwendung von AVBen?

3. Neben dem VVG kommen noch andere Rechtsquellen – u.a. das BGB – in Frage.
   a) Nennen Sie diese Rechtsquellen, und zwar in der Rangfolge, in der sie im Versicherungsbereich anzuwenden sind!
   b) Erläutern Sie in einem typischen Beispiel eines Versicherungsvertrages einer Sparte, was die einzelnen oben angeführten Rechtsgrundlagen regeln!

* 4. Nennen Sie aus dem Inhalt eines Versicherungsvertrages je nach Sparte die wichtigsten Bestandteile!

5. Es gibt keine gesetzlichen Formvorschriften für das Zustandekommen eines Versicherungsvertrages. Wie kommt dieser aber in der Regel zustande?

6. Wie lange dauert die Bindesfrist in den einzelnen Versicherungssparten?

7. a) Wann beginnt grundsätzlich die Bindesfrist zu laufen?
   b) Welche Besonderheiten bestehen hierzu in der Lebensversicherung?

8. Erläutern Sie anhand der unterschiedlichen Laufzeiten, welchen Zweck die Bindesfrist für den Versicherer hat!

9. A stellt am 15. 11. einen Antrag auf eine Privathaftpflichtversicherung. Die Police erhält er am 23. 12., die Prämie bezahlt er am 28. 12.
   a) Zu welchem Zeitpunkt ist hier ein Versicherungsvertrag zustande gekommen und wer ist hier jeweils Antragsteller bzw. Annehmender (Begründung!)?
   b) Wie wäre die Frage zu beantworten, wenn es sich hier um eine KFZ-Haftpflichtversicherung handeln würde, für die das Pflichtversicherungsgesetz zu berücksichtigen ist?
   * c) Der VR hat die Bindefrist überschritten. Dadurch erlangt der VN nicht rechtzeitig Versicherungsschutz. Welche Rechtsfolgen können sich daraus für den VR ergeben?

10. Erklären Sie – jeweils anhand eines Beispiels – den Unterschied zwischen einer „kombinierten" und einer „gebündelten" Versicherung!

* 11. Zur Prämienzahlung ist der Versicherte nur gegen Aushändigung des Versicherungsscheins verpflichtet. Welche Bedeutung hat
    a) der Versicherungsschein grundsätzlich,
    b) die „Inhaberklausel" einer Lebensversicherungspolice?

12. A beantragt am 28. 11. eine Krankenversicherung ohne Ausschlüsse zu Beginn des neuen Jahres. Am 27. 12. erhält er die Police, die allerdings einen Ausschluß für Herz-Kreislauf- und Gefäßerkrankungen enthält. Am 29. 12. bezahlt er die Erstprämie.

a) Wozu ist der Versicherer bei Antragsabweichung verpflichtet?
b) Welche Rechtsfolgen würden eintreten, wenn der Versicherer dieser Verpflichtung nicht nachgekommen wäre?
c) Welches ist der eigentliche Zweck des § 5 Abs. 1 VVG (Billigungsklausel)?
d) Der Versicherer ist seiner Verpflichtung nachgekommen. Deshalb widerspricht der Versicherungsnehmer der Antragsabweichung und zwar am
 (1) 25. 01.   bzw.   (2) am 30. 01.
 Prüfen Sie jeweils (mit Begründung!), ob hier ein Vertrag besteht. Erläutern Sie auch, zu welchem Zeitpunkt und auf welcher Basis dieser Vertrag zustande kam.
e) Wie wäre Fall d (1) zu entscheiden, wenn A die KrankenV. schon am 02. 11. beantragt hätte? Es war keine „ärztliche Untersuchung" vorgesehen bzw. durchgeführt worden.
f) Wie wäre Fall d (2) zu entscheiden, wenn der Police mit Ausschlüssen schon eine antragsgemäße Auftragsbestätigung vorausgegangen war?

Abschnitt 3.4–3.5 Buch S. 62–68

13. Nennen und erläutern Sie allgemein die drei Versicherungsbeginne!

14. A stellt am 14. 11. einen Antrag auf eine FeuerV. zum 01. 01.; die Police erhält er am 26. 11. Die Erstprämie zahlt er am 04. 12. Bestimmen Sie die drei Versicherungsbeginne!

15. F beantragt am 16. 03. eine gebündelte Geschäftsversicherung zum 01. 4.; gegen die Feuer und ED-Gefahren erhält F vorläufige Deckung am 01. 04., befristet bis 22. 04. (Beginn und Ende jeweils 12 Uhr). Für die Betriebshaftpflichtversicherung gilt die erweiterte Einlösungsklausel. Die Gesamtpolice geht dem F am 10. 04. zu. Die Erstprämie wird infolge Erkrankung des Buchhalters erst am 23. 04. überwiesen. Gutschrift am 27. 04.
a) Bestimmen Sie jeweils den formellen und materiellen Versicherungsbeginn (Begründung!)!
b) Prüfen und begründen Sie, ob Versicherungsschutz für einen Brandschaden besteht, der alternativ am 02. 04., 22. 04. oder am 25. 04. jeweils 14 Uhr eingetreten ist (Begründung!)!
c) Begründen Sie, inwieweit ein Betriebshaftpflichtschaden vom 06. 04. bzw. 11. 04. gedeckt wäre und erläutern Sie dabei die Bedeutung der erweiterten Einlösungsklausel!

16. Vorläufige Deckungszusage
a) Welche Rechtsnatur hat sie?
b) Nennen Sie drei Möglichkeiten, durch die sie endet!
c) Unterscheiden Sie die „vorläufige Deckungszusage" (VDZ) und die „erweiterte Einlösungsklausel"!
d) Für welchen Versicherungszweig ist die VDZ von besonderer Bedeutung (Begründung!)?

17. In einigen Versicherungszweigen kennt man die Rückwärtsversicherung.
a) Welchen Zweck erfüllt sie?
b) Welche rechtlichen Besonderheiten hinsichtlich der Versicherungsbeginne bestehen hier?
c) Welche Voraussetzungen müssen gegeben sein, damit sie rechtswirksam ist?
d) Geben Sie dazu zwei Beispiele!
e) Erörtern Sie, inwieweit im Fall 15 im Zusammenhang mit der „erweiterten Einlösungsklausel" eine echte, wenn auch nicht ausdrücklich gewollte, Rückwärtsversicherung i. S. von § 2 VVG vereinbart wurde!

18. Von der „Rückwärtsversicherung" ist die „Rückdatierung" zu unterscheiden.
    a) Was ist hier zur zeitlichen Abfolge der Versicherungsbeginne zu sagen?
    b) Nennen Sie Beispiele und Gründe für eine Rückdatierung (2 Sparten)!

Abschnitt 3.6 Buch S. 66–74 / Abschnitt 3.10 Buch S. 81–83

19. Nach einem Brand im Betrieb des VN möchte dieser wissen, ob der Versicherer im Rahmen der Feuerversicherung leistungsfrei ist, wenn der Schaden
    a) von einem seiner Arbeiter,
    * b) von seinem Betriebsleiter,
    * c) vom Sohn des VN, der im väterlichen Betrieb gerade ein Praktikum absolviert grob fahrlässig bzw. vorsätzlich verursacht worden ist. Erörtern Sie jeweils die Rechtslage! Prüfen Sie auch, ob der Versicherer den Arbeiter, den Sohn des VN, den Betriebsleiter nach § 67 VVG in Regreß nehmen kann!

20. Bei einer Hausratversicherung (VHB 84) beläuft sich die Versicherungssumme auf 80.000,– DM, der Versicherungswert auf 120.000,– DM und der eingetretene Schaden auf 90.000,– DM.
    a) Berechnen Sie die Versicherungsleistung des Versicherers (mit Begründung)!
    b) Wie würde im vorliegenden Fall entschädigt, wenn bei Vertragsabschluß ein Unterversicherungsverzicht nach Klausel 834 vereinbart worden war.
    c) Erläutern Sie anhand der VHB 84 (§ 16 I) Sinn und Zweck einer „indexabhängigen" Versicherungssumme!

21. Der Eigentümer einer Großhandlung, der bei Ihrer Versicherung eine Feuerversicherung bestehen hat, bittet Sie um Klärung folgender Fragen:
    a) Was ist zu tun, um bei den folgenden Positionen eine Unterversicherung zu vermeiden
       (1) Warenlager
       (2) Gegenstände, deren Wert sehr schwer ermittelt werden kann (z.B. Akten)?
    b) Werden Schadensminderungskosten im Versicherungsfall auch dann entschädigt, wenn die Schadensminderung erfolglos war und infolgedessen die Versicherungssumme durch die Entschädigung eines Totalschadens bereits aufgebraucht ist?
    c) Wie wird entschädigt, wenn im Versicherungsfall Betriebseinrichtungsgegenstände zerstört wurden, deren Wiederbeschaffungswert 120.000,– DM und deren Zeitwert 58.000,– DM beträgt? (AFB 87 § 5 Nr. 2 und § 11 Nr. 5) Begründung!

22. Um welche Form der Selbstbeteiligung handelt es sich in folgenden Fällen?
    a) Fahrzeugversicherung: In der Teilkasko wird nur der Teil des Schadens ersetzt, der DM 300,– übersteigt.
    b) Krankenversicherung: Der VR hat nur dann Leistung zu erbringen, wenn die Operationskosten den Betrag von 2.000,– DM übersteigen.

23. Warum ist die Haftpflichtversicherung ihrer Natur nach eine „ErstrisikoV."?

24. Ein VN hat einen seltenen Wandteppich. Ein ähnlicher neuer Teppich kostet 10.000,– DM. In Fachkreisen würde der heute nicht mehr hergestellte, seltene Teppich mit 16.000,– DM gehandelt. Prüfen Sie, ob der VN im Versicherungsfall (Totalschaden!) die Auszahlung der Versicherungssumme in Höhe von 18.000,– DM mit der Begründung verlangen könnte, daß
    a) der Teppich seiner Einschätzung nach soviel wert ist,
    b) er für diesen Betrag auch Prämie entrichtet hat!

25. Ein Brandschadensfall, der am 12. 02. eingetreten war, wurde dem Versicherer am 18. 02. gemeldet. Am 16. 03. ermittelt der VR-Sachverständige einen Gesamtschaden von

200.000,– DM und der VN-Sachverständige einen Gesamtschaden von 350.000,– DM. Am 26. 04. ermittelt schließlich der Obmann einen Gesamtschaden von 300.000,– DM.

a) Wie kommt das Sachverständigenverfahren nach den AVBen der Sachversicherer zustande und wer trägt die Kosten des Verfahrens?
b) Wann ist die Entschädigung grundsätzlich fällig?
c) Ab wann, in welcher Höhe und unter welcher Voraussetzung kann der VN Abschlagszahlung verlangen?
d) Nach den AVBen der Sachversicherer muß der Versicherer die Entschädigung seit Anzeige des Schadens mit 1% unter dem Bundesbankdiskontsatz verzinsen, mindestens jedoch mit 4% und höchstens mit 6% pro Jahr.
 – Könnte ein VR bedingungsgemäß eine Verzinsungspflicht ausschließen?
 – Bekommt ein VN einen höheren Zins als den oben genannten ersetzt, wenn er wegen zu später Auszahlung sein Kontokorrentkonto überziehen mußte?
 (jeweils mit Begründung!)

Abschnitt 3.7–3.8 Buch S. 75–80

26. Der Musiker Klimper hat seinen antiken Konzertflügel (Versicherungswert 100.000,– DM) beim Versicherer A zu 80.000,– DM und beim Versicherer B zu 20.000,– DM versichert.
 a) Welche Art von Mehrfachversicherung läge vor, wenn beide Versicherungen gleichzeitig und im Einvernehmen der beiden Versicherer abgeschlossen wurden?
 b) Tatsächlich hatte Klimper aber die zweite Versicherung 3 Jahre später versehentlich abgeschlossen, d.h. ohne sich der Mehrfachversicherung bewußt zu sein.
  (1) Welche Art von Mehrfachversicherung liegt vor?
  (2) Was hat er zu tun, wenn ihm die Mehrfachversicherung bewußt wird?
  (3) Nehmen Sie an, Klimper ist beim Versicherer B zu 40.000,– DM versichert. Was spricht dagegen, beide Versicherungssummen in dieser Höhe aufrechtzuerhalten?
  (4) Was versteht man in diesem Zusammenhang unter dem Prinzip der älteren Rechte?
  (5) Wann würde eine Aufhebung bzw. Herabsetzung der Versicherungssumme prämienwirksam?
 c) Klimper hatte die Mehrfachversicherung (mit den Versicherungssummen 80.000,– und 40.000,– DM) tatsächlich erst im Zusammenhang mit einem Versicherungsfall (Schaden 60.000,– DM) bemerkt.
  (1) Kann jetzt Klimper beide Versicherungen in Anspruch nehmen, wenn ja, in welcher Höhe?
  (2) Klimper hatte Versicherer A mit 48.000,– DM in Anspruch genommen, weil B zunächst einmal jede Schadenszahlung ablehnte. Im Prozeß verlor B und zahlte Klimper den Rest. Was muß B jetzt an A leisten (Begründung!)?
 d) Nehmen Sie einmal an, Klimper hätte die beiden Versicherungen von vornherein mit der Absicht abgeschlossen, um in einem Schadensfall doppelt kassieren zu können. Wie ist die Rechtslage, wenn den Versicherern dieser Umstand nach 2 Jahren zur Kenntnis gelangt?
 e) Wie wird die MehrfachV. in der Summenversicherung rechtlich gehandhabt?

27. Jahre später – Klimper ist inzwischen nur noch bei Versicherer A versichert – wird der Konzertflügel an E veräußert, der auch sofort von der Versicherung erfährt.
 a) Wer hat die Veräußerung dem Versicherer mitzuteilen?
 b) Wann und warum hat dies zu geschehen?
 c) Die Veräußerung ist dem VR nicht angezeigt worden. Bei rechtzeitiger Anzeige hätte der VR am 08. 06. von der Veräußerung Kenntnis haben können. Besteht Versicherungsschutz im Schadensfall (1) am 05. 07 (2) am 04. 09?

d) Wie wäre die Rechtslage, wenn der Versicherer am 20. 08. von der Veräußerung Kenntnis erlangt hätte und der Schadensfall am 5. 10. eingetreten wäre?
e) Welche Fristen hat der VR zu beachten, wenn er das Vertragsverhältnis auflösen will?
f) Kann auch E, der Erwerber, kündigen?
g) Von wem kann der VR die Prämie fordern (Versicherungsperiode 01. 06.), wenn
  (1) weder E noch der Versicherer gekündigt haben?
  (2) wenn E gekündigt hat und zwar am 08. 06.? Wie wird in diesem Fall die Prämie abgerechnet?

Abschnitt 3.11 Buch S. 83–90

28. Nennen Sie – unter Angabe der entsprechenden VVG Normen – die wichtigsten Obliegenheiten, die der Versicherungsnehmer
    a) in allen Versicherungszweigen,
    b) nur in den Schadensversicherungen zu beachten hat!

29. Worin liegt nach herrschender Ansicht der grundlegende Unterschied zwischen echten Rechtspflichten und den Obliegenheiten des Versicherungsnehmers?

* 30. In einer Einbruch-Diebstahl-Versicherung heißt es u.a. „Der Versicherungsschutz ist dadurch bedingt, daß ein Sicherheitsschloß angebracht wird".
    a) Handelt es sich hier um eine Ausschlußklausel oder um eine Obliegenheit (Begründung!)?
    b) Erläutern Sie, inwieweit eine solche Abgrenzung wichtig erscheint und zwar aus der Sicht des Versicherers und aus der Sicht des Versicherungsnehmers!
    Welche Auslegungsrichtlinien hat die Rechtssprechung hierzu entwickelt?

* 31. In den §§ 16, 23 VVG usw. werden bestimmte Obliegenheiten normiert, nicht so in § 6 VVG. Welche Aufgaben hat demnach § 6 VVG?

32. Die vertraglichen Rechtsfolgen einer Obliegenheitsverletzung sind von Fall zu Fall verschieden.
* a) Nennen Sie die möglichen Verletzungsfolgen! Beachten Sie dazu § 6 VVG!
* b) Warum hat der Gesetzgeber in § 6 VVG einen vereinbarten Rücktritt für unwirksam erklärt?
* c) Auch die gesetzlich zulässigen Rechtsfolgen treten erst dann ein, wenn bestimmte Erfordernisse erfüllt sind. Nennen und erläutern Sie diese Erfordernisse!
* d) Wer hat die Beweislast dafür, inwieweit diese Erfordernisse im Einzelfall erfüllt bzw. nicht erfüllt sind?
  e) Welche Besonderheiten kennzeichnen in diesem Zusammenhang die in § 10 normierte Obliegenheit (Anzeige eines Wohnungswechsels)?

* 33. Verschuldensarten
    a) Worin liegt der Unterschied zwischen „Vorsatz" und „bedingtem Vorsatz"?
    b) Wer handelt fahrlässig?
    c) Welche Arten (Stufen, Grade) der Fahrlässigkeit sind im Einzelfall zu unterscheiden?

* 34. Nach Abschluß einer Feuerversicherung wird eine vereinbarte Sicherheitsvorschrift vom Versicherungsnehmer nicht eingehalten. Am 15. 06. des Jahres erfährt der Versicherer davon. Am 10. 07. tritt ein Versicherungsfall ein.
    a) Inwieweit kann sich jetzt der Versicherer auf die vertraglich vereinbarte Leistungsfreiheit berufen?
    b) Wie wäre die Rechtslage zu beurteilen, wenn dem Versicherer die Obliegenheitsverletzung schon am 05. 06. des Jahres bekannt war?

* 35. Die AVBen für die TransportV. im grenzüberschreitenden Straßengüterverkehr sehen folgende Rechtsfolge für Obliegenheitsverletzungen vor:
„Verletzt der VN eine im Versicherungsvertrag vereinbarte Obliegenheit, so sind die VR von der Verpflichtung zur Leistung frei, es sei denn, daß die Verletzung unverschuldet ist. § 6 des VVG findet keine Anwendung." (§ 11 Satz 2 AVB)
Prüfen Sie, ob sich der VR in jedem Fall auf diese Verletzungsfolge berufen kann!
(§ 6 Abs. 2 VVG/§ 187 VVG/§ 9 II Nr. 2 AGBG)

* 36. Ein Schadensversicherer erfährt im Versicherungsfall von einer nicht angezeigten Mehrfachversicherung. Obwohl keine Doppelversicherung vorliegt, beruft er sich auf eine vertraglich vereinbarte Leistungsfreiheit. Die vom Versicherungsnehmer vorgebrachte mangelnde Kausalität läßt er nicht gelten, da § 6 Abs. 1 VVG anzuwenden sei und er im Sinne dieser Vorschrift fristgerecht gekündigt hätte. Wie ist die Rechtslage?

Abschnitt 3.12 Buch S. 91–96

37. Ein Versicherungsnehmer hatte bei Abschluß einer Krankenpflegekostenversicherung (Versicherungsbeginn zum 01. 02.) einen Herzinfarkt, den er vor einem Jahr erlitten hatte, wissentlich nicht angezeigt. Nach einem erneuten Versicherungsfall am 10. 03. des folgenden Jahres erhält der Versicherer Kenntnis von dem verschwiegenen Umstand!
   a) Welche Obliegenheit hat der Versicherungsnehmer hier verletzt?
   b) Über welchen Zeitraum erstreckt sich diese Obliegenheit?
   c) Was beinhaltet diese Obliegenheit?
   d) Welche Bedeutung hat ihre Erfüllung für den Versicherer?
   e) Wodurch erfüllt der Versicherungsnehmer üblicherweise diese Obliegenheit?
   f) Inwieweit ist es im allgemeinen und hier im besonderen von Bedeutung, ob der Versicherer nach einem Gefahrenumstand ausdrücklich und schriftlich gefragt bzw. nicht gefragt hat?
   g) Der Versicherer möchte das erhöhte Risiko auf keinen Fall versichern. Was ist zu tun und welche Voraussetzung muß dafür gegeben sein?
   h) Unter welcher weiteren Voraussetzung wäre der Versicherer auch leistungsfrei für die schon eingetretenen Versicherungsfälle?
   i) Bei dem zuletzt eingetretenen Versicherungsfall handelt es sich um die Kosten einer Magenoperation. Welches Gestaltungsrecht müßte er wahrnehmen, um auch hier schon erbrachte Leistungen zurückfordern zu können?
   j) Welche Fristerleichterung ergibt sich bei der Wahrnehmung dieses Gestaltungsrechts?
   k) Warum kann der Versicherer in der Praxis von diesem Gestaltungsrecht nur selten Gebrauch machen?
   l) Welche Rechtsfolgen ergeben sich für die Prämienberechnung, wenn ein Vertrag wegen einer vorvertraglichen Anzeigepflichtverletzung rückwirkend vernichtet wird?

38. Nehmen Sie an, der Herzinfarkt im Fall 35. war ordnungsgemäß im Antrag angegeben worden, versehentlich war aber die Altersangabe falsch. Welche Rechte ergeben sich hier für den Versicherer (Ausübungs- und Wirkungsfrist angeben!)?

Abschnitt 3.13 Buch S. 97–101

39. Ein VN, der erst seit mehreren Jahren eine Hausratversicherung unterhält, errichtet am 15. 03. ein Gipsergerüst um sein Haus. Es soll für ca. 9 Monate stehen bleiben. Tatsächlich wird es auch erst wieder am 20. 12. abgebaut. Der VR erhielt keine Kenntnis von dem Vorgang.
   a) Welche Obliegenheit hat der Versicherungsnehmer hier verletzt?
   b) Wie läßt sich diese Obliegenheit versicherungsrechtlich begründen?

c) Erst bei der Abrechnung eines Einbruchschadens erfährt der Versicherer von der Obliegenheitsverletzung.
  (1) Kann jetzt der Versicherer vom Vertrag zurücktreten (Begründung!)?
  (2) Nehmen Sie an, der Versicherer will am Vertrag festhalten, besteht aber auf einem vorübergehenden Prämienzuschlag. Muß der Versicherungsnehmer diesen Zuschlag bezahlen (Begründung!)?
d) Inwieweit ist der Versicherer für den schon eingetretenen Einbruchschaden leistungspflichtig, wenn sich dieser am 10. 10 ereignete und die Diebe
  (1) durch eine aufgebrochene Kellertür bzw.
  (2) durch ein Fenster im 3. Stockwerk ins Haus gelangten (jeweils Begründung!)?
e) Wie ist die Leistungspflicht des Versicherers zu beurteilen, wenn sich der Einbruch-Diebstahl erst am 22. 12. ereignete?

40. Auf dem Nachbargrundstück eines versicherten Lagers (Versicherungsperiode 1. 8. – 1. 8.) wird ein feuer- und explosionsgefährlicher Betrieb errichtet.
  a) Um welche Art der Gefahrenerhöhung handelt es sich hier?
  b) Welche Verpflichtung trifft den Versicherungsnehmer in einem solchen Fall?
  c) Welche Rechte ergeben sich für den Versicherer grundsätzlich bzw. dann, wenn der Versicherungsnehmer seiner Verpflichtung nicht nachkommt?
  d) Kann sich der Versicherer zur Durchsetzung seines Rechts beliebig lange Zeit lassen?
  e) Der VN hat am 15. 05. erstmalig von der Gefahrenerhöhung erfahren. Am 10. 06. setzt er den Versicherer davon in Kenntnis. Wie ist die Leistungspflicht des Versicherers geregelt (Begründung!), wenn dieser am 20. 06. kündigt und der Schadensfall
    (1) am 08. 06. mit Kausalität,
    (2) am 30. 06. mit Kausalität,
    (3) am 10. 07. ohne Kausalität eingetreten ist?
    (4) am 25. 07. ohne Kausalität eingetreten ist?
  f) Bis wann stünde dem Versicherer die Prämie zu, wenn er nicht zum 20. 6., sondern erst zum 8. 7. gekündigt hätte (Begründung!)?

41. Einigen Versicherungszweigen ist die Gefahrenerhöhung fremd oder sie gilt dort als gedeckt. Nennen Sie einige Sparten und führen Sie Gründe dafür an!

42. Ein VN verursacht durch Trunkenheit am Steuer einen schweren Verkehrsunfall. Sein Fahrzeug wird völlig zerstört, er selbst und Dritte erleiden erheblichen Personenschaden.
  a) Warum liegt hier keine Gefahrenerhöhung vor (Begründung!)?
  b) Inwieweit könnte der bzw. könnten die Versicherer dennoch in der KFZ-Kasko-, Haftpflicht- und Unfallversicherung leistungsfrei sein?

Abschnitt 3.14 Buch S. 102–104

43. Nennen und erläutern Sie die Obliegenheiten, die der Versicherungsnehmer nach Eintritt des Versicherungsfalls grundsätzlich zu erfüllen hat!

44. Unmittelbar nach einem Brandschaden am 7. 1. meldet der Pferdezüchter A seinem VR u.a., daß 3 seiner Pferde bei dem Brand getötet wurden. Am 10. 12. beansprucht der VN Ersatz für 4 weitere Pferde, da diese Tiere bei dem Brand am 7. 1. Rauchvergiftungen erlitten hätten und nach erfolgloser tierärztlicher Behandlung am 2. 11. notgeschlachtet werden mußten.
Prüfen Sie, ob hier der VN – im Zusammenhang mit dem Versicherungsfall – Obliegenheiten verletzt hat.

45. Ein VN hat die Rettungspflicht nach einem Versicherungsfall schuldhaft verletzt.
  a) Das VVG hat hier die Leistungspflicht dreifach abgestuft. Unter welchen Voraussetzungen ist der Versicherer demnach leistungspflichtig?
  b) Kann der Versicherer auch kündigen (Begründung!)?

* 46. Ein Versicherungsnehmer macht bei der Klärung eines Versicherungsfalles in der KFZ-Versicherung vorsätzlich unrichtige Angaben über die Fahrgeschwindigkeit. Inwieweit hat die Rechtsprechung auch hier die bedingungslose Leistungsfreiheit eingeschränkt?

47. Bei der Regulierung eines Brandschadens gibt ein VN (Pelzhändler) bewußt wahrheitswidrig einen zu hohen Gesamtschaden (580.000,– DM statt 420.000,– DM) an, obwohl das Schadenanzeige-Formular den Satz enthält, daß unrichtige Angaben zum Verlust des Versicherungsschutzes führen. Prüfen Sie die Leistungspflicht des VR! Neben den VVG-Normen ist auch § 14 Nr. 2 AFB 87 zu berücksichtigen.

48. Bestimmen Sie in den folgenden Fällen, welche Art der Obliegenheit vorliegt!
    a) Der VN macht unwahre Angaben zur Schadenshöhe
    b) Der VN unternimmt keinen Löschversuch (Feuerversicherung)
    c) Der VN hat die vereinbarten Schutzgitter nicht eingebaut (ED-Versicherung)
    d) Der VN teilt dem VR einen Schaden verspätet mit
    e) Der VN verkauft seinen Betrieb (Feuer- und Haftpflichtversicherung)
    f) Der VN folgt nicht den Anweisungen des Arztes (Unfallversicherung)
    g) Der VN beseitigt die Feuerlöscher (Feuerversicherung)
    h) Der VN unterrichtet den VR A nicht von einer bei VR B zusätzlich abgeschlossenen Versicherung
    i) Der VN hat bei Antragstellung die Schäden der Vorversicherung verschwiegen.

* 49. Nicht nur den Versicherungsnehmer belasten Obliegenheiten, auch Drittbeteiligte können entsprechende Verpflichtungen haben. Erläutern Sie das anhand der „Anzeigepflicht" für 2 Sparten Ihrer Wahl!

Abschnitt 3.15 Buch S. 104–115

50. Ein VN in Freiburg hat am 20.01. eine Hausratversicherung (VHB 74) bei der OMNIA-Versicherungs-AG in Stuttgart abgeschlossen (Versicherungsperiode 01. 02. bis 01. 02). Am 22. 01. erhält der VN den Versicherungsschein per Post.
    a) Wann ist die Prämie nach VVG fällig (Begründung!)?
    b) (1) Welcher Ort ist für die Prämienzahlung Leistungsort (Begründung!)?
       (2) Kann die Prämienschuld eine Bringschuld sein (Beispiel!)?
    c) Der Versicherungsnehmer überlegt, ob er die Erstprämie
       (1) per Zahlkarte, (2) durch Verrechnungsscheck, (3) durch Banküberweisung
       (4) oder durch Erteilung einer entsprechenden Einzugsermächtigung zahlen soll.
       Erläutern Sie jeweils, zu welchem Zeitpunkt der Versicherungsschutz beginnt!
    d) Welche Regelung gilt für die Gefahrentragung der Prämienzahlung nach VVG?
    e) Angenommen, der Versicherungsnehmer hat am 02. 03. die Erstprämie immer noch nicht bezahlt.
       (1) Was hat der Versicherer jetzt nach VVG zu unternehmen, wenn er an einer Aufrechterhaltung des Vertrages
           – interessiert ist (Begründung mit Datumsangabe!),
           – nicht interessiert ist, weil er den Versicherungsnehmer zwischenzeitlich für völlig zahlungsunfähig hält (Begründung!)?
       (2) Vergleichen Sie § 38 VVG mit der entsprechenden BGB-Regelung § 326 und zwar aus der Interessenlage des Versicherungsnehmers!
    f) Der Versicherer erhält am 24. 04. doch noch die Erstprämie, nachdem er den Versicherungsnehmer am 02. 03. zum letzten Mal schriftlich zur sofortigen Zahlung aufgefordert hat.

(1) Besteht Versicherungsschutz für einen Brandschaden am 25. 04. bzw. 25. 12. (Der VR hatte die gezahlte Prämie nicht zurücküberwiesen!)?
(2) Hätte der Versicherer überhaupt die Erstprämie über DM 1.200,- zurücküberweisen müssen (Begründung!)?

* g) Nennen Sie mindestens vier Arten der Erstprämie!

* 51. Der Schuhgroßhändler Berger, Köln, hat die am 04. 10. fällige Jahresfolgeprämie (Feuerversicherung) in Höhe von DM 5.200,- am 06. 11. immer noch nicht bezahlt. Der VR – die DOMUS-Versicherungs-AG in Mannheim – mahnt daher am 07. 11. kombiniert nach § 39 VVG unter Angabe der Mindestzahlungsfrist (Zugang d. Mahnung am 09. 11.).
  a) Welche sachlichen und formellen Voraussetzungen müssen mit der Mahnung erfüllt sein, damit die Mahnung rechtswirksam wird?
  b) Erörtern Sie die Rechtsfolgen des Folgeprämienverzugs (Datumsangabe!) und zwar hinsichtlich des
   (1) Bestands des Vertrages, (2) Versicherungsschutzes, (3) Prämienschicksals!
  c) Welche beiden Kündigungsmöglichkeiten läßt § 39 VVG zu?
  d) Bis wann und unter welcher Voraussetzung könnte der Versicherungsnehmer die Wirksamkeit einer Kündigung nach § 39 wieder aufheben?
  e) Wie wäre die Rechtslage, wenn der VN anläßlich eines Schadensfalls am 16. 12. d. J. erklärt, daß er bereits vor einem Jahr umgezogen sei und deshalb die Mahnung nach § 39 gar nicht erhalten habe?

Abschnitt 3.16 Buch S. 115–125

52. Hans Ruf, wohnhaft in Offenburg, hat seinen Gewerbebetrieb ebenfalls bei der DOMUS-AG in Mannheim versichert. Nachdem auch er die fällige Jahresfolgeprämie über DM 2.100,- trotz mehrfacher Mahnung nicht bezahlt hat, beantragt der Versicherer am 04. 03. einen Mahnbescheid.
  a) Warum wird der Versicherer das gerichtliche Mahnverfahren dem Klageverfahren vorgezogen haben?
  b) Welches ist das örtlich und sachlich zuständige Gericht für
   (1) das gerichtliche Mahnverfahren, (2) das Klageverfahren (Begründung!)?
  c) Nach Erhalt des Mahnbescheids (Zugang am 09. 03.) unternimmt Ruf nichts.
   (1) Welche Maßnahmen hat der Versicherer jetzt zu ergreifen, um seinen Prämienanspruch weiter durchzusetzen?
   (2) Wann kann er diese Maßnahmen frühestens bzw. wann muß er sie spätestens wahrnehmen (Begründung!)?
   (3) Wie kann der Schuldner die Folgen dieser Gläubigermaßnahmen verhindern?
  d) Nehmen Sie an, der Versicherungsnehmer legt gleich nach Erhalt des Mahnbescheids Widerspruch ein.
   (1) Bestimmen Sie Beginn und Ende der Widerspruchsfrist!
   (2) Wie wird ein verspäteter Widerspruch behandelt?
   (3) Welche Konsequenzen hat der Widerspruch für den weiteren Verfahrensablauf?
  e) Der Versicherer verfügt schließlich über ein rechtskräftiges Urteil.
  f) Er entscheidet sich deshalb zur Pfändung von Forderungen, die Ruf u.a. gegenüber seinem Kunden Krause zustehen. Wie hat hier der Versicherer vorzugehen und wodurch wird die Pfändung bewirkt?

Abschnitt 3.17 Buch S. 125–127

53. Die Folgeprämie im Fall 51 ist auch nach einem halben Jahr trotz wiederholter Anmahnung immer noch nicht bezahlt.

a) Wann ist der Prämienanspruch nach VVG verjährt (Datum mit Erklärung!)?
* b) Welche Einzugsfrist sehen dagegen die AFB 87 (§ 8 Nr. 1) vor?
c) Was versteht man allgemein unter dem Begriff „Verjährung"! Warum soll eine Forderung verjähren können?
* d) Nehmen Sie an, die DOMUS-Versicherung hätte auf eine spätere Stundungsbitte Bergers vom 10. 01. d. nächst. J. die noch ausstehende Folgeprämie für einen Monat gestundet. Welchen Einfluß hat dies auf den Ablauf der Verjährung (Datum mit Erklärung!)?
* e) Nennen Sie Anlässe/Maßnahmen, die den Lauf der Verjährung unterbrechen!
f) Nehmen Sie an, daß der VN am 4. 10. die Prämienzahlung mit der Begründung verweigert, er könne sie mit einer noch ausstehenden Versicherungsleistung aufrechnen, die der Versicherer zu Unrecht in einem „formgerechten" Ablehnungsschreiben am 20. 02. des Vorjahres verweigert hätte. Erläutern Sie, inwieweit eine Aufrechnung jetzt nicht mehr in Frage kommt, selbst wenn sich der Versicherer seinerzeit zu Unrecht auf Leistungsfreiheit berief!
g) Wie wäre die Rechtslage unter e), wenn der VR in seinem Ablehnungsschreiben des Vorjahres nicht „formgerecht" auf die Rechtsfolgen hingewiesen hätte (Begründung!)?
h) Bei welchem Gericht müßte der VN Berger schließlich Klage erheben, wenn er seinen Ersatzanspruch trotz der Ablehnung durch den VR (DOMUS-AG) nicht aufgeben möchte?

* 54. Im Rahmen einer Schadensregulierung – Schadensanzeige vom 08. 02. d.J. – macht ein VR am 06. 04. ein Vergleichsangebot. Nachdem der VN auf dieses Angebot nicht eingeht, leistet der VR 2 Monate später im Rahmen des Vergleichsangebotes und lehnt gleichzeitig jeden weiteren Ersatzanspruch des VN ab. Ab wann ist hier der Anspruch des VN verwirkt bzw. verjährt?

* 55. Wann verjähren folgende Forderungen? (BGB § 195/§ 197/§ 852)
a) Die Forderung aus einem „vollstreckbaren Titel" (vom 30. 03. d. J.) gegen den VN?
b) Der am 04. 06. d.J. fällige Provisionsanspruch eines Agenten gegenüber dem VR?
c) Der Ersatzanspruch des Geschädigten gegenüber dem Schädiger (Schaden vom 06. 02.)?

Abschnitt 3.18 Buch S. 127–132

56. A hatte seinen Versicherungsvertrag mit 5 Jahren Laufzeit in der Annahme nicht gekündigt, daß dieser automatisch zum Ablauf endet. Als er zu Beginn des 6. Jahres zur weiteren Prämienzahlung aufgefordert wird, befürchtet er, daß der Vertrag um weitere 5 Jahre verlängert sei.
a) Wie ist die Rechtslage?
b) Zu welchem Termin und mit welcher Frist können Versicherungsverträge ordentlich gekündigt werden?
c) Ist eine nicht fristgerechte Kündigung automatisch unwirksam (Begründung!)?

57. Nennen Sie eine Sparte, in der der VR grundsätzlich nicht ordentlich kündigen kann!

58. Nennen und erläutern Sie 4 Anlässe, die zu außerordentlicher Kündigung berechtigen!

59. Vergleichen Sie die Kündigung mit dem Vertragsrücktritt hinsichtlich
a) Wirksamwerden der Willenserklärung, b) Vertragsbestand, c) Prämienschicksal!
Ein Rechtsanwalt gibt aus Altersgründen seine Kanzlei zum Jahresende auf. Muß jetzt die Berufshaftpflichtversicherung gekündigt werden? Welche Regelung gilt für die Prämie?

4 Rückversicherung

- **Die Rückversicherung ist die Versicherung der vom (Erst-) Versicherer (Zedenten) übernommenen Gefahr durch einen anderen Versicherer.** (Rückversicherer – auch Zessionar genannt)

Die Rückversicherung ist eine betriebliche Maßnahme des Erstversicherers, der damit seinen Versicherungsbestand **risikomäßig ausgeglichener** gestaltet. Sie erlaubt dem Erstversicherer auch hohe Wagnisse zu übernehmen, die an sich die Summe übersteigen, die er nach der Zusammensetzung seines Bestandes für jedes Wagnis „riskieren" kann.

Durch die Rückversicherung wird das übernommene **Risiko** auf viele Risikoträger **verteilt**. (Erstversicherer und ein oder mehrere Rückversicherer)

Die Werte der in der heutigen Zeit zu versichernden Objekte werden immer höher (man denke z.B. an Tanker, Flugzeuge, große Industriewerke). Sie könnten vom Erstversicherer alleine nicht in Deckung genommen werden, ohne daß dessen wirtschaftliche Existenz gefährdet wäre.

- **Beteiligte am Rückversicherungsvertrag**

Das Rückversicherungsgeschäft kommt zustande durch einen **Vertrag zwischen dem Erstversicherer und dem Rückversicherer.**

Beide Beteiligte sind Kaufleute und somit geschäftsgewandt und in der Lage, ihre Interessen selbst zu wahren. Für die Rückversicherung gilt deshalb nicht das VVG. In der Regel ist das Rückversicherungsgeschäft auch nicht aufsichtspflichtig (Abschnitt 5.2).

Zwischen dem **Rückversicherer** und dem **VN** des Erstversicherers bestehen **keinerlei Rechtsbeziehungen.** Bei einem Schaden haftet ihm gegenüber allein der Erstversicherer. Der Rückversicherungsvertrag ist also ein selbständiger Vertrag zwischen Erst- und Rückversicherer, von dem der VN des Erstversicherers gar nichts weiß.

Ein Hausratversicherer erhält am 15. 08. d.J. vom VN die Mitteilung, daß der gesamte Hausrat am Tag zuvor

a) durch Brand – infolge eines Blitzschlages – vernichtet wurde (Gehen Sie davon aus, daß der Hausrat nicht wiederbeschafft werden soll!),
b) an ein junges Ehepaar verkauft wurde,
c) aufgelöst, d.h. an verschiedene Personen verkauft bzw. verschenkt worden ist.

Als weltweit größtes Schadensereignis gilt der Hagelsturm vom 12. Juli 1984: Die Leistungen der Versicherungswirtschaft lagen bei 1,5 Milliarden DM. Bild: dpa

Schlußrechnung zum Münchner Hagelsturm

Für drei Milliarden Schaden

München (AP). Der Münchner Hagelsturm vom 12. Juli 1984 war nach Angaben der Münchner Rückversicherungs-Gesellschaft nicht nur der größte Versicherungsschaden in der Geschichte der Bundesrepublik, sondern auch der weltweit größte Hagelschaden aller Zeiten. Der volkswirtschaftliche Gesamtschaden wird mit mehr als drei Milliarden DM angegeben. Dies sei angesichts der Wucht des Unwetters und der hohen Wertekonzentration im Raum München keine Überraschung.

Von den Erst- und Rückversicherern seien rund 1,5 Milliarden DM aufzubringen gewesen, davon allein für Schäden an Kraftfahrzeugen 800 Millionen DM, an Wohngebäuden und Hausrat 350 Millionen DM und an Flugzeugen 180 Millionen DM sowie für Schäden in der Landwirtschaft und Gärtnereibetrieben 80 Millionen DM. Damit habe der Münchner Hagelsturm bei weitem den bisher größten aus einer Naturkatastrophe in Deutschland entstandenen Versicherungsschaden übertroffen, nämlich den des großflächigen „Capella-Orkans", der im Jahre 1976 für rund 750 Millionen DM Schaden angerichtet hatte.

Der versicherte Schaden in München wäre nach dem Bericht der Münchner Rückversicherung noch sehr viel höher ausgefallen, wenn mehr als nur 20 Prozent der Wohngebäude gegen Sturm versichert gewesen wären, und wenn mehr Versicherungsnehmer Schäden in Isolier- und Spezialglas in ihre Hausratversicherungen eingeschlossen gehabt hätten.

Aus dem Bericht der Münchner Rückversicherungs-Gesellschaft wird das große Schadenspotential aus dem Hagelrisiko deutlich. So verursachte 1976 ein Hagelsturm über Sidney in Australien einen versicherten Schaden von 100 Millionen DM. Über diesem Wert lagen die Schäden, die sich aus einer Reihe von Hagelunwettern im November 1984 in Südafrika ergaben. Im Mai 1981 richteten zwei Hagelzüge in Texas und Oklahoma in den USA einen Versicherungsschaden von annähernd 500 Millionen DM an. Ein weiterer Hagelschlag in der Provinz Alberta in Kanada beanspruchte die Versicherungswirtschaft mit 200 Millionen DM.

Badische Zeitung v. 10.04.85

Abgrenzung Rück- und Mitversicherung:

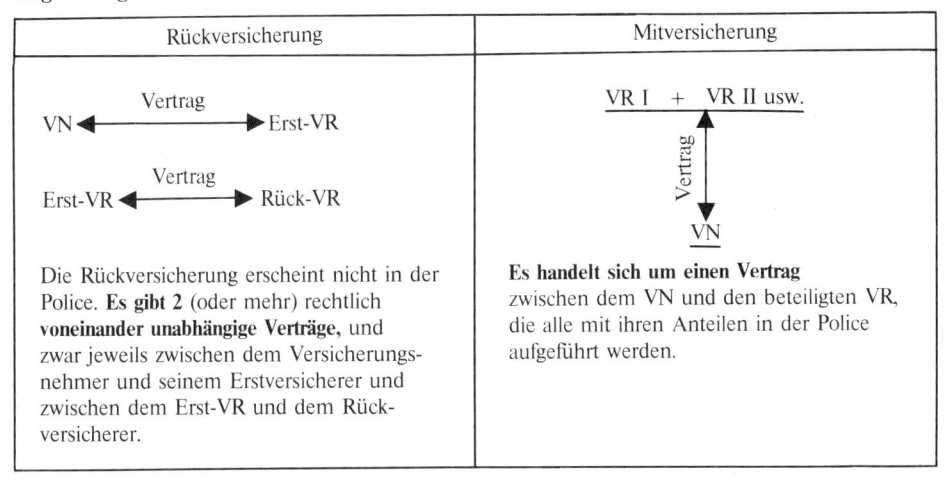

Rückversicherung	Mitversicherung
VN ←—Vertrag—→ Erst-VR Erst-VR ←—Vertrag—→ Rück-VR Die Rückversicherung erscheint nicht in der Police. **Es gibt 2** (oder mehr) rechtlich **voneinander unabhängige Verträge**, und zwar jeweils zwischen dem Versicherungsnehmer und seinem Erstversicherer und zwischen dem Erst-VR und dem Rückversicherer.	VR I + VR II usw. ↕ Vertrag VN **Es handelt sich um einen Vertrag** zwischen dem VN und den beteiligten VR, die alle mit ihren Anteilen in der Police aufgeführt werden.

4.1 Formen der Rückversicherung

Man unterscheidet hier folgende Formen:

a) **Obligatorische**

Bei der obligatorischen Rückversicherung verpflichtet sich der Erstversicherer, **vom Portefeuille** eines bestimmten Versicherungszweiges **vertraglich festgesetzte Anteile** abzugeben. Der Rückversicherer geht seinerseits die Verpflichtung ein, diese Risiken zu übernehmen. Bei der vertraglichen Ausgestaltung hat der Erstversicherer die Gewähr, vom Zeitpunkt der Zeichnung des Wagnisses an Rückversicherungsschutz zu genießen.

b) **Fakultative**

Von der fakultativen Rückdeckung macht der Erstversicherer Gebrauch, wenn es sich um ein schweres oder besonders **großes Risiko** handelt, welches auch die Kapazität eines obligatorischen Vertrages übersteigt. Ein derartiges Risiko wird einem Rückversicherer **einzeln** angeboten. Der Erstversicherer hat somit **von Fall zu Fall** für ein einzelnes Wagnis zu entscheiden, in welcher Höhe und bei welchem Rückversicherer das Risiko abgedeckt werden soll. Dem Rückversicherer steht es frei, das betreffende Angebot anzunehmen oder es abzulehnen.

c) **Fakultativ-obligatorische Rückversicherung**

Hier ist es dem Zedenten freigestellt, ob er rückversichern will. Der Rückversicherer muß hingegen das Risiko im Rahmen des Vertrags übernehmen.

d) **Obligatorisch-fakultative Rückversicherung**

Hier ist es umgekehrt. Der Zedent muß dem Zessionar das Risiko zur Rückdeckung anbieten, der es aber nicht zu übernehmen braucht.

4.2 Arten der Rückversicherung

a) **Rückdeckung auf der Basis der Versicherungssumme**

Beteiligt sich der Rückversicherer **vor** Eintritt des Schadens durch eine vom Erstversicherer ermittelte Haftungsbegrenzung aufgrund der Abgabe **einer Quote** oder/und **der Spitzen** bestimmter Risiken, dann spricht man von einer **Summenrückversicherung**, bei der es folgende Arten gibt:

– **Quotenvertrag**

Hier wird der Rückversicherer mit einem vertraglich festgelegten Prozentsatz (Quote) an allen vom Erstversicherer gezeichneten Risiken eines Versicherungszweiges – ohne Rücksicht auf deren Höhe und Gefährdungsgrad – beteiligt.

- **Summenexcedentenvertrag**

  Der Erstversicherer ermittelt an seiner Maximaltabelle den Selbstbehalt.

  Der jeweilige Selbstbehalt des Erstversicherers wird nach Risikoart, Schadenswahrscheinlichkeit, der Kapitalstärke des Unternehmens, der Bestandsgröße und den besonderen Erfahrungen des Versicherers festgesetzt und in einer dem Rahmenrückversicherungsvertrag beigefügten „Maximaltabelle" für die einzelnen Gefahrenklassen aufgeführt. Dabei ist der Selbstbehalt um so niedriger je höher der Gefährdungsgrad ist.

  Der Teil der Versicherungssumme, der den Selbstbehalt übersteigt und in Rückversicherung gegeben wird, ist der Excedent.

  Die Deckungskapazität des Rückversicherers ist allerdings begrenzt, und zwar meist in der Weise, daß er höchstens ein bestimmtes Vielfaches des Selbstbehalts des Erstversicherers übernimmt (Übernahmemaximum). Wird daher dieses Übernahmemaximum bei einer Zeichnungssumme überschritten, ist u.U. ein zweiter Summenexcedentenvertrag abzuschließen.

  Beispiel:

  Der Rückversicherer übernimmt vertragsgemäß 15∗ den Selbstbehalt (15 Maxima)
  Erstversicherungssumme   DM 200.000,-
  Selbstbehalt des Erstversicherers   DM 60.000,-
  Das Übernahmemaximum des Rückversicherers wird hier nicht überschritten, daher entfallen auf den Erstversicherer DM 60.000,- und auf den Rückversicherer DM 140.000,-, d.h. ein Teilschaden wird jeweils im Verhältnis von 3:7 getragen.

- **Quotenexcedentenvertrag**

  Kombiniert der Erstversicherer den Quoten- mit dem Excedentenvertrag, so entsteht ein Quotenexcedentenvertrag. Der Zedent (Erstversicherer) hat bei dieser Vertragsart die Gewähr, einen größtmöglichen Ausgleich innerhalb seines Bestandes zu erzielen. Auch der Rückversicherer erhält ein ausgeglicheneres Portefeuille, weil er nicht ausschließlich an Spitzenrisiken sondern durch die quotenmäßige Rückdeckung an sämtlichen Wagnissen beteiligt ist.

  Beispiel:

  Erstversicherungssumme   DM 200.000,-
  Quote des Rückversicherers 25%
  Selbstbehalt vom Quotenanteil des Erstversicherers   DM 60.000,-
  Es verbleiben mithin als Excedent   DM 90.000,-
  Der Quotenanteil und Excedentenanteil
  des Rückversicherers beträgt damit 50.000,- + 90.000,- d.h. zusammen DM 140.000,-.
  Bei einem Teilschaden von 40.000,- DM entfallen demnach auf den Erstversicherer 12.000,- DM und auf den Rückversicherer 28.000,- DM.

b) **Rückdeckung auf der Basis des Schadens**

Hier setzt die Haftung des Rückversicherers erst ein, wenn die Höhe der Schäden einen festgesetzten Betrag, der Schadenselbstbehalt oder Priorität genannt wird, überschreitet.

- **Einzelschaden-Excedentenvertrag** (Excess of Loss)

  Die Haftung des Rückversicherers beschränkt sich auf ein einzelnes Schadenereignis. Wird die Priorität durch einen Schaden überschritten, so setzt die Haftung des Rückversicherers ein. Der Erstversicherer trägt demnach jeden Schaden bis zum Selbstbehalt ganz, so daß der Rückversicherer an kleinen Schäden selbst gar nicht beteiligt ist.

Beispiel:

Priorität 60.000,- DM, der Erstversicherer ist mit 10% am Schadenexcedenten beteiligt.

Schaden   200.000,- DM
Erstversicherer ./. 60.000,- DM
                    140.000,- DM
10% Erstvers. ./.   14.000,- DM

Rückversicherung 126.000,- DM

An einem Teilschaden von z.B. 40.000,- DM ist der Rückversicherer nicht beteiligt.

Allerdings ist auch hier die Haftung des Rückversicherers in der Regel durch eine Höchstsumme (Übernahmemaximum) begrenzt.

Jahresschaden-Excedentenvertrag (Stop-Loss)
Der Stop-Loss-Vertrag stellt auf den Schadenaufwand eines Jahres ab, der in einem bestimmten Versicherungszweig anfällt.
Der Zessionar haftet erst, wenn dieser Schadenaufwand die Priorität (in Form eines genau bezeichneten Prozentsatz der Jahresprämieneinnahmen oder der Versicherungssummen dieses Versicherungszweiges) übersteigt.
Er haftet jedoch nicht uneingeschränkt, sondern ersetzt nur zu einem bestimmten Prozentsatz den die Priorität übersteigenden Schadenaufwand innerhalb einer festgesetzten Höchstgrenze.

4.3 Sonderformen

Abschließend wollen wir noch kurz auf zwei Sonderformen der Rückversicherung eingehen.

a) **Versicherungspool** (Pool engl.: Vereinigung, Ring, Topf)
Einer besonderen Art der Risikoverteilung dient der sogenannte Versicherungspool. Es handelt sich dabei um den Zusammenschluß mehrerer Versicherungsunternehmen (Erst- oder Rückversicherer) zur gemeinsamen Deckung großer und risikoreicher Versicherungszweige oder Wagnisse, z.B. im Bereich der Luftfahrtversicherung der „Deutschen Luftpool". Juristisch gesehen stellt der Pool eine Gesellschaft des bürgerlichen Rechts dar.

b) **Weiterrückversicherung** (Retrozession)
Der Rückversicherer wird hauptsächlich am risikoreichen Geschäft beteiligt. Er ist der Gefahr der Wagnishäufung (Kumulierung) ausgesetzt. Er muß daher seinerseits versuchen, den notwendigen Ausgleich innerhalb seines Versicherungsbestandes herbeizuführen. Wenn der Rückversicherer hinreichende Aufgaben erhält, kann er seinerseits einen Selbstbehalt je Wagnis bilden (Excedentenretrozession). Meist wird er jedoch Quotenabgaben vornehmen, die sich nach der Höhe seiner Anteile und nach den übernommenen Gefahren bestimmen.
Die wirtschaftliche Bedeutung der Retrozession ergibt sich aus der durch sie erzielten Aufspaltung auch größter Risiken in viele kleinere und damit tragbare Teile (Atomisierung). Diese Verteilung muß auf breiter, internationaler Basis geschehen, wenn sie Erfolg haben soll, und führt dann im Zusammenhang mit der Übernahme von Rückversicherungsgeschäften aus anderen Ländern zu einer engen Verflechtung der internationalen Versicherungsmärkte, die schließlich einen weltweiten Ausgleich, auch bei Versicherungsobjekten im Wert von vielen Millionen, möglich macht.

4.4 Lernkontrollen zu Kapitel 4

1. Worin besteht das Wesen der Rückversicherung?
2. a) Wodurch unterscheidet sich die Rückversicherung von der Mitversicherung?
   b) Welche Aufgabe erfüllt der „führende Mitversicherer"?
3. Inwieweit unterliegt die Rückversicherung nicht der Versicherungsaufsicht?
* 4. Bei einem Quotenversicherungsvertrag hat der Rückversicherer 20% übernommen. Bei einer Versicherungssumme von 1 Mio DM kommt es zu einem Schaden über 900.000,– DM. Wieviel DM übernimmt der Rückversicherer?
* 5. Bei einem Summenexzedenten-Rückversicherungsvertrag ist die nachfolgende „Maximaltabelle" gegeben:

über 8,00 ‰ Tarifprämie		Selbstbehalt DM 100.000,–
bis 8,00 ‰		150.000,–
bis 6,00 ‰		200.000,–
bis 4,00 ‰		250.000,–
bis 3,00 ‰		300.000,–
bis 2,25 ‰	bei jeweils höchstmöglicher	350.000,–
bis 1,50 ‰	Schadensquote von 100%	400.000,–
bis 0,50 ‰		450.000,–
bis 0,25 ‰		500.000,–

   Bei einem Selbstbehalt des Zedenten von einem Maxima übernimmt der Rückversicherer 14 Maxima.
   a) Warum nimmt der Selbstbehalt des Zedenten mit abnehmendem Prämiensatz zu?
   b) Welche Versicherungssumme kann der Erstversicherer zeichnen, wenn bei einem Prämiensatz von 3,5‰ die höchstmögliche Schadensquote mit 40% geschätzt wird.?
   c) Die Taxierung des Risikos hat eine Versicherungssumme von 4 Mio ergeben. Prämiensatz 1,8‰, höchstmögliche Schadensquote 20%. Wieviel DM Versicherungssumme gehen an den Rückversicherer?
* 6. Welche Vor- und Nachteile hat der Exzedentenvertrag aus der Sicht
   a) des Erstversicherers,
   b) Rückversicherers?
* 7. Im Rahmen eines Quotenexzedentenvertrages beträgt die Quotenabgabe bei einer Versicherungssumme von 10 Mio DM 50%. Der Nettoselbstbehalt des Erstversicherers beträgt DM 500.000,– und die Exzedentenabgabe 9 Maxima.
   a) Wie hoch haftet der Rückversicherer insgesamt?
   b) Was entfällt bei einem Teilschaden von DM 2 Mio auf den Erstversicherer und auf den Rückversicherer?
* 8 Die Versicherungssumme ist 300.000,– DM. Die „Priorität" beträgt 800.000,– DM. Es besteht ein Einzelschadenexzedenten-Rückversicherungsvertrag.
   a) Wie hoch ist die „Haftstrecke"?
   b) Wieviel DM übernimmt der Rückversicherer von einem Schaden über 900.000,– DM?
* 9. Was versteht man unter einem Rückversicherungspool?

5 Versicherungsaufsicht

Seit 1901 haben wir in Deutschland für das Versicherungswesen ein System der materiellen Staatsaufsicht. Dies bedeutet nicht nur eine formale Prüfung von Zulassungsvoraussetzungen, sondern auch eine sehr weitgehende staatliche Fachaufsicht, die mit der Prüfung der Zulassungsvoraussetzungen beginnt und nach erfolgter Zulassung sich in einer laufenden Überwachung der gesamten Geschäftsführung fortsetzt, in die nötigenfalls sogar unmittelbar eingegriffen werden kann.

Rechtsgrundlage für diesen Zweig der staatlichen Gewerbeaufsicht ist das mehrfach geänderte Versicherungsaufsichtsgesetz (VAG).

5.1 Gründe und Zweck der staatlichen Versicherungsaufsicht

Die Versicherungswirtschaft ist gegenüber anderen Versicherungsbereichen durch eine Reihe von Besonderheiten gekennzeichnet, die eine Einschränkung des allgemeinen Prinzips der Gewerbefreiheit aufgrund der im Laufe der Entwicklung des Versicherungswesens gemachten Erfahrungen und aus Zweckmäßigkeitsüberlegungen nahelegen. Die Gründe sind zweierlei Art.

- Versicherungsschutz bedeutet Versprechen auf Gefahrentragung. Die Versicherungsleistung bleibt damit zunächst unsichtbar, während der Versicherungsnehmer seinerseits die Prämie im voraus zu entrichten hat. Er muß sich daher darauf verlassen können, daß der Versicherer im Schadensfall auch leisten kann. Ob das Versicherungsunternehmen aber hierzu allen Erfordernissen genügt, das wird der Versicherungsnehmer – insbesondere im Hinblick auf die besondere Kompliziertheit der Versicherungstechnik sowie der Bilanzierung und Rechnungslegung kaum beurteilen können. Selbst ein Fachmann hat häufig Mühe, wenn er sich ein wirklich fundiertes Urteil über den finanziellen Status, die Bonität und Qualität eines Versicherungsunternehmens bilden will. Hinzu kommt, daß das Versicherungsunternehmen auch Dritten (Bezugsberechtigte, Geschädigte) gegenüber leistungspflichtig ist, die selbst keinen Einfluß auf die Wahl des Versicherers haben.
- Der Kapitaleinsatz eines Versicherungsunternehmens betrifft überwiegend Sicherheitsmittel (Rückstellung, Rücklagen). Die Gefahr, daß das Versicherungsangebot über die eigene Leistungsfähigkeit hinaus ausgedehnt wird – insbesondere durch Prämienunterbietung bis zur Prämienschleuderei – ist damit sehr groß. Ein Versicherungskonkurs hätte aber über den Einzelfall hinaus einen Vertrauensschwund für das gesamte Versicherungswesen zur Folge und damit auch erhebliche Nachteile für die Gesamtwirtschaft, insbesondere wenn man die hohe volkswirtschaftliche Bedeutung und den sozialen Charakter des Versicherungswesens berücksichtigt.

  Gründe und Zweck der Versicherungsaufsicht lassen sich daher wie folgt zusammenfassen: „Unsichtbarkeit" und nahezu unbegrenzte „Vermehrbarkeit" des Versicherungsangebots machen eine übergeordnete Kontrollinstanz erforderlich. Ihre Aufgabe ist es
  - unsolide Gründungen von Versicherungsunternehmen zu verhindern,
  - die dauernde Erfüllbarkeit von Versicherungsverträgen sicherzustellen,
  - für eine Betriebsführung zu sorgen, die die Belange der Versicherten stets ausreichend absichert (optimaler Verbraucherschutz),
  - ein volkswirtschaftlich so bedeutsames Kapitalsammelbecken zu kontrollieren.

5.2 Träger und Zuständigkeiten

- Träger der **Versicherungsaufsicht auf Bundesebene** ist das Bundesaufsichtsamt für das Versicherungswesen (BAV) mit Sitz in Berlin.
  Das BAV ist eine dem Bundesfinanzminister nachgeordnete selbständige Bundesbehörde, an deren Spitze ein Präsident steht und das in verschiedene Abteilungen gegliedert ist.

Zu erwähnen sind hier insbesondere die vier Fachaufsichtsabteilungen für die einzelnen Versicherungssparten. Zur Mitwirkung bei der Aufsicht ist ein 60köpfiger Beirat berufen. Dem Beirat gehören Vertreter der einzelnen Versicherungszweige, aber auch sachkundige Versicherungsnehmer aus fast allen Berufskreisen an (Industrie, Handel, Handwerk usw.). Der Beirat ist ehrenamtlich tätig und soll die Aufsichtsbehörde u.a. bei der Vorbereitung wichtiger Beschlüsse gutachterlich beraten.

Das BAV ist zuständige Aufsichtsbehörde für
- Versicherungsaktiengesellschaften
- Versicherungsvereine auf Gegenseitigkeit
- Öffentlich-rechtliche Wettbewerbsanstalten, die über den Bereich eines einzelnen Bundeslandes hinaus tätig sind.

- Neben der Bundesaufsicht besteht auch eine **Aufsicht auf Länderebene.**

Sie wird durch die jeweils dazu bestimmte Landesbehörde – die in der Regel dem Wirtschaftsministerium untersteht – ausgeübt und ist zuständig für

- Zwangs- und Monopolanstalten, soweit nicht auf Antrag der jeweiligen Landesregierung die Aufsicht auf das BAV übertragen wurde
- Öffentlich-rechtliche Wettbewerbsanstalten, deren Tätigkeit sich auf ein Bundesland beschränkt
- Private Versicherungsunternehmen, die wegen ihrer geringen wirtschaftlichen Bedeutung (z.B. kleine VVaG) der Landesbehörde zur Aufsicht übertragen worden sind (= abgeleitete Zuständigkeit).

Beaufsichtigte Unternehmen

VAG
§ 1 Abs. 3

- Der Aufsicht unterliegen alle Erstversicherer, die im Bundesgebiet ihren Sitz, eine Niederlassung oder Geschäftsstellen haben.

Kleinstunternehmen (kleine VVaG) können, wenn eine Aufsicht zur Wahrung der Versichertenbelange von der Art der betriebenen Geschäfte nicht erforderlich erscheint, von der Aufsicht zum Teil oder ganz freigestellt werden. Aufsichtsfrei sind auch die Unterstützungseinrichtungen und Unterstützungsvereine der Berufsverbände.

VAG
§ 111
Abs. 2

- Gesellschaften aus den EG-Staaten können zur Deckung gewerblicher oder freiberuflicher Risiken aufsichtsfrei Mitversicherungsgeschäfte betreiben, was auf eine Liberalisierung des großgewerblichen Geschäfts hinausläuft. Von der Versicherungsaufsicht weitgehend ausgenommen sind auch die Transport- und die Rückversicherungsgesellschaften, weil die Internationalität dieser Zweige nicht eingeengt werden soll. Außerdem stehen sich hier geschäftsgewandte Partner gegenüber, die keines besonderen Schutzes bedürfen.

Während ausländische Versicherungsunternehmen, die nur die Rückversicherung betreiben, überhaupt nicht der Aufsicht unterliegen, sind die inländischen Rückversicherer einer beschränkten Aufsicht unterworfen. Sie werden hinsichtlich ihrer finanziellen Leistungsfähigkeit (Rechnungslegung) überwacht, um etwaige Gefährdungen von Erstversicherern rechtzeitig erkennen zu können. Deutsche Transportversicherer sind im Gegensatz zu Gesellschaften aus den Mitgliedsstaaten nicht hinsichtlich ihrer Allgemeinen Versicherungsbedingungen genehmigungsfrei. Gemäß der 2. EG-Koordinierungsrichtlinie besteht künftig allgemein für alle Schadensversicherungen im Bereich der gewerblichen Risiken Genehmigungspflicht für die entsprechenden AVBen.

5.3 Aufgaben der Aufsichtsbehörde

5.3.1 Zulassung zum Versicherungsbetrieb

Die Aufsicht greift zum frühest möglichen Zeitpunkt ein. Wer das Versicherungsgeschäft betreiben will, bedarf hierzu einer Erlaubnis (Konzessionssystem), die an zahlreiche Voraussetzungen geknüpft ist.

a) Geschäftsplan

Insbesondere muß ein Geschäftsplan vorgelegt werden.

Dieser setzt sich aus mehreren Teilen zusammen:

- aus dem **rechtlichen Teil** mit der Satzung des Unternehmens und den Allgemeinen Versicherungsbedingungen.
- aus dem **versicherungstechnischen Teil** mit

Der deutsche Versicherungsmarkt muß offener werden
Urteil des Europäischen Gerichtshofs / Niederlassungszwang für ausländische Unternehmen

jfr. KARLSRUHE, 4. Dezember. Die Bundesrepublik muß künftig ihren Versicherungsmarkt für ausländische Unternehmen etwas weiter öffnen. Das hat am Donnerstag der Europäische Gerichtshof in Luxemburg mit einem Urteil zur Dienstleistungsfreiheit in der europäischen Versicherungswirtschaft entschieden. Er klärte dabei wichtige Grundsatzfragen und stellte die Weichen für eine Integration der nationalen Versicherungsmärkte. Die deutsche Versicherungswirtschaft, die sich in Karlsruhe zu einer Arbeitstagung zusammengefunden hat, begrüßte die Entscheidung aus Luxemburg. Sie erwartet, daß die Politiker die Federführung bei der angestrebten Harmonisierung der Versicherungsmärkte übernehmen wird, nachdem der Europäische Gerichtshof die Hoffnungen vor allem der englischen Versicherungsmakler auf einen einfachen Zugang zu den Versicherungsmärkten enttäuscht hat.

Nur auf den ersten Blick ist die Bundesrepublik vor dem Gerichtshof unterlegen. Die Richter stellten fest, daß das deutsche Niederlassungserfordernis für ausländische Versicherer gegen die im EWG-Vertrag vereinbarte Freizügigkeit verstoße. Doch gelte das nicht für Pflichtversicherungen oder für Tätigkeiten, die sich vorwiegend auf das Hoheitsgebiet der Bundesrepublik erstreckten.

Nach der Entscheidung bleibt es dabei, daß insbesondere im breiten Geschäft des privaten Bedarfs – vor allem in der Lebensversicherung, der privaten Krankenversicherung und in den Pflichtversicherungen wie der Autohaftpflicht – staatliche Vorkehrungen zum Schutz der Kunden und zur Gewährleistung der Erfüllbarkeit von Versicherungsverträgen zulässig sind. Die deutsche Versicherungswirtschaft erblickt in der Entscheidung andererseits viel Raum für die seit langem anstehende Liberalisierung der industriellen Versicherungsmärkte.

Eine weitgehende Dienstleistungsfreiheit hat der Gerichtshof nur für zeitlich begrenzte Tätigkeiten auf benachbarten Versicherungsmärkten vorgesehen. Niemand dürfe sich unter dem Schutzschirm der durch EWG-Vertrag garantierten Freiheit in der Gemeinschaft den nationalen Berufsregelungen entziehen, erklärte das Gericht. Der Versicherungsmarkt stelle im Hinblick auf den Schutz des Verbrauchers einen besonders sensiblen Bereich dar. Es beständen für ihn somit zwingende Gründe des Allgemeininteresses, die Beschränkungen des freien Dienstleistungsverkehrs rechtfertigen könnten.

Zur Durchsetzung solcher Allgemeininteressen bleibe es grundsätzlich gerechtfertigt, die Tätigkeiten ausländischer Anbieter auf nationalen Versicherungsmärkten von einer vorherigen Zulassung durch die nationale Aufsichtsbehörde abhängig zu machen. Zu der Einhaltung der nationalen Vorschriften gehörten auch die bestehende Genehmigungspflicht für bestimmte Versicherungsbedingungen. Wer im Nachbarland nicht nur gelegentlich tätig werde, unterliegt weiterhin den Bestimmungen über das Niederlassungsrecht, auch wenn es sich nur um ein kleines Büro handeln sollte.

Als wesentliche Bestätigung ihrer Auffassungen wertete es die deutsche Versicherungswirtschaft, daß die Richter es als zulässig ansehen, daß Versicherungsunternehmen, die im Nachbarland tätig werden, ihr dortiges Geschäft durch entsprechende Vermögenswerte in diesem Tätigkeitsland absichern. Dadurch könne vor Ort überprüft werden, ob ein Versicherungsunternehmen seinen Verpflichtungen in jedem Fall nachkommen könne, auch wenn es über keine feste Niederlassung in diesem Staat verfüge, heißt es in der Entscheidung.

Die deutsche Versicherungswirtschaft rechnet damit, daß die meisten Versicherer aus den Nachbarländern auch weiterhin Niederlassungen in der Bundesrepublik unterhalten oder gründen werden. Die Tätigkeit im Rahmen der Dienstleistungsfreiheit werde sich aller Voraussicht nach vor allem auf die Deckung ganz bestimmter industrieller Risiken beschränken. Bei gleichen und fairen Wettbewerbsbedingungen, wie sie die Entscheidung des Europäischen Gerichtshofs gewährleiste, sei der deutschen Versicherungswirtschaft jede Verbreiterung ihrer Wettbewerbsbasis willkommen, erklärte der Präsident des Gesamtverbandes der Deutschen Versicherungswirtschaft, Dr. Georg Büchner.

- Rechnungsgrundlagen wie sie für die Berechnung der versicherungsmathematischen Rückstellungen (Deckungsrückstellung) aber auch für die Tarifkalkulation erforderlich sind (z.B. Sterbetafel, Risikozuschläge und Rechnungszins in der Lebensversicherung)
- den Tarifen, die in der KFZ-Haftpflicht-, Lebens- und Krankenversicherung nicht nur anmelde- sondern auch genehmigungspflichtig sind.

– aus dem **finanziellen Teil** (Finanzaufsicht) mit dem Nachweis der erforderlichen Eigenmittel (Kapitalausstattung), wie sie insbesondere zur Sicherung der dauernden Erfüllbarkeit der Verträge (Garantiefond) notwendig sind. Soweit Rückversicherungsengagements beabsichtigt werden, sind diese anzuzeigen.

Die Höhe des in der EWG einheitlich geregelten Garantiefonds ist für die einzelnen Versicherungssparten je nach ihrer „Gefährlichkeit" und dem Umfang der übernommenen Risiken unterschiedlich festgesetzt und reicht z.Z. für die Schadens- und Unfallversicherung von mindestens 0.732 bis 1.464 Mio DM. Dagegen werden für die Gründung eines Lebens- bzw. Krankenversicherungsunternehmens mindestens 2 Mio bzw. 1.098 Mio gefordert.

– aus den **geschäfsplanmäßigen Erklärungen**; denn die Zulassung kann zur Ergänzung der eingereichten Unterlagen an die Abgabe besonderer Erklärungen geknüpft sein. Häufig haben diese Verbraucherschutzcharakter, z.B. Erklärungen wie die AVB auszulegen oder Rückkaufswerte bzw. Überschußbeteiligungen zu berechnen sind. Einige dieser Fragen gehörten an und für sich in die AVB. Wegen der komplizierten technischen Einzelheiten wird dort aber nur auf die gesonderte Behandlung verwiesen.

b) Versagungsgründe
Die Zulassung wird versagt, wenn
eine nicht zulassungsfähige Unternehmungsform vorliegt

VAG
§ 7
§ 8

Zulässig sind nur die Unternehmungsformen, die ein Höchstmaß an Sicherheit gegenüber den Versicherungsnehmern bieten, was nur mit der AG, dem VVaG und der öffentlich-rechtlichen Anstalt gewährleistet erscheint.

– die Unternehmensleiter nicht über die erforderlichen fachlichen Qualitäten verfügen
– der Geschäftsplan die Zahlungsfähigkeit und die Belange der Versicherten nicht ausreichend sicherstellt
– wenn neben den Versicherungsgeschäften versicherungsfremde Geschäfte betrieben werden (z.B. Bankgeschäfte)
– bei bestimmten Versicherungszweigen das Prinzip der **Spartentrennung** nicht sichergestellt ist.

Die Lebensversicherung ist durch Sparvorgänge und Gewinnbeteiligungssysteme gekennzeichnet. Würde sie zusammen mit der Schadenversicherung betrieben, die erfahrungsgemäß starken Schwankungen unterworfen ist, bestünde Gefahr, daß Verluste insbesondere in der Sachversicherung mit den – zwangsläufig beachtlichen – Überschüssen in der Lebensversicherung aufgerechnet werden.
Auch mit der Krankenversicherung läßt die deutsche Versicherungsaufsicht keine Spartenkombination zu. Für die Rechtsschutzversicherung wurde dagegen das Spartentrennungsgebot durch eine EG-Richtlinie vom 22. Juni 87 aufgehoben. Künftig kann die Rechtsschutzversicherung auch im Kompositverband betrieben werden. Der Gefahr einer möglichen Interessenkollision zur Haftpflichtversicherung soll dann in anderer Weise begegnet werden, z.B. durch gesonderten Vertrag und durch personelle Trennung bei der Schadensbearbeitung.
Demgegenüber verlangt die Spartentrennung nicht nur eine personelle Trennung – und zwar auch auf Vorstandsebene – sondern auch eine unternehmensrechtliche Trennung von anderen Risiken. Es ist aber durchaus zulässig und in der Praxis aus Wirtschaftslichkeits- und Wettbewerbsgründen auch üblich, daß mehrere rechtlich selbständige Unternehmen einen Konzern bilden. Dabei scheidet eine Beteiligung von LebensVU an anderen VU aus. Im Rahmen der Allfinanzstrategie setzt sich in jüngster Zeit zunehmend die Holdingkonstruktion durch, d.h. eine aufsichtsfreie Dachgesellschaft hält Beteiligungen nicht nur an mehreren VU der verschiedenen Sparten sondern evtl. auch an Banken, Bausparkassen usw.

VERSICHERUNGSAUFSICHT / Auch künftig keine Genehmigung für fremde Geschäfte

Fachaufsicht wacht mit Argusaugen über neue Beteiligungen an Banken

HANDELSBLATT, Dienstag, 2.12.1986

cmk BERLIN. „Wir werden höllisch aufpassen, daß nichts in falsche Kanäle geht, daß es eine scharfe juristische Trennung zwischen Versicherungs- und Nicht-Versicherungsgeschäft gibt." Das sagte der Präsident des Bundesaufsichtsamtes für das Versicherungswesen, Dr. August Angerer, auf einer Pressekonferenz in Berlin.

Grundsätzlich hat das Amt gegen Beteiligungen von Versicherungsgesellschaften an anderen Unternehmen wenig einzuwenden, solange sie aus Unternehmensmitteln und nicht aus dem sogenannten gebundenen Vermögen finanziert werden. Aber - so machte Angerer auch klar - das Amt wird ein sehr kritischer Beobachter bei den gegenseitigen Beteiligungen von Banken und Versicherungen sein. Holdinglösungen, wie sie z.B. von der Aachener und Münchener Gruppe zur Ausgliederung von dieser Beteiligung gewählt wurden, „mißfallen mir keineswegs", sagte Angerer.

Nach seiner Auffassung sollte versicherungsfremdes Engagement klar herausgelöst erscheinen. Im Zusammenhang mit der Beteiligung der Aachener und Münchener Gruppe an der Bank für Gemeinwirtschaft betonte der Präsident, daß die Versicherungsaufsicht sehr wohl die Benachteiligung der Versicherten durch ein derartiges Engagement über eine Holding ausschließen könne. Wörtlich „Wir glauben, das im Griff zu haben. Im übrigen geht er davon aus, daß es bei der Aachener und Münchener Beteiligungsgesellschaft (AMB) zu einer Kapitalerhöhung kommen wird, um den BfG-Kauf zu finanzieren. Nach der Erweiterung der Anlagemöglichkeiten für Versicherungsunternehmen sei es der AMB jetzt auch möglich, nichtbörsennotierte Aktien der BfG zu erwerben, auch wenn es hier gesetzliche Obergrenzen gebe.

Auch die Innovation von Versicherungsunternehmen auf den Finanzmärkten wird das Bundesaufsichtsamt akzeptieren. Im Hinblick auf die Lebensversicherungen nannte Angerer jedoch eine wesentliche Voraussetzung: das Versicherungssegment muß erhalten bleiben. Auch wenn man sich darüber im klaren sei, daß hier eine Bewegung erst im Anfang sei und man alternativen Modellen zur traditionellen gemischten Kapitallebensversicherung auch offen gegenüberstehe, werde es keine Genehmigung für reine Anlageprodukte und Bankgeschäft geben.

Versicherungsaufsicht forciert Verbraucherschutz

Berliner Amt sorgt für Kündigungsrecht bei Beitragsanpassungs-Klauseln / Riskantere Kapitalanlagen möglich

F. S. Berlin (Eigener Bericht) - *Verstärkt hat sich das Bundesaufsichtsamt für das Versicherungswesen, (BAV) Berlin, in diesem Jahr darum bemüht, die Stellung der Verbraucher gegenüber den Versicherungsgesellschaften zu verbessern. In der zum erstenmal ausgerichteten Jahrespressekonferenz des Amtes wies dessen Präsident Dr. August Angerer auf eine Reihe von Maßnahmen hin, die dabei getroffen worden seien. Besonders wichtig erscheint dabei die neue Linie des Amtes bei der Genehmigung von Beitragsanpassungs-Klauseln. Die Aufsichtsbehörde will hier erreichen, daß es keine für eine Branche einheitlich geltende Gleitklauseln gibt, zudem sollen die Versicherten jeweils ein Kündigungsrecht erhalten, wenn ihre Gesellschaft die Beiträge automatisch anpaßt.*

Zum erstenmal wird das jetzt in der Auto-Kasko-Versicherung praktiziert, wo das erste Unternehmen einen entsprechenden Tarif genehmigt erhielt. Grundsätzlich gilt das Verfahren zukünftig für alle neuen Verträge, wobei das Kündigungsrecht auch für die Altverträge gelten soll. Eine weitere Hürde gegen gleichförmiges Verhalten der Versicherungsgesellschaften soll eine Absprache mit dem Bundeskartellamt, Berlin, ermöglichen, die jetzt vom Bundeswirtschafts- und -finanzministerium gebilligt worden ist. Danach müssen die produktbeschreibenden und die Preisbestandteile neuer Tarifwerke dem Kartellamt zur Vorprüfung eingereicht werden. Auch davon verspricht sich Angerer eine gewisse Wirkung.

Zu den Innovationen dieses Jahres zählt das BAV insbesondere drei Verbesserungen in der Sachversicherung. Ausgelöst durch das Münchner Hagelunwetter werden Hagelschäden künftig in der Hausrat- und Wohngebäudeversicherung abgedeckt, das gelte auch für Überspannungsschäden, wenn ein plötzlicher Stromstoß Kabel durchschmoren lasse. Unterversicherungen in der Wohngebäudeversicherung, Streitpunkt seit jeher, können von den Gesellschaften nicht mehr geltend gemacht werden, wenn der Versicherungsnehmer die entsprechenden Angaben zunächst bei Vertragsabschluß nach bestem Wissen gemacht hat.

Noch kein durchschlagender Erfolg sind die mittlerweile von 16 der 54 Krankenversicherern angebotenen Pflegekostenversicherungen. Hier gebe es erst 23 000 Verträge, erklärte Angerer. Den Streit um die Möglichkeit für die Beamten, bis zum 30. Juni 1987 oder im ersten Jahr nach Eintritt der Beamtenstatus aus der Gesetzlichen Krankenversicherung (GKV) in die private Krankenversicherung (PKV) überzuwechseln, nannte er überzogen.

In der Kfz-Haftpflichtversicherung sollen die derzeit bis zum 30. Juni 1987 geltenden Beiträge nunmehr bis Mitte 1988 stabil bleiben. Ein entsprechender Antrag werde in diesen Tagen von den Versicherern gestellt und vom Amt gebilligt werden.

In der Kraftfahrzeughaftpflichtversicherung wird mit Beginn des neuen Jahres die Regelung des Behindertennachlasses erweitert. Seit dem April 1984 wurde nur noch solchen Behinderten ein Nachlaß von 25% auf den Versicherungstarif eingeräumt, die wegen ihres Leidens von der Kraftfahrzeugsteuer voll befreit sind. Künftig soll es zusätzlich einen Ermäßigungssatz von 12,5% bei der Versicherungsprämie für diejenigen geben, die wegen ihrer Behinderung nur den halben Kraftfahrzeugsteuersatz zu tragen haben. Schwerbehinderte, die von der Kfz-Steuer zur Hälfte befreit sind, werden künftig einen Abschlag von 12,5% der Beiträge in der Kfz-Haftpflichtversicherung erhalten. Einen Nachlaß von 25% bekommen wie bisher von der Kfz-Steuer befreite Schwerbehinderte.

Vorteile für Frauen

Vom neuen Tarifwerk in der Lebensversicherung, in dem vom 1. Januar 1987 an Frauen besser gestellt werden als Männer und der Rechnungszinsfuß von 3 auf 3,5% erhöht wird, verspricht sich Angerer ebenfalls eine größere Klarheit für die Verbraucher.

Neuerungen gibt es auch beim Rückkauf von Lebensversicherungen. Das Aufsichtsamt habe zwei Modelle genehmigt, die entweder eine Rückerstattung von 50% der Beiträge nach dem ersten Jahr oder aber von mindestens 65% vom zweiten Jahr an vorsehe, wobei das erste Jahr verlorengehe. Neun Unternehmen mit einem Marktanteil von 32% hätten sich für das erste, der Rest für das zweite Modell entschieden, sagte Angerer. Die Neuordnung der Rückkaufwerte sieht das Amt kritischer. Nur neun Gesellschaften wollten bereits im ersten Jahr eines laufenden Vertrages 50% der Beiträge bei einem Rückkauf zurückzahlen, alle anderen Gesellschaften wollten erst vom zweiten Jahr an, dann allerdings 65%, bewilligen.

Mehr Anlagemöglichkeiten

Das BAV registrierte 1985 bei den 2886 (1984: 2979) Versicherern in der Bundesrepublik 6,6% auf 109,1 Mrd. DM gestiegene Beitragseinnahmen. Die Kapitalanlagen nahmen um 10,3% auf 405,3 Mrd. DM zu. Künftig können die Versicherer als Kapitalanlage auch nicht börsennotierte Aktien, GmbH- und KG-Anteile erwerben sowie stille Beteiligungen eingehen und Genußscheine ausgeben.

Im vergangenen Jahr ist auch die Zahl der Anfragen und Beschwerden bei der Versicherungsaufsicht gegenüber 1984 um rund 1000 auf 21212 gestiegen. Dabei ging es insbesondere um Vertragsverlauf, Schadensregulierung, Beitragsänderungen, Deckungs- und Haftungsfragen sowie Vertragsbeendigung. Bei 70% der Anfragen und Beschwerden konnte das Aufsichtsamt nicht helfen.

> ## Versicherer gegen neues Aufsichtsgesetz
> ### Laufzeit der Verträge soll verkürzt werden
>
> pp. BAD REICHENHALL, 20. Februar. Die deutsche Versicherungswirtschaft wehrt sich vehement gegen Teile des geplanten neuen Versicherungs-Aufsichtsgesetzes, dessen Diskussionsentwurf jetzt vom Bundesfinanzministerium zur Stellungnahme an die Assekuranz verschickt worden ist. Danach dürfen Versicherungsverträge eine Laufzeit von drei Jahren nicht mehr überschreiten, soll die bislang strenge Genehmigungspraxis für Versicherungsbedingungen gelockert, die Eingriffsmöglichkeit der Versicherungsaufsicht eingeschränkt und statt des in Streitfällen bisher üblichen Beschlußkammerverfahrens ein zweistufiges Verwaltungsgerichtsverfahren eingeführt werden.
>
> Diese Einzelheiten wurden am Rande einer Veranstaltung des Gesamtverbandes der Deutschen Versicherungswirtschaft (GDV) in Bad Reichenhall bekannt. Nach Ansicht von GDV-Präsident Georg Büchner würde der Verbraucherschutz Schaden nehmen, die Markttransparenz auf der Strecke bleiben und der Versicherungsschutz teurer werden, sollte die Bundesregierung die bislang nur in einem Diskussionsentwurf niedergeschriebenen Vorschläge zum Gesetz erheben. Die Versicherungswirtschaft will sich vor allem nicht damit abfinden, daß die Laufzeit von Verträgen auf drei Jahre begrenzt wird. Verbandspräsident Büchner sieht die Vertragsfreiheit außer Kraft gesetzt. Der Versicherungsschutz verteuert sich nach
>
> seiner Meinung schon allein deshalb, weil zum Beispiel die Kosten des Vertragsabschlusses auf die kürzeren Laufzeiten verteilt werden müßten. Auf Widerstand stößt auch die vorgesehene Lockerung im Bereich der Vertragsbedingungen. So dürften die Assekuranzen mit ihren Kunden in der Zukunft auch Verträge abschließen, deren Bedingungen keinen Prüfungsvermerk des Bundesaufsichtsamtes tragen. Der Versicherungsverband befürchtet dadurch eine Verringerung der Markttransparenz für die Verbraucher.

5.3.2 Laufende Beaufsichtigung

a) Aufsichtsbereiche

Die Versicherungsaufsicht wird fortgesetzt als ständige Überwachung und Beeinflussung des Geschäftsbetriebes.

- Laufend kontrolliert wird vor allem, ob die gesetzlichen Vorschriften und der Geschäftsplan eingehalten werden und ob die finanzielle Ausstattung (Bonität) die fortwährende Zahlungsfähigkeit des Unternehmens sicherstellt. Zu diesem Zweck werden Vorschriften zur Rechnungslegung und zur Vermögensanlage erlassen.

    Die Unternehmen haben regelmäßig statistische Nachweisungen vorzulegen, wie überhaupt jegliche Auskunft verlangt werden kann, die für die Aufsicht bedeutsam ist.

- Es bedarf der besonderen Genehmigung durch die Aufsicht, wenn der Geschäftsplan geändert werden soll oder wenn besonders riskante Geschäftsvorgänge anstehen, wie etwa die Übertragung des Versicherungsbestandes (d.h. sämtliche abgeschlossenen, noch nicht abgewickelten Versicherungsverträge). Genehmigungspflichtig sind auch gewisse Arten der Vermögensanlage, wie etwa die Anlage in eigengenutzten Grundstücken.

- Die Aufsichtsbehörde stellt besondere Wettbewerbsregeln auf, die oft über die Bestimmungen des UWG hinausgehen.
    So ist es z.B. verboten, den Versicherungsnehmer zu veranlassen, bestehende Versicherungsverhältnisse vorzeitig zu lösen (Ausspannungsverbot).

Gleichfalls unzulässig ist die Gewährung von Sondervergütungen (Provisionsabgaben) oder von sachlich nicht gerechtfertigten Prämiennachlässen (Begünstigungsverträge), da hier ein Verstoß gegen den Gleichbehandlungsgrundsatz vorliegt.

- Schließlich ist die Aufsicht mit vielen Detailfragen befaßt, z.B. dem Inhalt, der Gliederung und der Schriftgröße von Antragsformularen, der Anweisung, daß der Antragsteller eine Antragskopie erhalten muß, der Gestaltung von Beispielrechnungen in der Lebensversicherung, der Prämienrückvergütung in der KFZ-Versicherung, der zügigen Abwicklung von Versicherungsverträgen usw.
- Die Aufsichtsbehörde geht auch Beschwerden eines einzelnen Versicherungsnehmers nach. Sie hat hier zu prüfen, ob sich der betreffende Versicherer gesetzes- bzw. geschäftsplanmäßig verhalten hat bzw. die BGH-Rechtssprechung – etwa die zum Nutzungsausfall in der Haftpflichtversicherung – berücksichtigt hat.

Allerdings kann die Aufsichtsbehörde keine Rechtsstreitigkeiten entscheiden. Das ist allein den ordentlichen Gerichten vorbehalten (z.B. der Streit, ob ein Vertrag tatsächlich zustandegekommen ist oder ob eine Obliegenheit grob fahrlässig verletzt wurde usw.).

b) Eingriffsmöglichkeiten

Werden Mißstände sichtbar, ist die Aufsichtsbehörde zu entsprechenden Eingriffen berechtigt. Sie kann
- alle Anordnungen treffen, die geeignet sind, den Geschäftsbetrieb mit den gesetzlichen Vorschriften und dem Geschäftsplan in Einklang zu halten bzw. entsprechende Mißstände zu beseitigen. Zur Durchsetzung ihrer Anordnungen kann sie ggf. ein Zwangsgeld bis zu DM 50.000,- festsetzen.

VAG § 81a

- Änderungen der Versicherungsbedingungen bzw. des Geschäftsplans verlangen (z.B. die Lebensversicherung verwendet inzwischen veraltete Sterbetafeln), wenn es zur Wahrung der Belange der Versicherten notwendig erscheint.
- Als besonders einschneidende Maßnahmen einen Sonderbeauftragten einsetzen, der die Geschäftsleitung ersetzt, während deren Rechte und Befugnisse ruhen.

Reichen diese Eingriffe nicht aus, um die Ziele der Aufsicht sicherzustellen, kann die Behörde ggf. auch die Konzession widerrufen bzw. Konkurseröffnung beantragen.

Bestandsschutz bei Versicherungen
Nichteinhaltung der Branchenusancen kein Verstoß gegen das Wettbewerbsrecht

Die Versicherungswirtschaft hat in den sich selbst auferlegten Wettbewerbsrichtlinien unter anderem festgeschrieben, daß es unzulässig ist, in fremde Versicherungsbestände planmäßig oder mit unlauteren Mitteln einzudringen. Insbesondere soll es unzulässig sein, vorgedruckte oder sonst auf mechanischem Wege vervielfältigte Kündigungsschreiben zur Unterzeichnung vorzulegen oder Schadensfälle eines Kunden zum Anlaß zu nehmen, in die Bestände der fremden Versicherung einzudringen. Diese in Ziffer 56 der Verbandsrichtlinien niedergelegten Grundsätze sind jedoch nach einem Urteil des Oberlandesgerichts (OLG) Hamm noch lange kein Gesetz und ein Verstoß dagegen nicht automatisch ein Wettbewerbsverstoß.

Ein Versicherungsunternehmen hatte einem ehemaligen Versicherungsvertreter, der inzwischen selbst ein Versicherungsbüro betreibt und dort Versicherungen vermittelt, einen Verstoß gegen diese Richtlinien und das Wettbewerbsrecht vorgeworfen. Von diesem Vorwurf befreite ihn das OLG in seinem Urteil vom 12. Januar 1989 (4 U 77/88): Die Verbandsrichtlinien der Versicherungswirtschaft könnten – aus wettbewerbsrechtlicher Sicht – nicht schlechthin Geltung beanspruchen, sondern nur (dann aber auch ohne vertragliche Anerkennung durch den einzelnen Wettbewerber) wenn sie gerade den Leistungswettbewerb zu fördern geeignet seien und ein Verstoß gegen sie auch vom Standpunkt der Allgemeinheit zu mißbilligen sei. Soweit sie auf bloßen Bestandsschutz ausgerichtet oder lediglich zweckmäßig seien, bestehe kein Anlaß, ihnen über das Wettbewerbsrecht allgemeine Geltung zu verschaffen.

Soweit die Richtlinien es verböten, planmäßig in fremde Versicherungsbestände einzudringen, könne ein so umfassendes Verbot keinen wettbewerbsrechtlichen Schutz genießen. Denn der Kampf um König Kunde sei durchaus auch dann erwünscht, wenn er planmäßig geschehe. Es sei grundsätzlich auch nicht zu beanstanden, wenn der Versicherungsvertreter Kündigungshilfe leiste, indem er das Kündigungsschreiben (für den Kunden) entwerfe. Da dem beklagten Versicherungsvertreter nicht die Benutzung vorgefertigter „Formulare" als Kündigungsschreiben vorzuwerfen sei, sondern er die Schreiben – wenn auch mit im wesentlichen gleichen Text – in jedem Beratungsfall erstelle, entfalle ein Verstoß gegen die Richtlinien. Auch die Anfertigung vorformulierter (undatierter) gleichartiger Kündigungsschreiben liege noch im Rahmen zulässiger Kündigungshilfe.

Dem Versicherungsvertreter war auch nicht vorzuwerfen, daß er Schadensfälle zum Anlaß genommen hatte, Versicherungskunden der Klägerin die Kündigung nahezulegen: Ein solches Verhalten könne auch dann, wenn die Versicherungskunden von ihrem Kündigungsrecht nichts gewußt hätten, vom Standpunkt der Allgemeinheit aus nicht mißbilligt werden. Die entsprechende Verbotsklausel der Verbandsrichtlinien stelle vielmehr eine typische Bestandsschutzklausel dar, die den Leistungswettbewerb nicht fördere, sondern ihn beschränke. Damit würde die Kündigungsmöglichkeit nach jedem Schadensfall beschränkt. dix

(Blick durch die Wirtschaft, 13. 3. 1989)

5.4 Lernkontrollen zu Kapitel 5

1. Erläutern Sie 3 Gründe für die Notwendigkeit staatlicher Aufsicht!

2. Welches Gesetz regelt die Versicherungsaufsicht?

3. Welche privaten Versicherungsunternehmen
   a) unterliegen nicht der Versicherungsaufsicht?
   b) werden nur in geringem Umfang (nur Rechnungslegung!) beaufsichtigt?
   Geben Sie jeweils nur eine kurze Begründung an!

4. Nennen Sie die Aufsichtsbehörden und geben Sie deren Zuständigkeit an!

5. Es soll ein Versicherungsunternehmen gegründet werden.
   a) Welche Unternehmensformen sind generell möglich?
   b) Welche Unternehmensformen können Sie als Privatmann nicht gründen?
   c) Mit dem Antrag auf Erlaubnis ist der Geschäftplan einzureichen. Nennen Sie die 3 Teile des Geschäftsplans und geben Sie jeweils 2 Beispiele an!
   d) Was versteht man in diesem Zusammenhang unter „geschäftsplanmäßigen Erklärungen"?
   e) Aus welchen Gründen kann die Zulassung zum Geschäftsbetrieb verweigert werden?
   f) Aus welchem Grund sind die Tarife in der Lebens- und KFZ-Haftpflichtversicherung genehmigungspflichtig?

6. Wenn Sie die bereits bestehenden Versicherungsunternehmen betrachten, können Sie feststellen, daß in der Versicherungswirtschaft verhältnismäßig viele Konzerne tätig sind. Ein Hauptgrund hierfür dürfte die sogenannte „Spartentrennung" sein.
   a) Was versteht man allgemein unter Spartentrennung?
   b) Nennen Sie 2 Beispiele für eine Spartentrennung!
   c) Wie wird die Forderung nach Spartentrennung begründet?

7. Die Sekurit-Sachversicherungs-AG möchte ihrem Außendienst die Möglichkeit bieten, auch Lebensversicherungen zu vermitteln.
   a) Die Geschäftsführung überlegt, ob man den neuen Bereich in eigener Regie durchführen kann. Wie ist dies möglich?
   b) Weiterhin werden Überlegungen der Kooperation mit anderen Versicherungsgesellschaften im Bereich Leben diskutiert.
   Welche Gründe könnten für eine Kooperation sprechen?
   c) In den letzten jahren kooperieren immer wieder Versicherungen und Banken. Worin liegen die Ursachen derartiger Bestrebungen?

8. Was überprüft die Aufsichtsbehörde im Rahmen ihrer „laufenden" Aufsicht?

9. Welche Möglichkeiten hat die Aufsichtsbehörde, um die Interessen der Versicherungsnehmer zu wahren bzw. Mißstände bei Versicherern zu beseitigen?

* 10. Gibt es auch für andere Wirtschaftszweige eine ähnliche staatliche Beaufsichtung wie für das Versicherungswesen (Begründung!)?

6 Exkurs: Wichtige Wettbewerbsregelungen

Das Gesetz gegen Wettbewerbsbeschränkungen (Kartellgesetz) will einen möglichst vollständigen und unbehinderten Wettbewerb sichern, um damit im Interesse des Verbrauchers sozialwirtschaftlich gesehen die günstigste Bedarfsdeckung zu erreichen.

Deshalb sollten sich vor allem die Preise auf dem Markt im freien Wettbewerb finden. **Wettbewerbsbeschränkungen,** wie z.B. Preiskartelle sind grundsätzlich verboten.

Das grundsätzliche Kartellverbot gilt nicht für Wirtschaftszweige, in denen besondere Verhältnisse vorliegen, so z.B. in der Versicherungswirtschaft. Überstarker Wettbewerb, Prämienschleuderei und Verdrängen schwächerer Versicherer würden langfristig nur den Versicherungsnehmern schaden. Außerdem gibt es den besonderen Schutz durch die Versicherungsaufsicht.

Der Gesetzgeber hat deshalb für die Versicherungswirtschaft eine grundsätzliche **Ausnahmeregelung** in Gestalt der Freistellung der Versicherungswirtschaft vom generellen Kartellverbot geschaffen. Kartellverträge und Beschlüsse sind innerhalb der Versicherungswirtschaft rechtswirksam, sofern sie der Ausfichtsbehörde gemeldet und begründet wurden und eine Wartefrist von drei Monaten verstrichen ist. Innerhalb dieser Zeit erfolgt die Anhörung der Marktgegenseite.

Bei Mißbrauch kann die Kartellbehörde Verträge für unwirksam erklären. Voraussetzung für ein Einschreiten der Kartellbehörde ist, daß die Verträge, Beschlüsse, Maßnahmen, und Empfehlungen einen Mißbrauch darstellen. Ein Mißbrauch liegt vor, wenn die Verträge, Beschlüsse, Maßnahmen, Empfehlungen oder abgestimmten Verhaltensweisen der Unternehmen oder ihrer Vereinigung ohne sachlich gerechtfertigten Grund in beträchtlichem Umfang zum Nachteil der Versicherungsnehmer über das nach den Besonderheiten des Versicherungsgeschäftes Gebotene hinausgehen.

Wettbewerbsrichtlinien (WBR) der Versicherungswirtschaft beruhen auf dem allgemein geltenden Wettbewerbsrecht sowie auf dem speziellen Wettbewerbsrecht der Versicherungswirtschaft, das vor allem durch Anordnungen und Stellungnahmen der Versicherungsaufsichtsbehörde geschaffen worden ist.

Sie gelten für Versicherer und ihre Vertreter (selbständige Vertreter und Angestellte im Außendienst).

Beispiel:

> Versicherungsvertreter müssen ihre Kunden eindeutig darauf hinweisen, daß sie sich um den Abschluß von Versicherungsverträgen bemühen. Wer dies unterläßt, handelt unlauter und verstößt gegen das Gesetz gegen den unlauteren Wettbewerb (UWG). Das entschied das Oberlandesgericht Frankfurt in einem Verfahren gegen ein Versicherungsunternehmen, dessen Vertreter bei ihrer Arbeit in wettbewerbswidriger Art vorgegangen waren. So hatte eine Vertreterin bei Hausbesuchen zunächst den Eindruck erweckt, als käme sie von einem Wirtschaftsforschungsinstitut. Erst im Laufe des anschließenden Gesprächs erfuhr der „Befragte", daß die Vertreterin den Abschluß eines Versicherungsvertrages anstrebte. Nach Meinung des Gerichts muß sich die Versicherungsgesellschaft das wettbewerbswidrige Verhalten der Vertreterin zurechnen lassen.

Allgemeiner Teil – Abschnitt A

Zu den allgemeinen Grundsätzen gehören:

- Fairer Leistungswettbewerb
- Vertrauenssicherung
- Wahrung guter kaufmännischer Sitten
- Verunglimpfungsverbot
- Verantwortlichkeit der Vorstände

Allgemeiner Teil – Abschnitt B

Beim Abschluß von Vertreterverträgen sollen:

Vertretungen nicht wahllos angeboten werden, Vertreter nicht abgeworben und hauptberufliche Vertreter erst verpflichtet werden, wenn

- eine Auskunft bei der Auskunftsstelle über den Versicherungsaußendienst e.V. (AVAD), Hamburg, eingeholt wurde,
- ein lückenloser Lebenslauf und ein von der Polizeibehörde des ständigen Wohnortes des Bewerbers ausgestelltes Führungszeugnis jüngsten Datums in Urschrift vorliegen;
- sich hiernach unter Berücksichtigung der einschlägigen Bestimmungen der Aufsichtsbehörde und der Auskünfte der AVAD keine Bedenken gegen die Verpflichtung ergeben.

Allgemeiner Teil – Abschnitt C

Ferner werden ausführliche Grundsätze für das Verhalten im Wettbewerb festgelegt, z.B.:

- **Allgemeine Anforderungen an die Werbung**
  Die Werbung, insbesondere durch Werbeschriften, Werbeanzeigen oder sonstige Werbemittel, muß eindeutig, klar, verständlich und wahrheitsgetreu sein; Übertreibungen sind zu vermeiden. Es ist unzulässig, etwas, das in der Versicherungswirtschaft selbstverständlich ist, als Besonderheit hinzustellen.
- **Vergleichende Werbung**
  Vergleichende Werbung ist nur in den vom allgemeinen Wettbewerbsrecht gezogenen Grenzen zulässig. Sie muß wahr, sachlich und vollständig sein, darf für den Vergleich wesentliche Tatsachen nicht unterdrücken und hat Leistungsunterschiede in sachlicher Form und Aufmachung anhand nachprüfbarer Tatsachen darzustellen.
- **Keine Veröffentlichung von Dank- und Empfehlungsschreiben**
  Es ist unzulässig, Empfehlungsschreiben oder Danksagungen für die Bewirkung einer Versicherungsleistung oder für die Erledigung eines Versicherungsfalles zu veröffentlichen. Ebenfalls unzulässig ist es, Versicherungsnehmer, Versicherte, Geschädigte oder deren Angehörige zu öffentlichen Danksagungen der genannten Art zu veranlassen.
- **Begünstigungsverträge** (Begünstigungsverordnung)
  Am 2. Oktober 1982 ist die „Verordnung über das Verbot von Sondervergütungen und Begünstigungsverträge in der Schadensversicherung" in Kraft getreten.
  Demnach ist es den Versicherern untersagt, den Versicherungsnehmern in irgendeiner Form Sondervergütungen zu gewähren.
  Sondervergütung ist jede unmittelbare oder mittelbare Zuwendung neben den Leistungen aufgrund des Versicherungsvertrages, insbesondere jede Provisionsabgabe.
  Eine Begünstigung liegt vor, wenn Versicherungsnehmer oder versicherte Personen hinsichtlich der Versicherungsbedingungen (Leistungsumfang) oder des Versicherungsentgeltes im Verhältnis zu gleichen Risiken desselben Versicherungsunternehmens ohne sachlich gerechtfertigten Grund bessergestellt werden.

Haustarife

Zur Zulässigkeit von Haustarifen, die in den einzelnen Versicherungszweigen und -arten unterschiedlich zu beurteilen sind, hat das BAV folgendes verlautbart:

1. In der Kraftfahrzeug-Haftpflicht- und Fahrzeugteilversicherung sind Haustarife wegen der Verbindlichkeit der nach §§ 8 und 9 PflVG genehmigten Unternehmenstarife (§ 4 Abs. 1 Tarif VO) unzulässig. Die Mitarbeiter eines VU haben dieselben Beiträge wie andere VN der jeweiligen Wagnisgruppe zu zahlen.

2. In der Lebensversicherung (§ 11 VAG) und in der gesamten Krankenversicherung (§§ 11, 12 VAG) gehören die Tarife zum Geschäftsplan. Jeder Haustarif setzt daher eine Genehmigung nach § 13 Abs. 1 VAG voraus. Die Verwendung eines ungenehmigten Haustarifs erfüllt den Tatbestand des § 144 Abs. 1 Nr. 4 VAG und außerdem den des auf § 81 Abs. 2 Satz 2 VAG beruhenden Anordnungen über das Verbot von Begünstigungsverträgen in der Lebensversicherung vom 8. März 1934 und in der Krankenversicherung vom 5. Juni 1934.

3. In den übrigen Versicherungszweigen und -arten sind die Tarife zwar von den VU frei festsetzbar (§ 5 Abs. 5 Nr. 1 VAG), Haustarife aber trotzdem nicht ohne weiteres zulässig. Die Beiträge des Haustarifs müssen den Schadenbedarf und die tatsächlichen Kosten für die Verwaltung („Selbstkosten") der betroffenen Verträge voll decken.

Besonderer Teil
Ein besonderer Teil enthält Regelungen für einzelne Versicherungszweige

Beispiel:

> Die Werbung von Nachversicherungen zu anderweitig bestehenden Stammverträgen in der Feuer-, Einbruchdiebstahl-, Leitungswasser- und Sturmversicherung soll unterbleiben, wenn die Nachversicherung unter DM 10.000,- liegt. Die Erhöhung der Deckungssumme zu anderweitig bestehenden Haftpflichtversicherungen soll stets unterbleiben.

Schlußbestimmungen
In den Schlußbestimmungen sind u.a. Verfahrensfragen und das Inkrafttreten geregelt.

7 Exkurs: Drittbeteiligte als Realgläubiger in der Sachversicherung

a) Grundsätzliche Regelung nach dem Bürgerlichen Gesetzbuch

Bei der Versicherung von Gegenständen (außer Gebäuden) gilt folgendes: (§§ 1128, 1129 BGB)
– Eine Abtretung bzw. Verpfändung der Entschädigungsforderung vor der Beschlagnahme ist dem Gläubiger gegenüber wirksam.
– Der Versicherer kann vor Zwangsversteigerung, Pfändung oder einer Verwaltungsanordnung die Entschädigungsforderung auszahlen.

Bei der Versicherung von Gebäuden gilt folgendes: (§§ 1128, 1130, 1280, 1281, 1276 BGB)
– Die Entschädigungsforderung kann nicht durch eine Vereinbarung zwischen dem Versicherungsnehmer und Versicherer aufgehoben werden.
– Bei einer Abtretung bleibt die Forderung verpfändet.
– Der Versicherer kann nur an beide leisten oder hinterlegen, es sei denn, der Versicherer muß an den Realgläubiger zahlen, weil die Forderung fällig ist.
Die Zahlung an den Versicherungsnehmer ist möglich.
● wenn der Versicherer nach den Versicherungsbedingungen verpflichtet ist, nur zur Wiederherstellung zu zahlen;
● wenn die bei der Gesellschaft angemeldeten Gläubiger vorbehaltlos zugestimmt haben und
● wenn der Versicherungsnehmer den Eintritt des Schadens dem Hypothekengläubiger angezeigt hat und seit dem Empfang der Anzeige ein Monat verstrichen ist.

Regelung nach dem Versicherungsvertragsgesetz
Der Schutz für die Realgläubiger im BGB ist nur dann ungefährdet, wenn der Anspruch auf die Versicherungsleistung gegeben ist. Der Realgläubiger würde z.B. nicht geschützt sein, wenn der Grundstückseigentümer das versicherte Gebäude selbst angesteckt hat.
Da der Schutz des BGB für die Realgläubiger nicht ausreicht (Kündigung, Rücktritt und Leistungsfreiheit des Versicherers machen ihr Pfandrecht wertlos), wurden im VVG besondere Regelungen getroffen.
Es gibt Rechte, die alle Realgläubiger haben und besondere Rechte für die angemeldeten Realgläubiger.

VVG
§ 99 – 107 c

	Für alle Realgläubiger gilt:
VVG § 97	● Der Versicherer darf die Entschädigung nur zum Wiederaufbau leisten. ● Der Realgläubiger hat auch dann Anspruch auf die Leistung, wenn der Versicherungsnehmer den eigenen Anspruch auf die Entschädigung durch sein Verhalten verwirkt hat (nicht bei Prämienverzug) oder der Versicherer nach dem Schadenfall zurücktritt oder anficht. ● Wenn der Versicherer an den Realgläubiger geleistet hat, geht die Hypothek auf ihn über.
	Für die angemeldeten Realgläubiger gilt:
VVG § 102 § 104	● Soll die Entschädigung nicht zum Wiederaufbau verwendet werden, ist die schriftliche **Zustimmung** des Hypothekengläubigers erforderlich.
VVG § 100	Falls der Hypothekengläubiger nicht zustimmt, kann der Versicherer die Entschädigung beim Gericht hinterlegen.
§ 103	● Eine **Kündigung**, ein **Rücktritt**, ein **Fristablauf** oder eine sonstige Tatsache, welche die Beendigung des Versicherungsverhältnisses zur Folge hat, wirkt gegenüber dem Hypothekengläubiger erst mit dem Ablauf von drei Monaten, nachdem ihm die Beendigung durch den Versicherer mitgeteilt wurde. Dies gilt nicht, wenn das Versicherungsverhältnis wegen **unterbliebener Prämienzahlung** durch Rücktritt oder Kündigung des Versicherers endet oder wenn es mit Zustimmung des Hypothekengläubigers durch den Versicherungsnehmer gekündigt wird. ● Ist der Versicherungsnehmer mit der **Erstprämie** im Verzuge, so hat auch der Hypothekengläubiger keinen Versicherungsschutz.
VVG § 102	● Bei einem **Verzug der Folgeprämie** bleibt die Verpflichtung des Versicherers gegenüber dem Hypothekengläubiger bis zum Ablauf eines Monats nach Mitteilung der Zahlungsfrist oder Kündigung bestehen. Der Versicherer hat dem Hypothekengläubiger unverzüglich schriftlich Mitteilung zu machen, wenn dem Versicherungsnehmer für die Zahlung einer Folgeprämie eine Frist bestimmt wird. Das gleiche gilt, wenn das Versicherungsverhältnis nach dem Ablauf der Frist wegen unterbliebener Prämienzahlung gekündigt wird. Auch hat der Versicherer binnen einer Woche nach Kenntnis von dem Eintritt eines Versicherungsfalles dem Hypothekengläubiger Mitteilung zu machen.
VVG § 106 VVG § 70 Abs. 2	● Die Kündigung des Versicherungsnehmers ist nur wirksam, wenn dieser mindestens einen Monat vor Ablauf die Zustimmung des Realgläubigers nachweist. Dieser Nachweis ist nicht erforderlich, wenn der Versicherungsnehmer als Erwerber im Rahmen einer Veräußerung die Versicherung kündigt oder wenn die Kündigung nach dem Eintritt eines Versicherungsfalles vom Versicherungsnehmer ausgesprochen wird.

Sachwörterverzeichnis

Ablehnung der Versicherungsleistung	125
Abschlußagent	38ff
Abschluß des Vertrages	56ff
Abtretung	
des Ersatzanspruches	81ff
von Forderungen	81, 158ff
Abschlagszahlung	74
Änderungskündigung	128
AGB-Gesetz	48ff
Agent	31ff
Aktien	25ff
Inhaberaktien	25ff
Namensaktien	25ff
Vinkulierte Namensaktien	25ff
Aktiengesellschaft	25ff
Aufbau der Organe	26
(Hauptversammlung, Aufsichtsrat)	26
Begriff und Wesen	25
Gründung	25
Kapital	26
Aktiven-Versicherung	13
Allgemeine Versicherungsbedingungen	48ff
Altersangabe, unrichtige	96
Anfechtung	95, 131
Angestellter	31
Annahme des Antrages	55
Annahme unter Abweichungen	61ff
Annahmezwang	57
Anscheinsbeweis	109
Anscheinsvollmacht	39
Antrag auf Abschluß	
eines Vertrages	52ff
Frist zur Annahme	56ff
Anzeige des Versicherungsfalles	102
Anzeigepflicht, vorvertragliche	91ff
Äquivalenzprinzip	9
Arglistige Täuschung	40
Aufhebungsvertrag	132ff
Aufrechnung	104
Aufsichtsbehörde	150ff
Aufsichtspflicht	150ff
Aufsichtspflichtige Versicherungszweige	150
Aufsichtsrat	26
Aufwendungen, Ersatz von	74
Auskunftspflicht	85, 89
Ausgleichsanspruch	33ff
Auslegung von Versicherungsbedingungen	50
Ausweispapiere Legitimationspapiere	60
Bedarfsdeckung	
abstrakte	12ff
konkrete	12ff
Beendigung des Versicherungsverhältnisses	127ff
Beginn der Versicherung	
formeller	63ff
materieller	63ff
technischer	63ff
Rückwärtsversicherung	64ff
Beglaubigung	53
Begünstigungsverträge	154ff
Belehrungspflicht des VR	89
Bereicherungsverbot	71
Berufung	121
Beschränkte Geschäftsfähigkeit	53, 56
Bestandsübertragung	154
Beurkundung	53
Bewegliche Sachen	122
Beweismöglichkeiten	121
Beweisurkunde	60
Bezirksagent	38
Bezugsberechtigter	51, 60
Billigungsklausel	61ff
Bindefristen	56ff
Bruchteilversicherung	73
Bündelung	54
Bundesaufsichtsamt	149ff
Bürgerliches Gesetzbuch	46
Courtage	35

Dauerschuldverhältnis	32	Fristen	109, 125
Deckungszusage	66ff	Fristhemmung	125
Delikt, s. unerlaubte Handlung	81ff	Garantiefonds	152
Deliktsfähigkeit	83	Gebündelte Versicherung	55
Deutscher Vers.-Schutzverband	36	Gefahrenanzeige	97ff
Differenztheorie	82	Gefahrengemeinschaft	9
Doppelversicherung	76ff	Gefahrenerhöhung	97ff
Ausgleich im Innenverhältnis	76	Anzeigepflicht	97
Betrügerische Doppel-		gewollte (subjektive) Gefahr	98
versicherung	77	Rechtsfolgen	98
Dritte		ungewollte (objektive) Gefahr	99
Aufrechnung gegenüber	105	Gefahrstandspflicht	97
Eigentümerinteresse	73	Gefahrtragung	62ff
Einheitsversicherung	15	Gefahrtragungstheorie	63
Einlassungsfrist	121	Geldleistungstheorie	63
Einlösungsklausel	68	Geldschuld	104
Einrede		Generalagent	33ff
der Verjährung	125	Gericht	115ff
Einschreiben	56	Gerichtliches Mahnverfahren	115ff
Einseitige Rechtsgeschäfte	56, 129	Gerichtsstand der Agentur	121
Eintragung		Gesamtverband der	
siehe Grundbuch		Deutschen Versicherungs-	
Handelsregister		wirtschaft	41
Einspruch	117	Gesamtschuldnerische Haftung	79
Einzugsermächtigung	106	Geschäftsbedingungen	
Entschädigungsanspruch		(s. Allgemeine Geschäftsbedingungen)	
Ablehnung	74, 126	Geschäftsfähigkeit	53
Entwicklung des Versicherungs-		beschränkte Geschäftsfähigkeit	53
wesens	11	Geschäftsgebühr	108
Erfüllungsort	105	Geschäftsplan	150ff
Ersatzwert	73	Geschäftsplanmäßige	
Erstes Risiko	72	Erklärung	50, 51
Erstprämie	107ff	Gesetz der großen Zahl	10
Erstversicherung	144	Gesetzlicher Vertreter	53, 38
Erwerber	78ff	Gesetzliche Schuldverhältnisse	81ff
Fachverbände	41	Gleichbehandlung	29
Fahrlässigkeit	86	Gewinnverwendung	27
Fälligkeit der Leistung	74	Grobe Fahrlässigkeit	86
Falsche Angaben des Vertreters	40	Grundbuch	78, 123
Falsche Belehrung durch Agent	40	Grundkapital	25
Feuerschutzsteuer	21	Grundpfandrechte	159ff
Forderungsübergang kraft Gesetz	81ff	Haftpflicht-	
Fremdversicherung	80	versicherung	13, 89
Fristberechnung	125ff		

Haftung		Kündigung	128ff
Beginn	63ff	außerordentliche	129
Haftungsausschlüsse		Empfänger	128
s. Risikoausschlüsse		Form	128
		Frist	129
Haftungshöchstgrenze	14, 69ff	nach dem Schadenfall	130
Halbzwingende Vorschriften	47	verspätete	128
Handelsgeschäfte	46	Zugang	128
Handelsgesetzbuch	46	Laufende Versicherung	
		s. Rückversicherung	
Handelsregister	31	Lebensversicherung	14, 58, 59, 60, 92, 93, 94, 111
Handlungsgehilfe	31		
Häusliche Gemeinschaft	80, 83	Leistung des Versicherers	70ff
Hauptversammlung	26	Leistungsermittlung	73
Hausratversicherung	14, 55	Leistungsort	105
Haustarife	32, 158	Mahnbescheid	118ff
Hemmung von Fristen	74, 126	Mahnung	109ff
Herbeiführung des Versicherungsfalles	97	Mahnverfahren	115ff
		Makler	35
Hilfspersonen		Mehrfachversicherung	75ff
Haftung für bei Verletzung v. Obliegenheiten	84ff	Minderjährige	53ff
		Mitversicherte	80
Holschuld	105	Mitversicherung	75ff
Hypothek	159ff	Monopolanstalt	30
Hypothekengläubiger	159ff	Naturalersatz	70
Inbegriff	73	Nebenversicherung	80ff
Individualversicherung (Gliederung)	12ff	Neuwert	73, 71
Inhaberklausel	60, 61	Nichtigkeit des Versicherungsvertrages	71
Inkassoprovision	33		
Interessenwegfall s. Wagniswegfall		Obliegenheiten	83ff
Juristische Person	25	Abgrenzung von Risikoausschüssen	84
Kausalität	86ff	Anzeigepflichten	85, 91, 96, 99, 102
Klagefrist	121	Einteilung	85
Klageverfahren	121ff	gesetzliche	85
Klarstellungserfordernis	87ff	Kausalitätsprinzip	86, 94, 98
Klauseln	47, 48	Klarstellungserfordernis	87, 92
Kombination	55	Rechtsnatur	84
Kompositversicherer	14	Repräsentantenhaftung	84ff
Konkurs	132	Verletzungsfolgen	86, 89, 91
Kontrahierungszwang	52	Verschuldenserfordernis	86
Kraftfahrzeug- Haftpflichtversicherung	48, 57, 158	vertragliche	85
		Verwirkungsklausel	87ff
		Öffentliche Beglaubigung s. Beglaubigung	

163

Öffentliche Versicherungsanstalten	30	Realrechte	159ff
Monopolanstalten	30	Regelung nach BGB	159
Pflicht/Zwangsanstalten	30	Regelung nach VVG	160
Wettbewerbsanstalten	30	Rechtsgrundlagen d.	
Öffentliche Zustellung	56	Versicherungsvertrages	46ff
Organisationsverschulden	85	Rechtsnatur d.	
Passivenversicherung	14	Versicherungsvertrages	62ff
		Rechtsnorm	46, 47
Personenschaden	14	Rechtsscheinvollmacht	39
Personensummenversicherung	14	Regreß, s. Übergang von Ansprüchen	
Pfändung	115ff	Regreßverzicht	81ff
an beweglichen Sachen und Rechten	122	Repräsentant	84
an unbeweglichen Sachen	123	Rettungspflicht, s. Schadensminderungspflicht	
Pfändungs- und Überweisungsbeschluß	122, 123	Revision	121
Pflichtversicherung	57	Risiko	10, 68ff
Police	60ff	Risikoabgrenzung	69, 70
		Risikoabwälzung	10
Prämie	104ff	Risikoausschlüsse	69
Bringschuld	105	Risikobeschreibung	68
Holschuld	105		
Einmalige	104	Risikoteilung	12
Erfüllungsort	105	Risikoverteilung	144
Erhöhung	115		
Erstprämie	107ff	Rückdatierung	64
Begriff	107	Rücklagen	27
Fälligkeit	107		
Leistungsfreiheit	108	Rücktritt	86ff, 91ff, 107, 131
Rücktritt	107	Rückversicherung	144ff
Verzug	107	fakultative	145
Zahlungsfrist	107	obligatorische	145
Folgeprämie	109ff	Schadenrückversicherung	146
Begriff	109	Sonderformen	147
Fälligkeit	109	Summenrückversicherung	146
Kündigung	110	Zedent	144
Mahnung	109	Zessionar	144
Reaktivierung	110		
Verzug	109	Rückwärtsversicherung	64, 65
Zahlungsfrist	106, 109	Sachschaden	14
Höhe	110		
Ratenzahlung	107	Sachversicherung	13
Rücktritt	131	Sachverständigengutachten	74
Stundung	107		
Verjährung	125ff	Sachverständigenverfahren	73
Verzug	107, 110	Satzung	29, 51
Zahlung durch Dritte	105		
Zurückbehaltungsrecht	107	Schadenhäufigkeit	9
Prämienangleichungsklausel	115	Schadensermittlungskosten	74
Publikationspflicht	27	Schadensdurchschnitt	10

Schadensersatzansprüche	
Begrenzungen	14
Fälligkeit	74
Schadensfeststellung	73
Schadenversicherung	68ff
Schickschulden	105
Schriftform	55
Schuldschein	60
Seeversicherung	11, 47
Selbständigkeit	32ff
Selbstbeteiligung	72
Selbsthilfe	8
Sicherungsübereignung	20
Solidarhilfe	35
Solidaritätsprinzip	19
Sozialhilfe	8
Sozialversicherung	12ff
Subsidaritätsprinzip	8
Summenversicherung	12, 70
Taschengeld	53
Totalschaden	76
Übergang von Ansprüchen (gesetzlicher Forderungsübergang)	81ff
Abreden	82
Familienangehörige	83
Schutz d. Versicherungsnehmers	82
Überversicherung	12, 71
Unabdingbarkeit s. zwingende Vorschriften	
Unerlaubte Handlungen	81ff
Unerlaubter Wettbewerb	157ff
Unpfändbare Sachen	122
Unternehmensformen	
d. Versicherung	25ff
Unterversicherung	71ff
Veräußerung (versicherter Sachen)	78ff
Anzeigepflicht	79
Kündigungsmöglichkeiten	79
Verbände d. Vers.-Wirtschaft	35ff
Verbraucherschutz	149
Verein	29ff
Vergleich (Parteiurteil)	121
Verjährung	125ff
Hemmung	126
Unterbrechung	126
Verjährungsfristen	125
Vermittlungsagent	38
Vermögensschaden	13
Verschuldensprinzip	86ff
Versicherter s. Versicherung f. fremde Rechnung	
Versichertes Interesse	73
Versicherung als volkswirtschaftlicher	
Risikoträger	19ff
Kapitalsammelbecken	21
Versicherung f. fremde Rechnung	80ff
Versicherungsanstalten	30
Versicherungsantrag	52ff
Versicherungsaktiengesellschaft	25ff
Versicherungsaufsicht	149ff
Geschäftsplan	150
laufende Aufsicht	154
Versicherungsende	127ff
Versicherungsbedingungen	48ff
Änderung	51
Auslegung	50
Genehmigung	51
Grundsätzliches	48
Unklarheit	49
Vertragsinhalt	49
Versicherungsbeginn (s. Beginn der Versicherung)	
Versicherungsbestätigung	66ff
Versicherungsfall	85
Anzeige	85, 88
Eintritt	85
Herbeiführung	97
Versicherungsentschädigung	68ff
Versicherungsmakler	35
Versicherungsperiode	109
Versicherungspflicht	52
Versicherungsschein	60
Versicherungssumme	70
Versicherungsverein auf	
Gegenseitigkeit	29ff
Beiträge	30
Kapital	29
Organe	30
Satzung	29

Versicherungsvermittler		Wichtiger Grund zur Kündigung	
Haftungsfragen	38ff	Widerruf	58
Versicherungsvertragsgesetz	46ff	Willenserklärung	55ff
Ausgleichsanspruch	33	Wirtschaftliche Bedeutung	
Pflichten	32	der Versicherung	19ff
Rechte	32, 33	Wissenserklärungsvertreter	85
Rechtsstellung	32, 38	Wissensvertreter	84, 85
Vollmachten	39	Wohnungsänderung	111
Versicherungswert	73	Zeitwert	73
Verspätete Annahme	56, 57	Zessionar	81
Vertragsabschluß	58	Zivilprozeß	121ff
Vertragliche Obliegenheiten	83ff	Zugehen	56
Vertragsabschluß durch Vertreter	38	Zwangshypothek	122
Vertragsbeendigung		Zwangsversicherung	15
Zeitablauf	127	Zwangsversteigerung	122
Kündigung	128	Zwangsverwaltung	124
Vertragsfreiheit		Zwangsvollstreckung	122
Beschränkungen	47	Zwingende Vorschriften	47
Vertragsgefahr	90		
Vertreter			
Wissenerklärungsvertreter	85		
Wissensvertreter	85, 85		
Vertretung			
ohne Vertretungsvollmacht			
bei einseitigem Rechtsgeschäft	56		
Verwirkungsklausel	87ff		
Verzug des Versicherers	74		
Vollmacht	58		
Vollstreckungsbescheid	117ff		
Vollwertversicherung	70ff		
Voraussetzungstheorie	84		
Vorsatz	86		
bedingter Vorsatz	86		
direkter Vorsatz	86		
Vorvertragliche Anzeigepflichten	91ff		
Individualtatsachen	91		
Sonderfälle	95		
Verletzungsfolgen	91		
Wahrnehmungstatsachen	91		
Wegfall des Risikos	131		
Werbung	158		
Wert			
Neuwert	73		
Neuwert	73		
Wertpapier	60		
Wettbewerbsregeln	157ff		
Wettbewerbsrichtlinien	157		

Abkürzungsverzeichnis

AEB	Allgemeine Einbruchdiebstahlversicherungsbedingungen
AFB	Allgemeine Feuerversicherungsbedingungen
AG	Aktiengesellschaft
AGBG	Gesetz zur Regelung des Rechts der Allgemeinen Geschäftsbedingungen
AGlB	Allgemeine Glasbedingungen
AHB	Allgemeine Versicherungsbedingungen für die Haftpflichtversicherung
AKB	Allgemeine Bedingungen für die Kraftfahrtversicherung
AktG	Aktiengesetz
AVB	Allgemeine Versicherungsbedingungen
BAV	Bundesaufsichtsamt für das Versicherungswesen
BGB	Bürgerliches Gesetzbuch
BGH	Bundesgerichtshof
gg	gegen
GWB	Gesetz gegen Wettbewerbsbeschränkungen
GewO	Gewerbeordnung
HGB	Handelsgesetzbuch
LG	Landgericht
NJW	Neue Juristische Wochenschrift
OHG	Offene Handelsgesellschaft
OLG	Oberlandesgericht
PflG	Gesetz über die Pflichtversicherung für Kraftfahrzeughalter (Pflichtversicherungsgesetz)
RGZ	Reichsgericht in Zivilsachen
u.a.	unter anderem
u.U.	unter Umständen
VA	Veröffentlichungen des Reichsaufsichtsamtes für Privatversicherung bzw. des Bundesaufsichtsamtes für das Versicherungs- und Bausparwesen
VAG	Gesetz über die Beaufsichtigung der privaten Versicherungsunternehmungen
VerBAV	Veröffentlichungen des Bundesaufsichtsamtes
VersR	Zeitschrift für das gesamte Versicherungsrecht
VN	Versicherungsnehmer
VR	Versicherer
VVaG	Versicherungsverein auf Gegenseitigkeit
VVG	Gesetz über den Versicherungsvertrag
VU	Versicherungsunternehmen
z.B.	zum Beispiel
Ziff	Ziffer
ZPO	Zivilprozeßordnung